NEUROMARKETING

Para Recobrar a Confiança com os Clientes

Tradutora
Maya Reyes-Ricon

NEUROMARKETING

Para Recobrar a Confiança com os Clientes

Oscar Malfitano Cayuela
Ramiro Arteaga Requena
Sofia Edith Romano
Elsa Beatriz Scinica

Copyright© 2011 by Oscar Malfitano Cayuela, Ramiro Arteaga Requena, Sofía Edith Romano e Elsa Beatriz Scinica

Tradução autorizada do original em espanhol Neuromarketing: Para recrear la confianza con los clientes pela Altagerencia, todos os direitos reservados.

Todos os direitos desta edição reservados à Qualitymark Editora Ltda.
É proibida a duplicação ou reprodução deste volume, ou parte do mesmo, sob qualquer meio, sem autorização expressa da Editora.

Copyright© 2011 by Qualitymark Editora Ltda.

Direção Editorial SAIDUL RAHMAN MAHOMED editor@qualitymark.com.br	Produção Editorial EQUIPE QUALITYMARK
Capa Artes & Artistas – RENATO MARTINS	Editoração Eletrônica EDEL
Revisão Técnica JAIRO MANCILHA	1ª Edição 2011

CIP-BRASIL. CATALOGAÇÃO-NA-FONTE
SINDICATO NACIONAL DOS EDITORES DE LIVROS, RJ

N414

Neuromarketing: para recriar a confiança com os clientes / coautores Oscar Malfitano Cayuela... [et al.].; [tradução Maya Reyes] – Rio de Janeiro: Qualitymark Editora, 2011.
320p.

Tradução de: Neuromarketing: para recrear la confianza con los clientes
Inclui bibliografia

ISBN 978-85-7303-876-7

1. Neuromarketing. 2. Marketing – Aspectos psicológicos. 3. Consumidores – preferência. I. Cayuela, Oscar Malfitano.

09-2302
CDD: 658.80019
CDU: 658.8

2011
IMPRESSO NO BRASIL

Qualitymark Editora Ltda.
Rua Teixeira Júnior, 441 - São Cristóvão
20921-405 – Rio de Janeiro – RJ
Tels.: (0XX21)3295-9800
ou 3094-8400

Fax: (0XX21)3295-9824
www.qualitymark.com.br
e-mail: quality@qualitymark.com.br
QualityPhone: 0800-0263311

NEUROMARKETING

Coautores de Neuromarketing

Oscar Malfitano Cayuela

Licenciado em Administração, formado pela Faculdade de Ciências Econômicas da Universidade de Buenos Aires – UBA.

Especialista em Planejamento Estratégico, pela UBA.

- Prêmio Vocación Académica en Ciencias Económicas, outorgado pela Fundación Feria Internacional del Libro en Argentina: anos 2001 e 2004.
- Presidente da Comissão de Graduados em Ciências da Administração da Ordem de Graduados em Ciências Econômicas de Buenos Aires.
- Presidente do Instituto de Pesquisas Administrativas da Federação de Ordens de Graduados em Ciências Econômicas.
- Vice-presidente da Comissão de Comercialização do Conselho Profissional em Ciências Econômicas de CABA – Argentina.
- Diretor Honorário da Alta Gerência Digital.
- Reitor da Universitas Estudios Superiores.
- Coordenador Substituto do Mestrado em Gestão Estratégica da UNMDP.
- Professor convidado do Mestrado da Universidade Continental do Peru – UCP.
- Professor da FCE da Universidade de Buenos Aires.
- Professor da Universidade de Morón.

- Diretor Associado da AGI – Internacional. Consultoria de Gestão.
- Consultor especializado em Administração, Estratégia e Marketing e Meios de Comunicação.
- Diretor dos websites
    - www.altagerencia.com.ar Revista Alta Gerência.
    - www.altagerenciainternacional.com Rede Latino-americana de Conhecimento.
    - www.altagerenciadigital.com.ar Rede Argentina de Administração, Economia, Marketing, Estratégia.
- Painelista em Congressos Internacionais de Administração, Marketing, Estratégia.
- Autor dos livros:
    - Recreando Empresas – 1992.
    - Recreando la Administracion – 1998.
    - Recreando Empresas 21 – Una Visión Latinoamericana de Administración – 2004.
- Ex-Diretor da TELAM S.E. – Agência Oficial de Notícias da Argentina.
- Ex-Subsecretário de Meios de Comunicação da Província de Buenos Aires e Ex-Diretor da Rádio Província de Buenos Aires.
- Ex-Membro da Basf Argentina, Knoll Argentina, Sanofi Bio Industrias, Arthur Andersen Co, Labinca SA.

Ramiro Arteaga Requena

Licenciado em Administração, formado pela Universidad Nacional de La Plata.

Estudos de Pós-Graduação na Banca Universidade NUR Santa Cruz de la Sierra, Bolivia e Educação Superior Universitária em nível de graduação e mestrado pela Universidad Mayor de San Simón Cochabamba Bolívia.

Atividades como docente

- Docente titular da área de Marketing no curso de Administração de Empresas e Processos da Comunicação voltados para o mercado, no curso de Comunicação social da U.M.S.S. Universidad Mayor de San Simón.

- Docente de Marketing na Universidade Católica Boliviana.
- Orientador dos Cursos de Titulação na U.M.S.S. e UVC.

Atividades profissionais

- Prêmio Fundação para o Desenvolvimento Humano ao Profissional Destaque e Reconhecimento da Bolívia, ano de 2004.
- Consultor Empresarial. Sócio-Diretor da AGI – Internacional. Consultoria de Gestão.
- Presidente do Diretório de Arquitetura Integral.
- Ex-Gerente Geral: PLASMAR S.A. Buenos Aires Argentina; ARQUI MAT La Plata Argentina; Indústrias Alimentares Del Valle Cochabamba.
- Ex-Gerente de Marketing da Engarrafadora Tunari PEPSI Co. Cochabamba.
- Ex-Gerente Regional GUNDLACH S.A. GMC Cochabamba Bolívia.
- Ex-Gerente Nacional Administrativo Bco. Int. de Desenvolvimento S.A. Santa Cruz.
- Ex-Gerente Geral da SOCIAD S.R.L. Cochabamba Bolívia.

Afiliações

Presidente fundador da Câmara Júnior Internacional em Cochabamba 1984.

Presidente da Ordem de Administradores de Empresas de Cochabamba 1990 – 1992.

Presidente da Ordem de Administradores de Empresas da Bolívia 1994 – 1996.

Diretor da OLA Organização Latino-americana de Administração 1994 – 1996.

Presidente do Comitê de Ética da Ordem de Administradores de Empresas Cochabamba 2000 – 2003.

Membro titular do Comitê de Ética da Câmara da Construção CADECO Cochabamba 2004 – 2005.

Presidente da SLADE Sociedade Latino-americana de Estratégia 2001 – 2004.

Diretor da Alta Gerência Internacional.

Conferências e seminários Internacionais

Ministrou conferências e seminários em diversas universidades e organizações da Bolívia, Argentina, Brasil, Colômbia, Chile, México, Peru, Uruguai e Venezuela.

Publicações

- "El marketing el mercadeo y la mercadotecnia"; IESE – FACES – UMSS.
- "El marketing y la promoción"; IESE – FACES – UMSS, Cochabamba, Bolívia.
- "Creativity in BOLIVIA Creativity's global", CORRESPONDENT WINSLOW PRESS New York U.S.A.
- "La revolución de la inteligencia e del pensamiento". Alta Gerência.
- "La pobreza latinoamericana es un problema de todos". SLADE.

Agradecimentos

de Oscar Malfitano Cayuela

Aos meus filhos **Maximiliano Gastón** *e* **Emiliano Ricardo.**

A todos aqueles com quem durante minha vida compartilhei confiança e amizade.

de Ramiro Arteaga Requena

A **Lula,** *minha grande companheira e esposa, pela paciência e a renúncia às horas que poderíamos compartilhar na selva chaparenha que tanto gosta.*

Às minhas adoradas filhas, **Jimena** *e* **Maria Julia,** *que sempre me apoiaram, acompanharam e incentivaram a vencer este desafio.*

A **Camilita,** *minha neta, que, com seus feitos de criança inocente, alegrou-me os momentos de descanso.*

A **Fernando** *e* **Enrique***, meus irmãos, e que, com seus exemplos, me incentivaram e me motivaram a levar este projeto adiante.*

A **Carmencita,** *minha querida irmã, que em todo momento se preocupou, enviando-me, a distância, a energia necessária para alcançar meus objetivos.*

Aos amigos do SLADE, em especial a **Luis Gaj,** *que em um momento da minha vida profissional colocou-me seu grão de areia e me fez ver um modelo de mundo diferente e de grandes satisfações.*

A **Oscar Malfitano Cayuela**, Piedrola, que sempre me apoiou e incentivou a realizar grandes desafios.

A **Sofia Romano** e **Elza Scinica,** por compartilharem conhecimentos.

A **Néstor Braidot,** amigo e companheiro desde os anos da universidade.

A **Roberto Solano Méndez** e **Ricardo Amoroso,** que em todos os momentos manifestaram sua confiaça em mim e apoio profissional.

Um agradecimento a todos os meus alunos de Marketing VI e Marketing VII da UMSS e aos alunos de Marketing I da UCB. Nomear todos é muito difícil, mas eles sabem muito bem a quem me refiro. São aqueles que, ao longo destes anos, contribuíram com sua inquietação em partes deste livro.

A meus colegas **Jorge Valdez, Naddyr Zárate, Jorge Castro, Rafael Valdez, Walter López, Litzy Cruz, Linette Villazón** que a todo momento souberam valorizar e apoiar o esforço para completar este projeto.

A **Sandro** e **Rodrigo,** meus amigos que sempre me acompanharam; e a **Bu Yong Xian** que, no final deste projeto, contribuiu com seus conhecimentos e filosofia de vida. A todos eles eu dedico este livro com carinho e eterna gratidão.

de Sofía Edith Romano

A meus filhos **Nicolás** e **Matías** por tanta paciência, por sua compreensão silenciosa e sua forma adolescente de me apoiar, mostrando-me outras formas de conjugar o verbo amar.

A todos aqueles que me incentivaram a crescer, que me ensinaram a acreditar em mim e deram o apoio para levar adiante "minhas utopias", incentivando-me a transitar pelo maravilhoso mundo da imaginação transformadora e do ser possível.

de Beatriz Scinica

Aos meus filhos **Maximiliano Gastón** e **Emiliano Ricardo.**

Sumário

Evolução do Marketing ao Neuromarketing   1
Oscar Malfitano Cayuela

A Magia do Marketing   11
Oscar Malfitano Cayuela

Neuromania   31
Ramiro Arteaga, Elsa Scinica, Oscar Malfitano Cayuela e Sofía Romano

A Magia da Inteligência   71
Sofía Romano e Oscar Malfitano Cayuela

A Magia do Neuromarketing Visual   105
Oscar Malfitano Cayuela

A Magia do Neuromarketing Auditivo   129
Oscar Malfitano Cayuela e Ramiro Arteaga Requena

A Magia do Neuromarketing Cinestésico: o Tato   155
Ramiro Arteaga Requena

A Magia do Neuromarketing Cinestésico: o Paladar   161
Ramiro Arteaga Requena

A Magia do Neuromarketing Cinestésico: o Olfato   165
Ramiro Arteaga Requena

A Magia do Relacionamento Pessoal e os Perfis de Comportamento   175
Oscar Malfitano Cayuela

A Magia da Comunicação Gestual   183
Oscar Malfitano Cayuela

A Magia da Fidelização dos Clientes   199
Sofia Romano

Anexo 1 – Metodologias, Modelos e Técnicas   217
Oscar Malfitano Cayuela

Anexo 2 – A Magia da Criatividade e da Inovação   239
Oscar Malfitano Cayuela e Emiliano Ricardo Malfitano Cayuela

Anexo 3 – A Magia do Cérebro   255
Elsa Beatriz Scinica

Bibliografia   297

Evolução do Marketing ao Neuromarketing

Uma visão do marketing ao longo do tempo

A partir de um ponto de vista social, a administração da comercialização, mercadotécnica* ou marketing, é um processo social através do qual as pessoas ou grupos de pessoas obtêm o que desejam mediante a oferta e o intercâmbio livre de produtos ou serviços que são valiosos para ambas as partes.

O marketing, do ponto de vista gerencial, é a arte de vender produtos ou serviços, mas esta abordagem é obsoleta, porque o que é fundamental não é apenas a venda do produto, mas sim a importância que tem o cliente.

O marketing tem como propósito conhecer e entender o cliente de tal forma que lhe permita ajustar o produto ou serviço às suas necessidades, para que este realize o ato de compra.

A administração de marketing realiza o processo de planejar e executar as ações estratégicas que conduzam à realização de trocas que satisfaçam os objetivos tanto do cliente quanto das organizações que foram criadas para satisfazer as necessidades deste.

ORIGENS E EVOLUÇÃO DO MARKETING

O marketing, como processo humano de satisfação de necessidades, nasce e evolui acompanhando o desenvolvimento dos primeiros hominídeos. Eles eram autossuficientes, produziam (caçavam e pescavam) tudo o que consumiam. Durante o período da humanidade nômade, o consumo e a troca eram quase independentes.

Quando a humanidade passou a se assentar e a se instalar em lugares semifixos, isto permitiu que se começasse a dividir os trabalhos e com isso dividir também os fatores da produção e consumo, aumentando assim as possibilidades de troca dos recursos que eram valorizados para satisfazer as necessidades de subsistência.

---

*N.T. – Nos países de língua espanhola, usa-se a tradução mercadotécnica para marketing. No Brasil, este termo não é utilizado, por isso ao longo do livro será empregado apenas marketing.

O homem, em sua condição de humano, é definido como um ser pensante e atuante, que satisfaz suas necessidades trocando recursos. Mas cada ser humano tem uma escala de necessidades ou valores de satisfação que lhe é própria e age como um termômetro ou sinal indicador do valor ou "temperatura" de cada uma das necessidades humanas.

Abraham Maslow foi quem mais estudou os níveis ou escalas de satisfação das necessidades humanas, detalhando a existência de pelo menos seis tipos ou classes de necessidades, que podem ser observadas no gráfico a seguir.

Nos anos iniciais de sua vida, todos os seres humanos satisfazem em primeiro lugar a sua necessidade de sobrevivência. Nesse momento, a alimentação é uma necessidade primária.

Com o nosso choro, nos asseguramos de que cada vez que tenhamos fome voltem a nos alimentar. Todo ser humano, naturalmente, tende a manter aquilo que já conseguiu. A segurança vem a ser a sua segunda necessidade, até que nos ensinem a tabela alimentar do quatro, ou seja, a nos alimentarmos a cada quatro horas.

O tempo passa e as necessidades mudam. Ou você, agora adulto, ainda come a cada quatro horas? Aposto que não! Mesmo que tenha a necessidade de se alimentar, você tem a segurança de que o fará em algum momento do dia.

Parâmetro de Comportamento

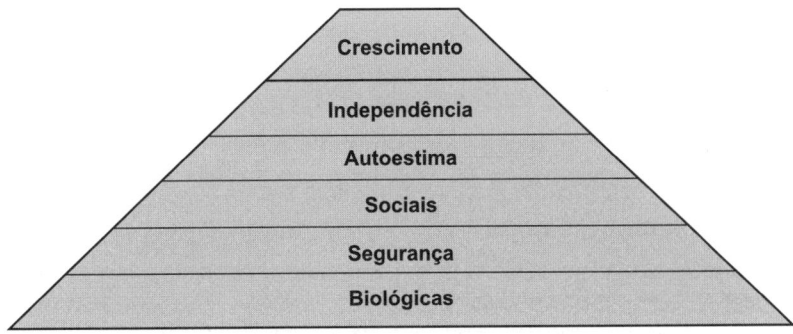

Figura 1.1 – Escala de necessidades.

Desde pequenos, também fazemos amizades com outras crianças, e tiramos a chupeta delas ou elas nos tiram a nossa. Aí nessa cena já podemos distinguir o líder do seguidor, bastando apenas ver quem é que fica com a chupeta.

Para além da chupeta como elemento social, a terceira necessidade que o ser humano busca satisfazer é a de ter amigos(as). E essa é uma necessidade dos humanos. Portanto, ser sociável é uma necessidade de terceira ordem social; naturalmente nós crescemos e, sem nos darmos conta, subimos as escadas das necessidades básicas.

Todos os dias olhamos no espelho e, ainda que os anos passem, compreendemos que apesar das mudanças em nosso corpo e na nossa mente, sempre gostamos de nós mesmos. O sentir apreço por sua própria pessoa, o cuidado com você mesmo não desperta o mesmo interesse em todas as pessoas. Portanto, esta necessidade do ego ou autoestima é um degrau ao qual nem todos sobem. Os estagnados preferem continuar no degrau anterior.

Quanto mais alto subimos, mais perigoso fica. Poderia parecer que a escada das necessidades provoca vertigem ou mal-estar quando olhamos para baixo. Por isso, alguns seres humanos param no degrau do ego e outros desejam continuar subindo.

Existem aqueles que desejam ser chefes e os que desejam ser empregados. Existem também os que querem continuar empreendendo e os que apenas desejam continuar subindo a escada das necessidades humanas, buscando satisfazer sua necessidade interna de dominar e não ser dominado.

Essa barreira domínio-submissão é que faz com que alguns seres humanos parem em um degrau e se sintam muito satisfeitos cumprindo o papel de seguir os que continuam subindo.

Quem quer subir até o quinto degrau busca a **independência**, que faz com que se sinta maior e mais onipotente. Mas ainda existem aqueles que querem mais. A eles não basta a independência. Eles desejam o **crescimento** ou o **desenvolvimento**, e para isso é preciso subir ao sétimo e último degrau. A partir daí aconselho a não continuar subindo porque a escada acaba. Se o fizer, você é um empreendedor de outro mundo.

Cuidado para não cair, pois o golpe será duro, e aí será necessário começar de novo. E ainda que pareça difícil, você já conta com uma vantagem: você já o fez uma vez.

A experiência de tê-lo feito e poder corrigir os erros lhe dará um valor adicional para empreender e não cair de novo. Se cair novamente, então você tem outro nome...

O ser humano desenvolve sua vida subindo e descendo os degraus das necessidades humanas. E os líderes eficientes devem dominar, utilizando sua percepção do degrau de necessidades de seus seguidores.

É importante destacar que o ser humano, uma vez que tenha satisfeito uma necessidade, tende a buscar, de forma natural, satisfazer a seguinte. Mesmo que isso não nos agrade, esta é uma característica das pessoas. Vejamos a seguir um breve gráfico modificado da evolução do marketing segundo Schoell e Guiltinan.

Tabela 1

1600	1700	1800-1850	1850-1900	1900-1950	1950...
O produtor e o consumidor são a mesma pessoa ou grupo de pessoas.	Separação das atividades de produção das de consumo. Oferta de mercado de acordo com a demanda.	Início da produção especulativa.	Começo dos especialistas em vendas para melhorar a distribuição.	Mudança de um mercado de venda para um mercado de compra.	Surgimento de um novo marketing como técnica

Como complemento deste módulo, recomendamos a leitura de qualquer livro de marketing básico. De qualquer forma, você pode consultar o anexo de evolução do marketing.

A industrialização de 1900 se orientou para a redução dos custos. Produzir mais e mais barato era o aconselhável para um mercado de demanda. O cliente não era uma medida, mas um padrão, até que as economias mundiais perceberam que o desenvolvimento tecnológico já superava com sua produção as necessidades reais dos clientes. Foi então que em 1960 o marketing reaparece como elemento alavancador das vendas, floresce o modelo dos quatro "Ps", criado por Douglas McCarthy, que tem como meta desenvolver novas ferramentas para obter respostas dos mercados estabelecidos. Estas ferramentas foram denominadas componentes de marketing, ou *marketing mix*, cujos grupos analisaremos a seguir.

Evolução do Marketing

Os 4 Ps do McCarthy – 1960			
Produto	Praça	Promoção	Preço

Tabela 2

Produto	Praça	Promoção	Preço
Características	Canal de distribuição	Promoção de vendas	Preço tabelado
Variedade	Cobertura	Publicidade em geral	Descontos
Qualidade	Localização	Força de vendas	Crédito
Projeto	Variedade	Marketing direto	Bonificações
Nome ou marca	Transporte	Publicidade não-tradicional	Pagamento parcelado
Embalagem	Inventários		
Tamanho		Relações públicas	
Garantia			
Devolução			
Serviço			
Solução para o cliente	Conveniência para o cliente	Comunicação com o cliente	Custo para o cliente

O mundo se estabiliza e o nível de competitividade do mercado aumenta. O cliente aparece em cena novamente. Os teóricos do marketing precisam de mais ferramentas para captar e manter os clientes. Começa o aprofundamento da análise do marketing centrado no cliente.

O marketing agora não apenas satisfaz as necessidades do cliente mas também o coloca como o centro das atenções, perguntando-lhe:

Quais necessidades eu estou satisfazendo e quais devo satisfazer?

O profissional de marketing deve investigar mais a fundo as necessidades dos clientes para elaborar uma estratégia que lhe permita se posicionar na mente deles como a alternativa mais conveniente para satisfazer sua necessidade.

A tecnologia da comunicação, junto com a informática, cresceu abruptamente durante a década de 80. A economia de mercado é evidente, as estratégias locais passam a planos internacionais. Logo, as fusões e aquisições de marcas, produtos e serviços fazem com que os mercados, unidos à tecnologia, se denominem "globais".

O marketing se lança na utilização da tecnologia. A venda direta e o telemarketing somam-se às tradicionais técnicas dos quatro "Ps", agregando também a promoção no ponto de venda. O marketing aparece como uma ferramenta integradora.

O desenvolvimento da informática na década de 90 contribuiu para a melhoria da busca pela informação e para a elaboração de estratégias que nos permitem captar, desenvolver, manter e fidelizar o cliente.

Posição

Evolução do Marketing				
Produção	Produto	Praça	Vendas	Posicionar

O cliente não é apenas o eixo ou centro da relação. As vendas declinam, o crescimento dos mercados é lento ou nulo, os padrões de compra mudaram, a competição é crescente e os gastos aumentam. A única coisa que não mudou é a razão da existência de uma organização: estar a serviço do cliente.

As bases de dados relacionáveis, a venda direta e o telemarketing nos permitem ter mais informação sobre as necessidades dos clientes. Agora, podemos segmentar o mercado e os segmentos podem ser vistos como elos numa cadeia, formando um nicho ou espaço no qual podemos criar uma relação pessoal com cada cliente.

Levamos muitos anos antes de nos darmos conta de que a chave do marketing é o cliente. Havíamos nos esquecido de que quando alguém teve a ideia de comercializar algo, tinha-o feito sem pensar em ocupar um espaço no mercado, mas simplesmente em satisfazer uma necessidade de alguém.

Mas até agora desenvolvemos a evolução do marketing e omitimos deliberadamente a figura ou o ponto central desta história: a evolução da humanidade, pois foi ela que, com sua evolução, gerou as mudanças nos hábitos e nos valores de troca dos recursos.

O fim do terceiro milênio veio de mãos dadas com o estudo do cérebro. A neurociência está assumindo um papel central tanto na Psicologia como na Biologia, enfatizando a interdependência entre a ciência do conhecimento e a neurobiologia.

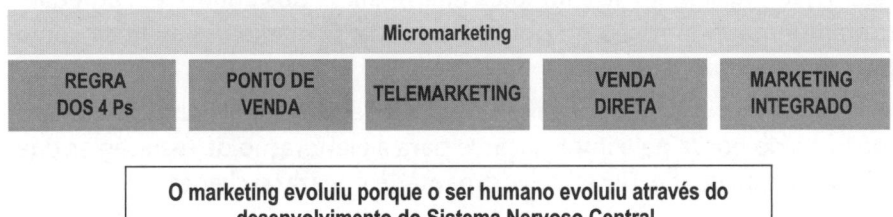

O marketing evoluiu porque o ser humano evoluiu através do desenvolvimento do Sistema Nervoso Central.

O propósito fundamental da neurociência é entender como o encéfalo, ou cérebro, elabora as individualidades marcadas na ação humana.

Neste mundo maravilhoso, milhões de células nervosas se interconectam em sistemas modulares e integrados, que produzem as diferentes percepções do mundo externo.

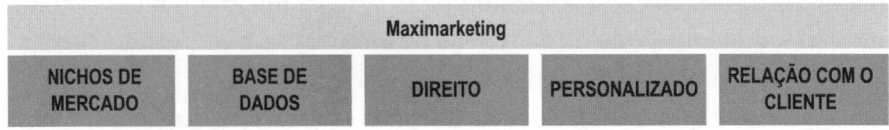

Entender como o Sistema Nervoso Central consegue se organizar e integrar os diversos sistemas de comunicação que o compõem vai nos permitir integrar estes aportes para vinculá-los às representações perceptivas dos seres humanos, com o propósito de avançar no conhecimento dos mecanismos internos da conduta que levam à associação do pensamento com o sentimento. A neurociência nos permite explorar o potencial biológico humano para melhor compreendermos:

O QUE NOS FAZ SER O QUE SOMOS?

"O marketing é uma troca de recursos com valor transacional para satisfazer necessidades.

Do ponto de vista econômico, esta satisfação produz um equilíbrio transitório entre a oferta e a demanda. O foco ou centro da atenção desta relação é o ser humano e o que decide a ação é o cérebro..."

Através de seus estudos genéticos, a neurociência nos permite evoluir no conhecimento dos sentidos e do sentir da humanidade. Estes primeiros estudos empíricos do impacto da relação biológica na decisão do cliente são o foco de atenção ao qual dirigimos os métodos e técnicas de algo que chamaremos de neuromarketing e que tem como objetivo melhorar o nível de relacionamento e comunicação entre os valores de satisfação da humanidade.

A integração de diferentes ciências e disciplinas melhora o conhecimento sobre o funcionamento do cérebro. O neuromarketing pode contribuir para melhorar o relacionamento e a comunicação entre as pessoas que trocam recursos para satisfazer necessidades.

Será necessário considerar onde queremos chegar e onde devemos chegar. A ética e os valores sociais tenderão a pôr em equilíbrio a manipulação genética.

A Magia do Marketing

Alguns Pensamentos Sobre o Marketing

"O marketing é uma troca de recursos com valor transacional para satisfazer necessidades. Do ponto de vista econômico, esta satisfação produz um equilíbrio transitório entre a oferta e a demanda. O foco ou centro da atenção desta relação é o ser humano e o que decide a ação é o cérebro..."

ANALISEMOS OUTROS PENSAMENTOS

1. **Considere que o marketing se desenvolveu de forma natural, espontânea e intuitiva, sendo parte da própria vida.**

   Quem foram os primeiros humanos na Terra?

   Esta pergunta tem diversas opções de resposta. Todas elas se baseiam em princípios religiosos, mas o fato concreto é que esses primeiros "hominídeos" tiveram sede, fome, frio ou calor e, a partir desse momento até os dias de hoje, buscaram alguma forma de satisfazer suas necessidades.

   Como satisfizeram suas necessidades?

   Esta pergunta também tem diversas opções de resposta, mas todas elas se baseiam na ação que os hominídeos desenvolveram para dar lugar a um processo que a humanidade realizou da mesma forma que todos os integrantes da Terra.

   Esse processo se formalizou através do intercâmbio que cada um desses atores do sistema universal realizou com o sistema "Ecológico" ou "Meio Ambiente" ou "Natureza".

   > *O marketing é, então, um processo de intercâmbio que cada um dos atores do sistema universal realiza para satisfazer desejos ou necessidades.*

   A propósito, é até bastante normal ver os animais bebendo água num riacho, ou ver como eles, nas épocas de cio, realizam algum ato ou cerimônia especial com a finalidade de atrair para si a atenção de seu oposto e assim satisfazer seu desejo ou necessidade. Isso também é marketing e a humanidade seguramente aprendeu com seus ancestrais. O problema é que não sabemos ainda quem foram, e por consequência não sabemos de quem aprendemos nossos primeiros passos no marketing da vida.

O que é concreto e seguro é que ele veio com a natureza das espécies e se irá quando não houver mais nada para se trocar.

Em algum momento de seu desenvolvimento, esses primeiros hominídeos se abrigaram em cavernas, viveram da caça e da pesca, ou seja, realizaram um intercâmbio com a natureza, com o propósito de satisfazer suas necessidades ou desejos. Uma coisa é certa: analisando a passagem do tempo, houve um grande ganhador ou predador, que é a humanidade, e um grande perdedor, que é a natureza. Mas isso é outra história, ou o princípio de uma história que nos mostra que nesse processo de troca sempre há grandes ganhadores e perdedores.

Estes hominídeos, agora chamados "homens das cavernas", produziam (caçavam e pescavam) o alimento necessário para sua subsistência, eram autossuficientes, não conheciam a inflação, mas rapidamente conheceram a escassez, produto da mudança climática. A partir desse momento, começaram uma série de invenções com o propósito de superar essas insatisfações e melhorar as relações de troca. Podemos dizer agora que, com a intervenção da humanidade, o marketing é:

> *"um processo **social** de trocas que cada um dos atores deste sistema realiza para satisfazer desejos ou necessidades".*

Mas os homens das cavernas deixaram de correr dos grandes predadores e deixaram de ser nômades para se tornarem sedentários, e começaram a melhorar suas acomodações, criando lugares de assentamento comum, que com o tempo passamos a chamar de "cidades". Esta nova forma de vida incrementou, com o passar do tempo, as oportunidades de troca.

O resto é história conhecida: chegou a divisão do trabalho, talvez como consequência do incremento das oportunidades de troca, o que fez com que algum humano tenha pensado na necessidade de concentrar atividades de produção com o propósito de produzir mais, melhor e em menor tempo, além de gerar um excedente com a finalidade de trocá-lo com outros que desejem esse bem e com isso criar a economia baseada na barganha.

Por exemplo, uma pessoa que possui gado mas não possui grãos percebe a necessidade de uma outra pessoa, que tem grãos mas não tem gado. Aqui nasce a oportunidade de troca. Mas se os "produtos" (grão e gado) satisfazem os desejos dos atores (clientes), ambas as partes encontram a possibilidade de satisfazer suas necessidades, ou seja, encontram algo útil e valioso para seus desejos e os produtos poderão ser trocados, porque para ambas as partes eles têm valor.

Lembremo-nos de que a palavra "valor", no dicionário, é apenas uma palavra a mais e na realidade o "valor" das coisas é dado pelas pessoas.

O valor da troca se realiza de comum acordo, estabelecendo algum mecanismo de troca ou compensação entre as partes. Assim nasce a barganha. Duas partes se comprometem a uma troca, tendo ambas a mesma razão, já que ambas as partes têm recursos para trocar e ambas dão aos produtos algum valor para satisfazer suas necessidades. Em caso de dúvida, consulte o item de necessidades. Segundo Abraham Maslow, podemos dizer que **as necessidades são estados fisiológicos ou psicológicos comuns** sem levar em conta os fatores que compõem a cultura.

Para compreender o porquê, seria bom repassar a evolução do desenvolvimento do cérebro, pois se não soubermos como as pessoas pensam, dificilmente compreenderemos quais são as necessidades que geram valor na mente humana.

O cérebro se localiza em uma parte do corpo chamada cabeça (do latim *enkephalos* ou encéfalo). É o centro do sistema nervoso. Nos últimos 3 milhões de anos, o volume da massa cerebral se quintuplicou. Observemos as diferenças de tamanho do cérebro humano em relação ao de outras espécies.

O Mistério do Cérebro

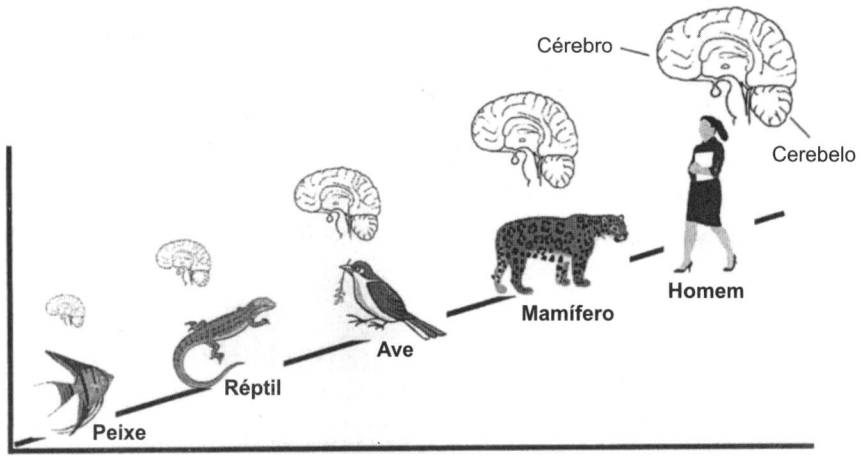

Figura 2 – O Mistério do Cérebro.

Lembremo-nos de que no cérebro podemos localizar os **neurônios** ou **unidades anatômicas funcionais do sistema nervoso**. Em nível individual, pouco se conhece acerca deles, mas existe uma instigante pergunta sobre o modo pelo qual os mesmos se conectam entre si, formando sistemas maiores e que, além disso, têm a capacidade suficiente para ter uma função mental.

A natureza humana vivia em um sistema muito convulsionado, com furacões, cataclismos, mudanças bruscas de temperatura, terremotos, maremotos etc. Dentro desse clima muito nervoso, começou a se desenvolver a árvore da vida humana que, em suas folhas, arquiva a memória do passado.

A raiz que deu frutos ao desenvolvimento do cérebro foi a espinha dorsal. Ela deu sustento ao hominídeo para que este assentasse sua cabeça e começasse a pensar humanamente. Como toda árvore, desenvolveu um tronco e várias extremidades, às quais chamaremos de cérebros.

Deus foi bom com a humanidade: "sabendo que éramos humanos nos deu a possibilidade de desenvolvermos três cérebros para pensar, dois olhos para ver, dois ouvidos para escutar e uma boca para falar". Mas ao integrar tudo o que Deus nos facilitou, o ser humano elaborou um conjunto de ações que apenas os humanos podem entender. A seguir continuaremos comentando os três cérebros para pensar.

O **cérebro reptiliano** é o mais antigo dos três. É o prolongamento da medula, regula os atos e reflexos, a respiração e os batimentos cardíacos. É o **impulsor das reações reflexas intuitivas**.

O segundo cérebro é parte do **sistema límbico** que contém o tálamo e o hipotálamo. Estes regulam, entre outras necessidades, a **fome**, a **sede** e o **sexo**.

A amígdala cerebral é parte do sistema límbico. Ela interage com o terceiro nível vertebral. Sua função é a elaboração das emoções. Recentemente atribuíram-se a ela as funções de arquivo dessas emoções, ao que se denominou "inteligência emocional".

O terceiro e último dos cérebros é o **córtex cerebral**. Ele abriga dois hemisférios cerebrais (direito e esquerdo) que coordenam os sentidos e a razão da vida. Neles encontramos mais de 14 milhões de neurônios. **Falar, lembrar, ler** ou **compreender** são funções básicas.

É possível observar, então, que o cérebro humano desenvolveu de forma escalonada seus cérebros. Nos primeiros tecidos, encontrava-se a resposta não-racional para a satisfação de suas necessidades. Apenas quando este desenvolve seu terceiro nível cerebral, interage com sua inteligência para satisfazer os desejos racionais, que são consequência do desenvolvimento da cultura das pessoas e das sociedades.

Vejamos estes exemplos.

Todas as pessoas têm a necessidade de se alimentar, beber e se vestir, mas é a cultura de cada uma delas, em cada momento e situação, que determina:

- Que.
- Quando.
- Quanto.
- Onde.
- Como satisfazem cada necessidade.

Feito este esclarecimento e considerando que estamos analisando os princípios da introdução ao marketing, utilizaremos de forma distinta os termos **necessidade** e **desejo**.

NEUROMARKETING

Mas deve ficar claro que quando alguém tem uma necessidade, quer algo e encontra a forma de satisfazê-la, ainda que seja parcialmente, esta forma é **o valor** que a pessoa atribui à relação da troca de recursos. A este processo de troca, em si mesmo, ainda que seja um processo mais complicado, também chamaremos de marketing.

Alguma vez você já se perguntou por que todos os verbos da língua inglesa terminam em "ing"?

Por acaso marketing é um verbo? E se assim fosse...

O que representava no passado?

As runas vikings nos dão a resposta, pois um de seus sinais ou runas é denominado **Ing** e representa o engenho. Indubitavelmente, esses engenhosos vikings já entendiam de marketing.

2. **Considere que o marketing é um processo ordenado que persegue metas ou objetivos.**

O valor da troca, quando realizado de comum acordo, estabelece mecanismos de compensação que geram valor para ambas as partes.

O valor da troca cria algo denominado "utilidade", que é a satisfação potencial que se obtém através dessa relação de valores ou proveitos que uma pessoa recebe de um bem ou serviço com relação aos seus desejos.

Utilizando os conhecimentos de Schoell e Giltinan, em seu livro *Conceitos de Marketing*, poderíamos dizer que existem pelo menos quatro tipos de utilidade ou benefício através do(a):

- **Forma**: utilidade que advém da maneira **como** se põe à disposição o bem ou serviço.

  Exemplo: Lord Sandwich inventou seu homônimo. E ele o fez para satisfazer uma necessidade: tinha fome e havia pouco o que comer. Com o pouco que havia satisfez sua necessidade. Mas até esse momento, ninguém havia juntado dois pedaços de pão com "comida" (carne) entre eles. Agora o Burger King ou McDonald's contribuem com diferentes variedades deste invento, com engenhosidade, para satisfazer nossa necessidade.

- **Lugar**: é o valor agregado aos bens ou serviços para torná-los mais acessíveis (**onde**) para os potenciais consumidores ou clientes.

  Exemplo: as filiais ou sucursais que se abrem para aproximar de nós os bens ou serviços; o *delivery* ou entrega em domicílio poderia ser incluído aqui.

- **Tempo:** é a utilidade ou valor agregado aos bens ou serviços, tornando-os acessíveis aos potenciais consumidores ou clientes **quando** estes desejam comprar.

  Exemplo: horário de atendimento ao público-alvo da compra. Aberto 24 horas.

- **Posse:** a posse é o valor agregado aos bens ou serviços, que tem como resultado a transposição da posse ou título legal ao comprador através de uma transação de compra e venda.

É o marketing uma atividade reservada apenas para as pessoas?

"O marketing inclui as pessoas e organizações que realizam funções orientadas a satisfazer os desejos humanos e facilitar as relações de troca."

As **relações de troca** existem quando pelo menos dois participantes possuem algo que pode ser valioso para o outro, onde, além disso, cada um é livre para estar de acordo ou não com a troca e onde cada um dos atores é capaz de se comunicar e tornar acessível ao outro o que está oferecendo.

A relação de troca que cria valor não requer necessariamente que os atores ou participantes realizem o intercâmbio.

Podemos estar apaixonados por uma casa, mas se não concordamos com o preço ou valor da transação não realizamos a operação de compra. Ao não concordarmos com o preço, a transação ou não acontecerá ou surgirá um processo de negociação de ambas as partes que poderá ser concluído com êxito ou não. Mas independente de ter havido ou não um acordo de valores, houve uma relação de troca.

O vendedor potencial tratou e criou os valores de troca, realizou funções de marketing: tem uma imobiliária, publicou um anúncio, nos levou até a casa, fixou um preço, mas não entramos em acordo e a operação comercial não se realizou. Mas isso não quer dizer que o marketing não tenha ocorrido.

NEUROMARKETING

RELAÇÕES DE TROCA

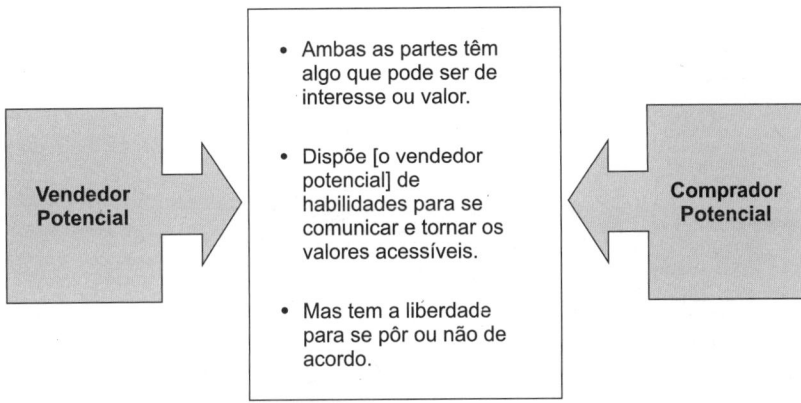

Pense que hoje é sábado à noite. Você ou seus filhos se preparam para ir dançar, e o ritual da vestimenta feminina começa muitas horas antes. A pergunta não espera.

Onde vamos?

O que visto?

A que horas saímos?

Para estas perguntas há apenas uma resposta:

Ela irá ao lugar e à hora que quiser e quase com certeza irá vestida de preto...

Para mais informações não hesite em consultar o módulo da magia da cor, e lembre-se também dos fatos da vida real: quando compramos um carro, ela sempre escolhe o mais caro, porque gostou da cor; enquanto ele olha o motor e logo lhe atribui um valor.

Entretanto, quando se trata de mulheres, na hora da escolha ele observa toda a carroceria, centralizando toda sua atenção nos grandes faróis e na mala traseira e resumirá tudo em uma frase: "Que caminhão"...

OUTRAS RELAÇÕES DE TROCA

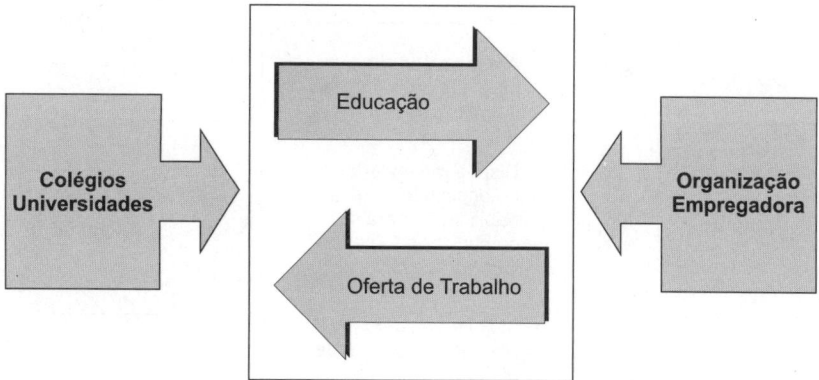

Oferta de um produto virtual não perecível chamado educação. Com ela satisfazemos necessidades culturais sociais e esperamos cobrir as necessidades profissionais, a demanda dá valor ao conhecimento e se realiza a troca.

Como vemos, realiza-se um encontro entre dois pares ordenados que realizam uma troca de valores.

Orientações do Marketing e Áreas de Gerência de Marketing

Através da análise da evolução do marketing, vimos algumas das orientações que acompanharam o mesmo. Como é lógico se supor, essas mudanças também afetaram as organizações e, por conseguinte, suas estruturas, gerando uma relação de mudança direta entre a orientação e as áreas da gerência de marketing.

Vejamos a seguir algumas outras orientações:

- **Orientação funcional,** como função, igual a qualquer outro componente estrutural de uma organização. Aqui predomina o critério normal de qualquer projeto organizacional, dando o mesmo valor aos componentes da estrutura da empresa. Produzir, vender, administrar são o suporte lógico dessa estrutura e todas as áreas têm o mesmo valor.

Marketing como Função Igual

Marketing como Função Principal na Estrutura de Uma Organização

Neste caso em particular, a área de marketing poderia ser responsável por funções correspondentes às outras áreas, como, por exemplo:

- Selecionar seu próprio pessoal subordinado (função da área de Recursos Humanos).
- Administrar a conta corrente dos clientes (função da área de administração).
- Estabelecer limites de crédito para seus clientes (função da área de administração).

Função Concentradora da Atividade Organizacional – Orientação Concêntrica ao Marketing

O plano de marketing passa a ser o eixo concentrador do sistema organizacional.

Áreas da Gerência de Marketing

- O marketing tem maior poder relativo.
- Formalmente são representadas conforme no organograma.

Áreas da Gerência de Marketing

- O marketing é o centro da atividade da organização.
- Formalmente são representadas conforme no organograma.

NEUROMARKETING

ORIENTAÇÃO AO CLIENTE

O cliente é a chave do negócio ou serviço e a ele devem ser dirigidas as ações da organização. É imprescindível conhecê-lo e satisfazê-lo.

Todas as ações de marketing se dirigem para o cliente, as empresas o mantêm como alvo para **localizá-lo, atraí-lo, captá-lo, satisfazê-lo** e **mantê-lo.** Requer outro tipo de ferramentas.

A individualidade humana é o eixo das perguntas básicas:

- Quem é ou pode ser nosso cliente?
- O que consome ou pode consumir?
- Quais são seus desejos insatisfeitos?
- Quando compra ou consome?
- Quanto compra ou pode consumir?
- Por que não compra ou consome de mim?
- Como manter uma relação permanente e sustentável com ele?
- ...
- ...

Áreas da Gerência de Marketing

- O cliente é o centro da atividade da organização.
- Formalmente são representadas conforme no organograma.

NEUROMARKETING

Com todas essas perguntas, a mente humana estala quando começa a arquivar as diferentes opções de resposta. Mas a humanidade continuou desenvolvendo novas tecnologias, sobressaindo-se nos últimos 20 anos a tecnologia da informação e telecomunicações, que passaram a ter um papel predominante.

As empresas de serviços precisam imperiosamente do desenvolvimento de bases de dados para detectar os clientes-alvo. Os softwares aplicativos e o senso comum colocam como centro aquele que sempre deveria ter sido a estrela do sistema: o cliente.

O cliente é a função ativa do sistema de marketing, a ele se dirigem todas as ações. Uma vez que o captemos, realizamos ações de fidelização para mantê-lo.

ORIENTAÇÃO AO MARKETING INTEGRADO

- O cliente é o centro da atividade da organização.
- Formalmente são representadas conforme no organograma.

O cliente é o centro controlador do sistema. Todas as ferramentas do marketing se colocam à disposição de forma integrada para melhorar e manter relações sustentáveis no tempo. Todos buscam sua fidelidade, mas ele **é infiel por natureza.** A magia do marketing tentará, com a ajuda da tecnologia, validar o contrário.

NEUROMARKETING

Um cliente é uma pessoa física ou jurídica, individual ou coletiva que, no mínimo, cumpre as seguintes condições:

1. Capacidade de compra	Reconhecida ou não por ele
2. Capacidade de pagamento	• Presente • Futura • A prazo
3. Poder de decisão	• Absoluto • Compartilhado • Influenciado

1. Capacidade de compra

Entendida como a resultante da satisfação de algum nível ou tipo de necessidade.

- Reconhecida pelo cliente que compra o produto escolhido diretamente.
- Reconhecida pelo cliente, mas que não sabe como satisfazê-la. Para isso, pede e analisa a informação necessária para se decidir sobre a compra.
- Não reconhecida pelo cliente. Nesse caso, será necessário descobri-la.

2. Capacidade de pagamento

O cliente dispõe de dinheiro para satisfazer sua necessidade de troca, pode pagar à vista (presente), ou em um prazo determinado posterior à venda (futura), ou no futuro e com prazos estabelecidos nos quais disporá de dinheiro (a prazo).

3. Poder de decisão

Refere-se a quem possui a autoridade e a responsabilidade pela tomada de decisão de realizar a transação ou compra.

- Absoluto: exercido absolutamente.
- Compartilhado: tomado por mais de um membro.

- Influenciado: afetado pela opinião pública ou por outras pessoas às quais não corresponde a decisão.

A compra é a contrapartida da venda; a venda é a comunicação em si mesma e, como tal, é um processo. Nele o cliente intervém como interlocutor do vendedor, tomando as decisões que acredite convenientes para satisfazer suas necessidades.

Sinteticamente, no processo de compra e venda existe a intervenção de vários interlocutores, mas o cliente é quem decide. Nesse processo de comunicação confluem os atores que influenciam, os que compram e os que usam.

O REINADO DO CLIENTE

Em tempos de crescimento, desenvolvimento, prosperidade ou bonança econômica, acompanhada por baixos níveis de desemprego, existia um conceito muito enviesado do "cliente". Ninguém falava ou mencionava palavras como:

- Retenção.
- Fidelização.
- Satisfação.
- Lealdade.

A necessidade de "cuidar" do cliente não estava entre as prioridades das empresas pelo simples fato de que:

- Os mercados cresciam.
- A competição não era tão agressiva.

Então, perder alguns clientes não era tão problemático porque outros clientes novos substituíam os existentes.

Mas o conceito de clientes dentro das organizações impulsionou uma mudança na ordem e na significação reinantes na década de 90, em virtude do alto nível de competitividade provocada pela globalização, a diminuição da demanda agregada e a distribuição cada vez menos equitativa dos investimentos.

A ruptura e a decadência dos paradigmas imperantes significaram a aparição do marketing focalizado no cliente, de tal modo que todas as decisões o contemplassem como sócio estratégico do processo e destinatário final de toda a sua ação.

O marco de reflexão que nos guiará a partir deste momento é o **valor vitalício do cliente**. O centro, foco ou ideia forte é que **o cliente é um ativo**, cujo valor pode ser calculado.

Como?

O valor presente médio das vendas por um período de tempo, correspondente aos diferentes tipos de clientes e multiplicados pelos novos clientes que possam atrair.

Se aceitarmos este postulado, então devemos monitorar cuidadosamente os níveis de satisfação dos clientes e questionar os mesmos, dando-lhes a mesma importância que aos componentes do patrimônio financeiro de uma organização.

Como os grandes jogadores ou *players*, mas em menor escala, o importante hoje é resgatar este pensamento estratégico.

Para que uma empresa funcione, seus diretores devem estar "apaixonados" por seus clientes (cliente interno/cliente externo) e alcançar com eles uma motivação importante que produza resultados que incrementem a rentabilidade por cliente e, consequentemente, a organização.

Classificação de Clientes

Para pensarmos em termos de clientes, devemos pensar na construção de redes de relações que justificam trocar e compartilhar alguma rede de valores e tratar de encontrar quais são os modelos mentais que predominam para, com isso determinado, nos aproximarmos para criar um diálogo diferenciado por:

- Nichos de mercado.
- Grupos de afinidade.
- Pessoas.

Em termos gerais, podemos estabelecer duas categorias de clientes, a saber:

Não-clientes	Clientes
Possíveis	Compradores
Potenciais	Clientes
	Defensores
	Vendedores

Não-clientes

- Os **possíveis** são compostos por todo o universo, ou seja, toda a população que podemos alcançar com a oferta comercial utilizando nossa estrutura organizacional.

- Os **potenciais,** ao contrário, são os que nos permitem conhecer a demanda sobre a base de seus requerimentos, seja por intermédio de pesquisa de mercado, entrevistas aprofundadas, *focus group* ou por alguma outra ferramenta de pesquisa.

    Os potenciais são aqueles que reúnem o perfil do que nosso produto ou serviço satisfaz e que poderiam chegar a comprar, mas que ainda não o fizeram.

Tipos de Clientes

Encontramos quatro subdivisões:

- Os **compradores** seriam aqueles que passam por uma vitrine e circunstancialmente, fruto de alguma oportunidade chamativa, de uma oferta proporcionada por tempo limitado, se veem tentados a adquirir algum produto ou serviço, porque algo lhes chamou a atenção.

    Pode-se tratar, inclusive, de pessoas que de alguma maneira realizam compras impulsivas. São consumidores que geralmente compram uma vez, mas não sabemos se voltarão.

    Não estão incorporados a nossas bases de dados, portanto nem sequer podemos fazer projeções a partir deles, porque não sabemos quem são e nem que sustentabilidade têm através do tempo.

- Os **clientes** são definidos como aquelas pessoas que já compraram e nos dão uma segunda oportunidade, ou seja, voltam intencionalmente à nossa organização.

Voltam quando têm uma necessidade pontual. Sabemos então que uma vez já estiveram satisfeitos, a partir de alguma ação comercial que tenhamos realizado.

- **Defensores** e **vendedores** pertencem a uma categoria muito similar. Basicamente, têm a ver com aquele grupo de clientes que nos permitem antecipar suas necessidades.

Conhecemos algo além dos dados de filiação, data de aniversário e endereço para correspondência. Podemos saber o que eles vêm comprando da nossa empresa com o passar do tempo, ou seja, o mix de produtos ou serviços, a frequência de compra, *ticket* médio, ou qualquer outra variável importante que consideremos necessária incorporar à ficha do cliente, seja esta manual ou computadorizada.

Conhecemos seu padrão de comportamento e, portanto, podemos nos antecipar com correspondências personalizadas, que estejam formuladas no canal de comunicação mais apropriado para ele (auditivo, visual ou cinestésico), para que de alguma maneira compreendam melhor e para que captem sua atenção rapidamente, conseguindo que lhe deem valor, ou que pelo menos destinem um tempo para lê-las.

Esta maneira de agir tem duas grandes utilidades do ponto de vista econômico para a organização: a primeira é que nos permite ser mais eficientes na seleção de mensagens; a segunda é que nos economiza tempo e dinheiro, porque além de não termos que estar sistematicamente relembrando-lhes que existimos, eles nos defendem, criando com isso o efeito boca-a-boca e o efeito cascata, que sem querer se transforma numa força de venda indireta, anônima e, além disso, *ad honorem* da empresa.

Satisfação e Lealdade

Satisfação e lealdade do cliente são processos diferentes. A satisfação está diretamente relacionada com o nível de percepção das pessoas. Por exemplo, frente à pergunta:

Você está satisfeito com o cartão de crédito A?

Poderiam responder afirmativamente porque estão valorizando a gama de serviços prestados pela empresa.

Mas se você recebe uma oferta promocional para ter outro cartão similar "B".

Aceitaria utilizá-lo?

Entretanto pode acontecer de a resposta ser negativa. Mesmo que muita gente tenha dito estar satisfeita com o cartão A, haverá a possibilidade de muitas pessoas responderem sim, ou seja, aceitariam usar o cartão "B".

Migrariam para o concorrente?
......
Por quê?
.....
Por acaso suas necessidades não estão sendo satisfeitas?
.....

Não se trata disso. É porque a segunda opção os seduz, lhes convém. Então, a lealdade está associada necessariamente a um comportamento repetitivo e recorrente de compra.

A equação se compõe de três elementos inter-relacionados: percepção, custo, comportamento.

Se conseguirmos que o público-alvo "sinta" que a partir dos atributos que percebe no produto ou serviço satisfaz suas necessidades, então estaríamos em condições de estabelecer os fatores-chave ou atributos-chave da relação com o cliente. Ou seja, aqueles fatores que identificamos como vantagens competitivas sustentáveis no tempo.

Teremos que dotar estes fatores-chave de um significado, preferencialmente de valor emocional, e mantê-lo latente com diferentes estratégias, para que se reflita como um comportamento de escolha permanente. Ou seja, que cada vez que alguém tenha que comprar algo que nós podemos oferecer, que sua mente nos leve em conta e nos escolha.

Se conseguirmos que as equações satisfação-custo-lealdade ou percepção-custo-benefício estejam associadas à imagem da nossa marca, o que conseguiremos é ter um *upgrade* ou grau maior de margem de rentabilidade, tudo isso a partir da gestão do cliente como vantagem diferencial.

Desenvolvido neste livro, poderia ser aplicado a conceitos tão variados como:

- Cliente **Empresa** *business to business*, ou seja, de uma empresa provedora a outra.
- O cliente **interno**, ou seja, rede de relações e troca entre pessoas da mesma organização, que é o lugar onde se articulam internamente na organização o capital humano e a gestão do talento. Aqui é o lugar onde devemos observar as relações pessoais, os modelos mentais individuais e grupais, os sistemas de perfis individuais de comportamento e a cultura organizacional.

  Do desenvolvimento e da motivação do cliente interno também dependem as utilidades diretas ou indiretas da organização. Neste ponto, fazemos referência a um fator estratégico ou chave para o desempenho da organização. Por isso temos que cuidar e monitorar permanentemente tanto o cliente interno quanto o externo, satisfazendo sempre suas necessidades.

De outra perspectiva, falamos dos clientes como um ativo intangível, o qual devemos conhecer e gerir. Podemos acrescentar que a lealdade como tal é um conceito extremamente valioso e que traz a sustentabilidade, tanto que podemos considerar as pessoas e os clientes como sócios estratégicos para desenvolver e inovar nosso conhecimento.

NEUROMARKETING

Marco Descritivo do Fenômeno

A lealdade do cliente é um ato intangível, mas muito importante para um relacionamento entre as pessoas e entre elas e a organização provedora de produtos ou serviços.

Devemos investir no cliente de forma sistemática e planejada. Este é o único caminho para a competitividade das organizações do próximo século.

Marco do Desenvolvimento Conceitual

A estratégia de fidelização é inevitável, porque quando pensamos em fidelização o fazemos em termos de meios. Mas é raro imaginarmos uma ação para **criar vínculos**.

Pelo que foi exposto, a partir desta concepção, é muito importante entender esta ação como um fato estratégico e não como uma ação tática.

Neuromania

Integração da Medicina e o Marketing

Neuromania

O marketing é um processo que detecta as necessidades do cliente ou consumidor e busca a maneira de satisfazer essas necessidades, por meio de uma troca favorável para as partes intervenientes, tanto do lado que oferece um produto ou serviço como de quem demanda esse produto ou serviço.

É nesse sentido que tradicionalmente se dividiram os sistemas de comunicação entre vendedores e clientes ou consumidores, capacitando os vendedores em técnicas de vendas e treinando-os para que sejam capazes de analisar as características do produto para, por meio disso, cumprir melhor com a satisfação da necessidade do cliente.

Definitivamente, esta relação era entendida como uma comunicação vendedor–produto ou produto–cliente, sem levar em consideração que tanto vendedores como clientes são seres humanos que têm sentimentos e emoções. Além disso, para se entenderem melhor é preciso primeiro haver comunicação entre eles.

Mas devido à manifestação da tecnologia aplicada ao serviço de produção de bens, em um mundo do Terceiro Milênio, é cada vez mais difícil observar a diferença tangível entre os produtos ou serviços. Para diferenciá-los, então, temos que apelar para as percepções e as vinculações sensoriais, no plano inconsciente das pessoas.

> *"MANTRA" é uma série de palavras unidas com o propósito de criar um efeito positivo em si mesmo ou no outro.*
>
> *Em sânscrito "MAN" significa "mente" e "TRA" "libertar".*

Em 1998, Bernd Schmitt (Columbia Business School) e Alex Simonson (Georgetown University) propuseram seduzir os consumidores comunicando-se mais com o hemisfério direito do cérebro, lugar em que se alojam a criatividade e as emoções, em contraposição à forma tradicional de pensamento, que dirige as mensagens ao hemisfério esquerdo do cérebro, que contém o nível da lógica e do raciocínio.

Precisamente, o neuromarketing se refere ao estudo de como funciona todo este processo complexo de comunicação entre o ser humano vendedor e o ser humano cliente. Ambas as partes são definitivamente pessoas e, como tais, têm uma série de necessidades em função da interpretação da realidade que cada um constrói.

A interpretação da realidade e o nível de satisfação ou insatisfação das partes se vinculam diretamente aos ideais, ilusões, valores e crenças que ao longo do tempo se depositam na mente.

> *O cérebro é como um computador que está carregado de pensamentos, mas com a vantagem de que o programador é a própria pessoa.*

O cérebro recebe um estímulo através dos sentidos, é este "computador" onde os dados se convertem em informação e informação se transforma em conhecimento para dar a resposta que considera adequada para satisfazer à necessidade.

> *Se você conhece a informação que entra no cérebro poderá determinar o que sai dele.*

O neuromarketing analisa as sensações que o consumidor experimenta no processo de compra de um produto ou serviço. Para esta finalidade, hoje se utiliza a tecnologia da informação integrada à ressonância magnética e à tomografia computadorizada. O neuromarketing integra como filosofia metodológica, entre outras, as diferentes ciências, disciplinas científicas, metodologias técnicas e novos pensamentos recriados de:

- Neurociências.
- Marketing.
- Pensamento sistêmico.
- Programação neurolinguística.
- Modelos mentais.
- Inteligências múltiplas.
- Ontologia da linguagem.
- Física quântica.
- Administração em geral.

NEUROMARKETING

Apesar de este enfoque ser muito recente, podemos perceber que existem antecedentes na pesquisa dos conteúdos que encerra a máquina da mente. Desse modo, por exemplo, a figura ilustra os trabalhos de pesquisa de Robert Fludd (1574-1673) sobre: as órbitas da mente e a associação do cérebro com a astronomia em três mundos:

- Mundo sensível.
- Mundo imaginável.
- Terceiro mundo.

O concreto é que nosso sistema nervoso, desde antes de nascermos até darmos o último sopro de vida, é como uma máquina, um computador poderoso e sofisticado, chefe de todas as decisões. Chamaram-lhe de "cérebro", e também se conta que é a mãe de tudo quanto foi inventado no mundo. Como dizia Hipócrates (Séc. V a.C.):

> "A humanidade deve saber que é a partir do cérebro, e somente a partir dele, que surgem prazeres tais como: o riso, a alegria; também é a partir daí que emergem nossas tristezas, penas e lágrimas. Através do cérebro em particular pensamos, vemos, escutamos e distinguimos tudo o que é feio do que é bonito, o mal do bem, o que é prazeroso e o que não é".

A Neurociência

A neurociência estuda o sistema nervoso em seu conjunto, a partir de um ponto de vista multidisciplinar, envolvendo a Física, a Biologia, a Eletrofisiologia. Isso nos ajuda a entender a origem e a inter-relação de funções, tais como o pensamento, as emoções e os comportamentos.

Estudar e explicar o funcionamento da rede neural nos permitem compreender como se produz nossa compreensão individual do mundo externo, e como os neurônios se organizam formando vias de comunicação, interconectando-se mediante as sinapses ou redes de comunicação.

A neurociência surgiu durante o século XX, a partir de outros estudos clássicos e, hoje em dia, agrega representações de atos perceptivos e motores que permitem relacionar estes mecanismos internos com a conduta observável.

NEUROMARKETING

O Sistema Nervoso

Se compararmos o sistema nervoso a um computador, esta grande massa cerebral em seu conjunto seria comparável ao *hardware* genérico ou clone de um computador. Ou seja, para todos os cérebros humanos ela é similar, sem qualquer distinção de raça, nacionalidade, credo ou outras variáveis. Mas há um fator-chave ou elemento diferenciador de cada um de nós.

Referimo-nos ao *software*, ou seja, os programas que transformam a informação em conhecimento e isto vem sendo gerado e modificado pela própria natureza ao longo de nossa formação na vida.

No mundo da informática podemos trabalhar no computador apenas conhecendo como funcionam certos programas. Mas quando uma dificuldade se apresenta e um programa não responde, pode ser porque a máquina não conta com a placa adequada ou o programa tem certas limitações. Nesse caso, o fato de conhecer as possibilidades do computador e como funcionam todos os seus elementos nos permitirá tomar certas decisões como colocar uma nova placa ou apenas incorporar um novo programa e otimizar melhor o uso da ferramenta com a qual contamos.

Da mesma forma, conhecer o *hardware* que temos incorporado aos seres humanos, ou seja, o cérebro e o sistema nervoso, nos permitirá aprender a usar melhor estes elementos e, portanto, conseguir com sucesso os objetivos aos quais nos propusemos na vida.

A Fonte do Neuromarketing

O cérebro

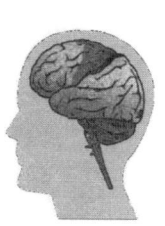

- É uma fábrica de produtos e serviços.
- Utiliza informação como matéria-prima.
- Produz e recria conhecimento.
- Integra todos os sentidos para comunicar e atribuir valor de satisfação.
- Decide a troca de recursos.

Três Cérebros para Pensar

Durante a década de 50, James Papez e Paul.D.Mac Lean mostraram um modelo de evolução do cérebro conservando em cada fase ou etapa as características das etapas anteriores. Descobriram, assim, um caráter de "cascas de cebola" do cérebro e a existência de três cérebros nos humanos:

- O cérebro **reptiliano ou primitivo** que os seres humanos compartilham com os répteis.
- O **diencéfalo ou límbico**, que compartilhamos com os mamíferos.
- Por cima de ambos, cobrindo o sistema límbico, encontra-se a última camada, que é o **neocórtex**, que compartilhamos com os chimpanzés, golfinhos, gatos e outros animais.

O fato concreto é que nós, humanos, possuímos três cérebros muito diferentes em seu funcionamento, mas integrados em um pensamento comum.

O *cérebro primitivo ou réptil* que os répteis, os peixes, as tartarugas marinhas e definitivamente todos os seres vertebrados inferiores também possuem é composto pelo bulbo raquídeo, a ponte troncoencefálica e o mesencéfalo.

Contém todos os programas inatos que servem essencialmente para sobreviver e conservar a espécie, governa nossa agressividade e reações de fuga frente ao perigo. As lembranças arquivadas são unicamente as do momento em que vive.

O cérebro reptiliano não sabe fazer frente a situações desconhecidas, não aceita o que é diferente, portanto não pode inovar, e se caracteriza por limitar-se a condutas humanas básicas como executar atos reflexos, construir e levar a cabo estratégias de luta ou fuga, realização de rotinas, comportamento compulsivo e imitações de modelos.

A linguagem reptiliana se confunde com os gestos e com o comportamento não-verbal, que é muito importante na comunicação; tão importante que se estima que *mais de 93% da comunicação seja não-verbal.*

O antigo cérebro mamífero ou sistema límbico é fruto de uma evolução mais tardia (Era Terciária), permitindo à humanidade uma melhor adaptação às flutuações do ambiente. Ele ocupa especialmente o septo, a amígdala cerebelar e o hipocampo.

É primordial no comportamento emocional e na memória, e com a ajuda do lóbulo frontal permite uma melhor adaptação social. Todos os aspectos relacionados com as emoções se encontram no sistema límbico.

Este sistema opera de forma dicotômica, dividindo as situações em situações de agrado ou desagrado, de aceitação ou rejeição.

Tem importância na memória de longo prazo e com isso permite a antecipação do prazer, a repetição voluntária das experiências vividas, podendo buscar a repetição ou a fuga das mesmas.

O cérebro mamífero recente ou córtex. O cérebro mais evoluído é o córtex, ou cérebro mamífero recente. É próprio do humano, ainda que o compartilhemos com algumas outras espécies animais, dado que existem indícios dele em gatos, chimpanzés e golfinhos.

Mas nós, humanos, nos diferenciamos deles pelo maior grau de aperfeiçoamento do lóbulo frontal, que essencialmente concede uma grande flexibilidade, de tal modo que podemos responder a um estímulo de uma maneira imprevisível. Também é o espaço do **pensamento consciente** onde cabem as estruturas imaginárias, a criatividade, a capacidade de raciocínio, análise, intuição, linguagem verbal, capacidade de escolha.

Em síntese, o córtex processa o que recebe através dos sentidos e transforma as reações cerebrais em linguagem verbal e não-verbal, ignorando as emoções, de modo que pensa friamente as respostas.

O ser humano utiliza os três cérebros de maneira sequencial e simultânea.

A Especialização Hemisférica

Na década de 70, os pesquisadores tomaram consciência de que na realidade o córtex era formado por dois hemisférios que não eram simetricamente iguais e que cumpriam funções diferentes, específicas e altamente especializadas.

Esses dois hemisférios (direito e esquerdo) se complementam e estão unidos por um denso feixe de fibras nervosas chamado **Habeas Callossum** ou **Corpo Caloso**.

O Dr. Roger Sperry, Prêmio Nobel de Medicina em 1981, realizou diferentes estudos, primeiro em gatos e a seguir em seres humanos a quem, com a finalidade de curar os ataques de epilepsia, havia cortado a união de ambos os hemisférios. Ou seja, com isso decobriu que cada hemisfério tinha uma especialidade.

Atualmente, a maioria dos neurobiólogos hoje está de acordo em afirmar que o hemisfério esquerdo está relacionado com o controle da linguagem, o raciocínio lógico-matemático, os aspectos auditivos-temporais; é o hemisfério do pensamento linear-sequencial, da comunicação digital, das representações lógico-semântico-fonéticas.

Já o hemisfério direito está relacionado com a criatividade e a imaginação, as relações espaciais, a capacidade de síntese, a experiência emocional e a linguagem analógica.

Ambos os cérebros estão conectados pelo Corpo Caloso, que se encarrega da comunicação entre os hemisférios. Se este não funciona corretamente, então se apresentam incongruências entre o pensar e o sentir, entre a fantasia e a realidade.

Hemisfério Esquerdo	Hemisfério Direito
Realista	Fantástico
Lógico	Analógico
Dissociado	Associativo
Cognitivo	Intuitivo
Analítico	Sintético
Reprodutivo	Criativo
Consciente	Inconsciente
Aritmético	Geométrico
Concreto e prático	Mágico
Partes.	Todo
Lembrado	Planejado
Passado Presente	Futuro

O hemisfério cerebral direito e o hemisfério cerebral esquerdo, cada um deles por sua vez, estão divididos em cinco lóbulos.

- O **lobo frontal**, que controla o movimento dos olhos e é fundamental nas funções psicológicas que estão relacionadas com o planejamento e a vida emocional, a função de iniciativa, organização e autocontrole.
- O **lobo occipital** é a zona de recepção de estímulos visuais e onde estão localizadas as funções que permitem fotografar e se situar no espaço.

- O **lobo parietal** é o ponto terminal das fibras nervosas que chegam ao cérebro procedentes do exterior.
- No **lobo temporal** estão alojados os estímulos procedentes do ouvido, assim como a memória.
- **Lobo da Ínsula de Reil ou lóbulo oculto.**

O ser humano nasce com essa máquina maravilhosa, a qual chamamos de cérebro. Ela possui grande quantidade de células, mas em geral elas não são renováveis. Ao morrerem, elas não voltam a se multiplicar. Por isso, é de vital importância para o desenvolvimento da humanidade saber administrar este recurso não-renovável tanto individual quanto coletivamente.

O conhecimento da especialização dos hemisférios nos permite melhorar a administração dos recursos que temos, para com isso dar uma resposta mais inteligente às questões que o ambiente atual nos apresenta.

Na vida cotidiana, a cada momento somos colocados em situações complexas que se apresentam, e às quais temos que dar respostas. Algumas vezes, encontramos apenas uma única resposta possível. Mas é quase certo que se utilizarmos o outro hemisfério cerebral encontraremos outras respostas para a mesma situação. A técnica de solução por sistemas opostos, com certeza, contribuirá para melhorar as decisões.

Dessa forma, em um mundo de tantas mudanças e exigências com o uso permanente da inovação e da criatividade, a aplicação desta forma de pensar nos leva a situações com várias possibilidades, respostas ou alternativas. Dentre as que se apresentam na forma de um leque, devemos fazer nossas escolhas. A resposta foi criada no hemisfério direito, mas se desejo concretizar o fato em seguida, então o hemisfério esquerdo entrará em ação.

Cada pessoa exercita mais um hemisfério do que o outro. Então, para cada perfil humano, existe um hemisfério mais importante do que o outro, ao qual chamamos hemisfério dominante. Entretanto, este conceito vem sendo mal-interpretado há muito tempo e por muitas pessoas que confundiam dominância com inteligência e que somente consideravam inteligentes aqueles que têm como hemisfério dominante o hemisfério esquerdo, demonstrando isso através do uso dos testes de inteligência baseados na grande capacidade lógico-matemática para resolver problemas. Por sorte, hoje o conceito de inteligência evoluiu, dado que Howard Gardner desenvolveu o conceito de múltiplas inteligências, critério sustentado nas sete zonas cerebrais, demonstrando que podemos nos destacar ou ter distintas destrezas ou habilidades ou inteligências em:

- Linguística.
- Lógica.
- Matemática.
- Música.
- Espacial.
- Cinestésico ou corporal.
- Intrapessoal ou interpessoal.

A FILOGENIA CEREBRAL

A transição nervosa ou de informação, que é a base do sistema de percepção, é um processo bioelétrico e químico, posto que cada vez que fazemos uso de nossos sentidos geramos redes de neurônios que se entrelaçam por meio de conexões (tomadas) chamadas sinapses.

O cérebro humano de um adulto encontra-se na parte superior e anterior do encéfalo:

- Pesa cerca de 1,3 kg.

Cerebrando a Filogenia

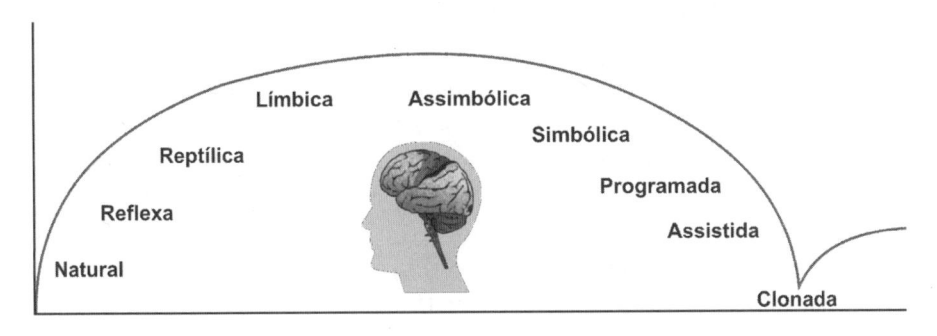

- Composto por:
  - Proteína (8%).
  - Água (78%).
  - Lipídeos (10%).
  - Outros (4%).
- Tem uma superfície de 22 dm².
- Contém 30 bilhões de neurônios.
- Interconectados por meio de $10^{14}...10^{15}$ sinapses, que desenvolvem o fluxo de energia elétrica que se desloca a uma velocidade maior do que a velocidade da luz e com capacidade natural de prover energia durante vários anos a uma fábrica de televisão.

A condução da energia é realizada através de dois cabos ou sistemas nervosos:

- O Sistema Nervoso Autônomo (SNA), também conhecido como Sistema Neurovegetativo, se encarrega, a partir da informação que recebe, de dirigir de forma inconsciente, por meio dos subsistemas simpático e parassimpático, o funcionamento dos aparatos:
  - Circulatório.
  - Respiratório.
  - Digestivo.
  - Contrai as pupilas.
- O Sistema Nervoso Central (SNC) regula as relações com o meio ambiente e é composto pelas massa cinzenta e massa branca. A massa cinzenta é parte do cérebro, cerebelo, bulbo raquídeo e medula espinhal, enquanto a massa branca se encarrega de fazer a comunicação desses centros de informação.

Como se desenvolveu e evoluiu a conduta humana?

Para esse fim acompanharemos o quadro "Cerebrando a Filogenia" desenvolvido por Oscar Malfitano Cayuela em 1998, adaptando material do Dr. Marelli e outros.

Conduta Natural

Observemos, como exemplo, as aranhas e as baratas. Elas não possuem cérebro e ainda assim a inteligência humana não conseguiu eliminá-las. Elas estão aí, apesar de nós. Nós não conseguimos explicar este exemplo de instinto de sobrevivência, mas com certeza a natureza dotou os reinos vegetais e animais de sistemas que retransmitem o que foi aprendido. Além do mais, poderíamos dizer que alguns exemplares desses reinos são sistemas homeostáticos (se adaptam às mudanças do meio ambiente) e outros também são morfostáticos (modificam sua estrutura para sobreviver).

Conduta Reflexa

A conduta reflexa humana pode ser explicada através de alguns elementos do SNC, a espinha dorsal. Ela representa os primeiros sinais da organização coordenada do sistema humano, age em resposta aos neurônios opostos e gera os primeiros movimentos de ondulação nos répteis.

Conduta Reptiliana

A evolução cerebral continua com o desenvolvimento do tronco encefálico, o rinencéfalo e o telencéfalo. Estes centros nervosos permitem a associação dos impulsos, produzem e elaboram as mudanças de posição. Começa com ele a manutenção do espaço e da velocidade.

O desenvolvimento do instinto de conservação das espécies começa com o desenvolvimento desta conduta.

Conduta Límbica

Na parte superior do cérebro encontra-se o diencéfalo, zona formada pelo tálamo e pelo hipotálamo. Esta zona atua como a união entre o tronco cerebral e o neocórtex e é um centro essencial para a sobrevivência humana, porque organiza condutas mais complexas, age como receptora e derivadora dos estímulos externos, não classifica os impulsos ou estímulos e elabora rotinas vinculadas ao sexo, à sede e à fome.

Conduta Assimbólica

No diencéfalo também se encontram alojadas as amígdalas cerebrais. Mediante analogia indutiva, elas classificam os impulsos em úteis e inúteis, armazenando os primeiros e descartando os últimos.

Com o desenvolvimento da humanidade, passou a catalogar as vivências e consegue distinguir o prazer do desprazer. Pode, além disso, classificar os impulsos relacionados com os sentidos: olfato, paladar, visão, audição e tato.

Conduta Simbólica

A humanidade continua com sua evolução à mercê do desenvolvimento do cérebro. Desenvolve o terceiro cérebro ou neocórtex, e junto com ele inicia a lógica dedutiva, começando a comparar as experiências passadas e as novas, criando a representação de pensamentos utilizando símbolos.

Ainda que troque informações entre os dois hemisférios cerebrais, ainda não pode programar ações prévias nem coordenar as vivências no eixo temporal.

Conduta Programada

O desenvolvimento do córtex se integra plenamente com o cérebro primitivo e o límbico. A humanidade pode construir o abstrato e o metafórico, pode realizar autocríticas de forma consciente e associar ideias, criando e integrando símbolos.

Cria a linguagem de comunicação oral e se integra plenamente com a comunidade à qual pertence e com outras comunidades, através da troca de informações.

Conduta Assistida

Com o crescimento desenfreado da informática e dos meios de comunicação, cria-se a revolução do Terceiro Milênio, ampliando sua capacidade mental para resolver problemas com a utilização da computação, ampliando os arquivos de resposta com a criação de memórias periféricas e encadeando associações assistidas por redes de informática que compartilham informações entre os milhões de usuários via Internet.

Condutas Integradas

O desenvolvimento da tecnologia nos leva a um ponto sem volta. Qualquer filme de ficção científica como, por exemplo:

- De Volta para o Futuro;
- O Vingador do Futuro; e
- Adivinhação.

Deixam de ser utopias e adquirem semelhanças com a realidade que **não** são mera coincidência.

Neste trabalho sobre neuromarketing, utilizando os conhecimentos existentes juntamente com o método empírico integramos as diferentes ciências com o propósito de melhorar o processo de comunicação e com isso recriar a confiança de todos os clientes, unidos em um processo de troca que satisfaça nossas necessidades plenamente.

A Programação Neurolinguística

No ano de 1972, Richard Bandler e Jonh Grinder, ambos professores e pesquisadores da Universidade de Santa Cruz, na Califórnia, EUA, estudaram excelentes terapeutas para ver como alcançavam algumas mudanças espetaculares nos seus pacientes. Eles chegaram à conclusão de que o ser humano pode alcançar, se assim planejar, resultados satisfatórios em seus objetivos de vida.

A PNL (Programação Neurolinguística) nasce como uma disciplina nova, baseada, entre outros, nos princípios da cibernética e da linguística.

Ambos os pesquisadores direcionaram sua curiosidade para saber por que algumas pessoas se destacavam ou conseguiam bons resultados no que faziam de forma inconsciente, enquanto outras não conseguiam fazer ou alcançavam resultados medíocres.

Chegaram à conclusão de que o ser humano é o único animal que repete sempre as suas ações ao longo de sua vida e, consequentemente, chega sempre ao mesmo resultado.

Dentro desse contexto, a PNL argumenta que na realidade o fracasso como tal não existe, o que existe é a aplicação de estratégias que nos levam a determinados resultados, e se o resultado alcançado não foi positivo é porque a estratégia não era adequada e isso nos deve levar a replanejá-la de maneira que nos leve a atingir a meta desejada.

A PNL nos propõe uma verdadeira gramática da comunicação verbal e não-verbal, aplicável aos múltiplos contextos da comunicação humana. Nela, a dimensão social é importante e transforma a comunicação em uma ferramenta prática, entre outros, para:

- Líderes.
- Empresários.
- Chefes.
- Subordinados.
- Professores.
- Terapeutas.
- Profissionais.

Além de ter muita utilidade para todas as pessoas que desejam melhorar sua capacidade de comunicação com os demais e consigo mesmas.

A primeira pergunta que seus criadores tentaram responder foi:

O que e como as pessoas fazem para alcançar o sucesso?

Elas mesmas não eram capazes de explicar exatamente como alcançavam o sucesso, por isso os pesquisadores ensaiaram o que aprendiam, realizaram estudos estatísticos e descobriram os processos conscientes e inconscientes da comunicação que as pessoas utilizavam. Depois os adotavam de tal forma que conseguissem reproduzir os mesmos resultados, mas, desta vez, de maneira consciente.

Por que PNL?

Porque se trata de um conjunto sistemático de operações que perseguem objetivos e resultados concretos.

Os resultados que conseguimos e os efeitos que geramos em nós mesmos e nos demais são consequência de nossos programas pessoais ou padrões de comportamento. Estes são uma combinação de padrões de pensamento que influenciam nossas condutas, crenças, valores, sentido de identidade e propósito.

Por outro lado, a pesquisa parte do princípio fundamental de que:

> *"Toda conduta é resultado de um processo neurológico e ela se manifesta através do sistema neurológico".*

A forma com que utilizamos nossos cinco sentidos para converter nossas experiências em processos de pensamento tanto conscientes quanto inconscientes varia, porque a capacidade de nos programarmos reside em nossa capacidade neurológica.

Dispomos de um sistema nervoso que nos permite perceber nosso entorno, pensar, sentir e selecionar os comportamentos.

Os neurônios que formam o sistema nervoso se comunicam entre si para gerar a informação, analisá-la e gerar uma conduta.

Poderíamos dizer que potencialmente todos nós temos uma série de fatores iguais, mas então...

O que faz com que tenhamos condutas diferentes?

> *"Temos o mesmo hardware, mas softwares diferentes."*

O processo neuronal está representado de forma ordenada e sequencial. Elabora modelos e estratégias que são comunicados por nossos programas através da linguagem, tanto verbal quanto não-verbal. Com tudo isso, cada pessoa dá um sentido a suas experiências de vida e as comunica de forma diferente.

O discurso de uma pessoa é rico em informação, mas cada um constrói sua própria experiência do mundo e o modelo de mundo que cada um tem é uma representação mental que depende da sua experiência e da sua cultura.

A linguagem de alguma maneira também determina o que podemos pensar ou perceber e a estrutura linguística organiza nossa percepção do mundo.

A PNL permite decifrar as linguagens provenientes de ambos os hemisférios cerebrais e integrá-los de maneira tal que se possa aguçar a capacidade intelectual, enriquecendo os modelos de mundo das pessoas.

NEUROMARKETING

Os Pressupostos da PNL

Interpretando a Realidade

Ainda que o mundo seja real, nós não operamos diretamente sobre esta realidade. Cada um constrói sua própria ideia do mundo. Nossa percepção da realidade não é a realidade, é apenas uma representação dela.

Vivemos num mundo de percepções, onde as respostas que damos na vida são respostas à nossa percepção da realidade e não à realidade em si.

Nossa mente percebe o mundo exterior através dos cinco sentidos. A atividade mental para interpretar a realidade acontece através de uma série de processos, entre os quais encontramos os **filtros** que utilizamos. Eles determinam a maneira pela qual nos comportamos e os resultados que obtemos.

Os filtros são, entre outros:

- Os padrões de pensamento.
- Crenças.
- Valores.
- Ideias.
- Experiências.
- Família.
- Ambiente sociocultural, etc.

Os filtros associados ao sistema de percepção individual fazem com que cada um tenha uma representação individual da realidade, ou seja, que cada um tenha seu próprio mapa de mundo.

Se conhecemos os filtros que estão presentes em nosso pensamento, poderemos modelar nossa experiência e desenvolver uma melhora consciente na comunicação.

Temos limitações e capacidades que modelam a realidade, dado que dependemos dos sentidos (visão, audição, tato, olfato e paladar). E além disso nos encontramos com limitações neurológicas para contactar-nos e interpretarmos a realidade do mundo que nós, humanos, definitivamente construímos.

O universo físico que se apresenta através de nossos sentidos é resultado de estruturas próprias de nossos cérebro e sistema nervoso. Isso está determinado geneticamente para cada espécie. Por exemplo, nós humanos não percebemos a mesma coisa que um gato ou cachorro frente a um mesmo estímulo.

Nós, seres humanos, temos nossas próprias culturas e o ambiente social ao qual pertencemos também exerce fortes influências que moldam nossas atitudes, nosso conceito da vida e a interpretação do mundo real que concebemos.

Por outro lado, a linguagem ensina a prestar atenção a certos aspectos de nosso ambiente mais do que a outros, porque cada estrutura linguística organiza de maneira distinta nossa percepção do mundo.

Por último, a história pessoal é única e nos leva a viver experiências que nos são próprias e que interpretamos cada um de maneira distinta. As experiências pelas quais se passa no ambiente familiar, a influência dos primeiros professores, os traumas, as rotinas fazem com que ao longo do caminho da vida nós consolidemos habilidades ou destrezas, modelando-nos a nós mesmos e a quem nos rodeia.

Aprendemos a falar modelando nossos pais e companheiros, aprendemos a nos comportar tomando como espelho pessoas que admiramos e tomamos como referência.

A maioria das experiências vividas desde o nosso nascimento até o nosso fim é acumulada no grande depósito que temos, que é o cérebro.

Somos os arquitetos do nosso próprio destino. O sucesso ou o fracasso de nossa vida dependem da estratégia de comportamento que escolhemos. Portanto, cada um de nós é responsável pelo que nos acontece, ou seja, somos responsáveis pelo nosso próprio destino.

Mas observemos uma realidade diferente. Nem todas são limitações. Também contamos com capacidades que nos distinguem. Nós, seres humanos, normalmente nascemos com todas as habilidades para desenvolver nossas atividades. Possuímos os recursos dos quais necessitamos para alcançar objetivos e metas na vida e o mais importante é que temos a capacidade de aprender continuamente.

Aprendemos a ter êxito ou a fracassar seguindo consciente ou inconscientemente o exemplo de pessoas a quem muitas vezes admiramos. Mas também podemos aprender com os erros de pessoas a quem rejeitamos ao longo das nossas experiências de vida.

Por outro lado, podemos imprimir os mapas com os quais nos orientamos no caminho da vida e contamos com as faculdades de:

- **Generalizar** – nos permite utilizar nossa experiência passada para fazer frente a situações presentes e similares. Este é um processo pelo qual os elementos do modelo de mundo de uma pessoa são separados da experiência original.
- **Selecionar** – nos brinda com a possibilidade de ficarmos apenas com a informação que nos interessa. Selecionamos a informação que recebemos porque de outra maneira praticamente seria impossível para nós prestar atenção e reter o bombardeio de informações que recebemos durante o dia inteiro e todos os dias. Devido a isso, vemo-nos obrigados a escolher a informação à qual daremos atenção e à qual devemos excluir.
- **Distorcer** – é a capacidade que nos permite introduzir as mudanças em nossa experiência sensorial. Esta faculdade é a mesma que nos permite ser criativos ou nos transportarmos mentalmente de uma situação a outra e relembrar o passado ou planejar o futuro.

O contexto, as relações humanas e a atitude positiva

Nenhum comportamento tem sentido fora de contexto. É impossível conhecer o sentido da atitude de uma pessoa se as circunstâncias em que esta atitude se manifesta são ignoradas.

A PNL nos faz compreender que a comunicação é responsabilidade nossa e a resposta que obtemos é o resultado do comportamento que colocamos em prática.

Em todo ambiente, as emoções e os estados de ânimo são muito importantes por seus efeitos. Por exemplo, Joseph LeDoux explica que os hormônios do estresse jogados na corrente sanguínea demoram horas para serem reabsorvidos, quando uma pessoa está descontente.

Este é precisamente o motivo pelo qual uma discussão pode nos deixar afundados na tensão e na preocupação durante horas. Portanto, é bom escolher se cercar de pessoas emocionalmente positivas e que nos façam sentir bem.

A negatividade é perigosamente contagiosa e entre os obstáculos que se tem de vencer estão os próprios modelos de mundo. Por isso, como nós dificilmente poderemos mudar o mundo, a solução seria mudar o modelo de mundo.

Em síntese, para converter algo fora do nosso alcance em algo acessível, devemos modificar favoravelmente a nossa percepção sobre nós e o nosso ambiente.

Para mudar o mundo, comece por você... Alejandro Lerner

Os Sistemas de Representação

Da mesma maneira que estamos em contato com o mundo através de nossos cinco sentidos, nossa representação do mundo também depende deles. Por exemplo, o olho humano possui receptores cromáticos e não-cromáticos. Algumas terminações nervosas que são os receptores especializados na detecção do calor e da dor nos relacionam com o meio que nos rodeia.

Identificamos a realidade graças a uma combinação de informação variada, apreendida por canais diferentes através dos quais codificamos a mesma, levando-a até o cérebro. Para chegar a este, a informação deve passar por esta série de filtros composto pelas crenças, valores e critérios.

Todo este processo é armazenado na memória como um elemento a mais, para ser utilizado quando se necessita elaborar uma resposta. Junto a ele, arquivamos toda nossa experiência e mapas mentais.

Cada pessoa estrutura seu pensamento de forma diferente, através do sistema de representação que foi denominado como sistema **VAC** pela tipificação dos sentidos.

- **V**isual.
- **A**uditivo.
- **C**inestésico, olfativo e gustativo.

Algumas pessoas lembram dos acontecimentos da vida como imagens, por isso pode-se dizer que têm uma memória visual e captam melhor as coisas vendo-as.

Quando catalogamos as pessoas como **visuais** é porque as mesmas registram os estímulos que vêm do ambiente preferencialmente com tudo aquilo que tem a ver com a utilização dos órgãos da visão.

Ou seja, realizam a recepção e o armazenamento mais facilmente com os órgãos da visão. E também da mesma maneira podem dar utilidade a elas no futuro.

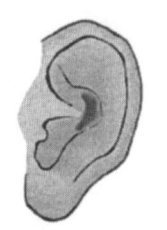

De outra maneira, existem pessoas **auditivas** que lembram melhor na base dos sons ou entendem melhor as coisas quando são explicadas oralmente.

Os estímulos são captados com facilidade e de maneira quase intuitiva e sem pensar, como os sons, música ou palavras. Cada um deles alcança de alguma maneira uma sensibilização muito particular no nosso ser. Distinguir a qual estímulo somos mais sensíveis nos fará melhorar a comunicação pessoal.

E, por último, quando nos referimos a nosso sistema representativo como sendo o **cinestésico**, estamos fazendo referência à exposição de estímulos com os quais estamos permanentemente em contato e ao fato de que registramos preferencialmente tudo aquilo que tenha a ver com sensações, sentimentos e emoções.

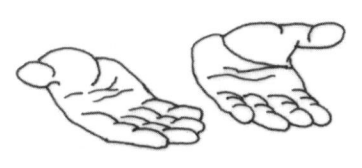

Essas pessoas, quando lembram de algo, a primeira coisa que percebem são as sensações associadas às experiências. Nesta categoria geralmente se incluem os sistemas de representações primários relacionados com o gosto e o olfato.

Denominamos sistemas de representação primários aqueles com os quais a pessoa percebe a realidade com maior refinamento e que, além disso, utiliza mais frequentemente.

Em geral, é o sistema de representação que se utiliza de maneira mais consciente.

Anteriormente dissemos que: *as pessoas não são todas iguais*. Agora podemos observar que:

- Duas pessoas que não tenham o mesmo sistema de representação primário percebem experiências de um mesmo acontecimento de formas muito diferentes.

Você é capaz de reconhecer seu próprio sistema de representação primário mais habitual?

Sistema representativo primário	Porcentagem estimada
Visual	
Auditivo	
Cinestésico	
Total Geral	100%

Em síntese, a linguagem é um processo psicobiológico de evolução natural do ser humano que determina a forma pela qual a pessoa percebe o mundo e pela qual constrói um mapa individual da realidade.

Através da pesquisa do processo de comunicação, a PNL estabeleceu parâmetros de comportamento sobre como as pessoas processam a informação e como a informação influencia na conduta: **Não busca o porquê. Mas sim o como fazer para...**

Um dos objetivos da PNL é incentivar o pensamento estratégico através do estudo da estrutura de comunicação e da experiência subjetiva da mesma.

Em nosso trabalho sobre neuromarketing, integramos o pensamento sistêmico com o propósito de melhorar o sistema de comunicação das pessoas, para com isso incrementar o valor de troca de recursos que satisfazem as necessidades humanas, entre elas o comunicar-se melhor.

Frase:

"O mapa não é o território."

IDENTIFICAÇÃO DO SISTEMA DE REPRESENTAÇÃO PREDOMINANTE

Acessos Oculares

São os movimentos inconscientes dos olhos que nos mostram o processo de pensamento do interlocutor.

Anteriormente, explicamos que todas as pessoas possuem, dentro do sistema nervoso, duas possibilidades de perceber e processar a informação: hemisfério cerebral esquerdo ou direito.

Se a informação entra pelo lado esquerdo do cérebro, aí se aloja tudo o que a memória pode recordar.

Se a informação se aloja no hemisfério cerebral direito, aí se encontra o mundo imaginário, a relação de construção do futuro.

Para identificar que sistema de representação primário o nosso interlocutor possui, basta observar seus olhos e ver para que lado do cérebro se voltam as pupilas.

Mas tenha muito cuidado, porque os sentidos vão na contramão do cérebro.

- O **hemisfério cerebral esquerdo** controla ou domina os movimentos do **lado direito.**
- O **hemisfério cerebral direito** controla ou domina os movimentos do **lado esquerdo.**

Recomendamos, neste módulo, que você releia o item especialização hemisférica.

As pessoas que privilegiam o uso do sistema de representação visual – SRV

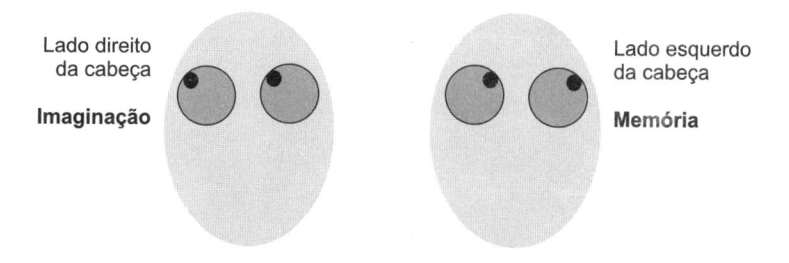

Lado direito da cabeça
Imaginação

Lado esquerdo da cabeça
Memória

As pessoas **SRV** se manifestam dirigindo os olhos para cima. Se observarmos que o interlocutor realiza uma leve inclinação dos olhos para cima e para a direita, dizemos que esta pessoa está construindo imagens, ou seja, está tentando inventar algo que nunca viu, ou está frente a uma situação desconhecida. Também se diz que se conecta com o futuro.

De outra maneira, se os olhos se inclinam para a frente e para a esquerda, está relembrando e, certamente, a resposta ou ação que recebemos como volta será baseada em alguma imagem relembrada ou qualquer ação referente ao passado.

As pessoas que privilegiam o uso do sistema de representação auditivo – SRA

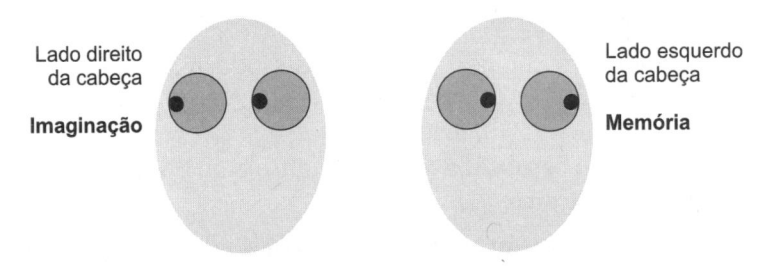

Lado direito da cabeça
Imaginação

Lado esquerdo da cabeça
Memória

Os sistemas representativos auditivos **(SRA)** observam tudo o que em seu horizonte de visão tenha se localizado na parcela média da cabeça, ou seja, na altura dos olhos. As pessoas auditivas movem os olhos de forma horizontal. Se o fazem para a esquerda estarão relembrando sons e se movem os olhos para a direita, construirão sons.

Os **SRA** natural e intuitivamente percebem os estímulos do ambiente através de canções ou palavras ou representações de sons ou de alguma maneira sempre são atraídos pela manifestação de ruídos, porque esta é sua maneira de aprender.

Os sistemas de representação cinestésicos – SRC

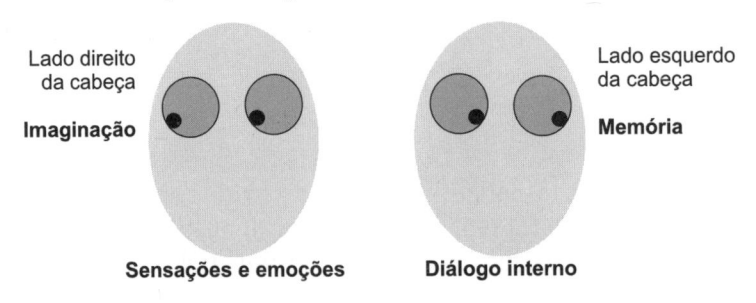

Lado direito da cabeça
Imaginação

Lado esquerdo da cabeça
Memória

Sensações e emoções

Diálogo interno

Por último, temos o terceiro sistema representativo, o **SRC**, que privilegia os estímulos relacionados com as sensações, os sentimentos ou o emocional.

O horizonte de visão neste caso é sempre da parcela média do olhar para baixo.

Ao observar o olhar para baixo e para a direita, a pessoa está se relacionando com sensações inéditas, ou seja, que para poder reproduzi-las, temos de alguma maneira que fantasiá-las ou imaginá-las, porque são sensações que nunca experimentamos ou tivemos. Portanto, são estímulos que não reconhecemos em nosso existir.

Ao contrário, se focalizamos ou trabalhamos dentro do sistema representativo cinestésico (**SRC**), mas relacionado aos sentimentos e sensações passadas, nosso horizonte de visão se focará do meio para baixo e para a esquerda.

Quando fazemos mentalmente um balanço da nossa vida ou quando fazemos uma introspecção com tudo o que é o mundo interno, ou realizamos um diálogo interpessoal, assumimos esta posição.

Em síntese:

Sistema representativo	Olha para a direita	Olha para a esquerda
Chave ou estímulo	Imaginação	Memória
SRV – visual	Constrói imagens, visão de coisas novas	Lembra imagens, imagens passadas
SRA – auditivo	Constrói sons	Lembra sons
SRC – cinestésico	Imagina sensações e sentimentos	Lembra sensações ou sentimentos
Hemisfério cerebral	Hemisfério direito do cérebro	Hemisfério esquerdo do cérebro
Dominância dos sentidos	O hemisfério direito interage com os sentidos do lado esquerdo	O hemisfério esquerdo interage com os sentidos do lado direito

ACESSOS PREDICATIVOS

As palavras que as pessoas utilizam durante o desenvolvimento de qualquer comunicação, seja verbal ou escrita, comercial ou social nos indicam o tipo de sistema de representação preferencial de cada um.

Está demonstrado que o grupo de palavras que as pessoas utilizam em sua linguagem cotidiana, ainda que sem se dar conta, transmite com elas o sistema de representação preferencial. Ou seja, a linguagem oral ou escrita nos identifica ou classifica. Vejamos a seguir os diferentes acessos predicativos **VAC** (**visual**, **auditivo** e **cinestésico**).

As palavras predicativas são verbos, advérbios, adjetivos ou substantivos que as pessoas utilizam para descrever o que pensam. Perceber as palavras-chave que são utilizadas na conversa (oral ou escrita) nos permite reconhecer o sistema de representação sensorial que a pessoa utiliza.

Acesso Predicativo	Visual	Auditivo	Cinestésico
Palavras relacionadas com:	• Sentido da visão	• Sentido auditivo	• Sentidos do olfato, gosto ou tato
Verbos ou ações	• Imaginar • Mostrar • Ver	• Ouvir • Escutar • Dizer • Gritar • Falar • Contar • Narrar • Remarcar	• Sentir • Agarrar • Cheirar • Saborear • Sentir
	• Pôr ênfase na paisagem ou no horizonte	• Pôr ênfase nas frases ou no que foi dito	• Pôr ênfase no sentir as coisas
Frases	• Nos vemos mais tarde • Tem uma boa cor • Não vejo com clareza • O panorama está escuro • És uma deusa • Me caiu do céu	• Nos falamos em breve • Muito barulho por nada • Escuta isso • Vou te explicar • Vou te contar que	• Me sinto sólido • Estou saboreando este momento • Está amargando a vida • Cheira mal • És muito doce • Estou caído

Acessos Fisiológicos

Não apenas se pode detectar os sistemas de representação primários pelos olhos, a escuta ou as palavras. Existem outros elementos, tais como os gestos, a expressão corporal, o ritmo respiratório e a voz. Tudo isso também nos dá pistas para identificar as pessoas como visuais, auditivas ou cinestésicas.

Os Arquétipos

O arquétipo de uma **pessoa visual**:

- Organizada.
- Detalhista.
- Prolixa.
- Observadora.
- Que memoriza imagens.

Está continuamente olhando ou tratando de estabelecer um contato visual com seu foco de atenção. Faz reconhecimentos visuais como se fosse uma câmera de televisão. Trata de buscar com os olhos a todos aqueles que tomam parte na comunicação ou conversa.

Põe a cabeça para a frente, os ombros para cima, faz movimentos rápidos das mãos, em geral com o corpo quieto. Para além do movimento, toca a cabeça preferencialmente na frente e nas têmporas, mantém o queixo levantado, ou seja, todo o corpo se põe à disposição para que os órgãos visuais estejam alertas e atentos aos movimentos.

A respiração em geral é alta, rápida e superficial. O tom de voz geralmente é alto e de velocidade acelerada.

Talvez seja o arquétipo mais frequente de se encontrar, porque na nossa educação somos muito estimulados a nos guiar pelo estético e apenas pelo que se vê, como dizem os provérbios:

- "As aparências enganam".
- "Tudo depende da cor da lente com que se olha".

A seguir, "escute" esta canção de Luciano Pereyra, ou, melhor dizendo, veja a letra parcial e estabeleça que arquétipo poderia ser:

> "inconscientemente estou pensando em ti, estou bloqueado, me sinto estranho..., em toda parte vejo tua figura..., obcecado com essa loucura já não sei viver, a ideia deste amor que me queima".

O arquétipo das **pessoas auditivas** apresenta muita expressão do rosto. Elas "falam com a cara" para marcar, enfatizar cada palavra, cada vogal, cada consoante.

Em seu rosto vemos os sulcos da vida, porque, como resultado da gesticulação facial permanente, se notam mais suas rugas. Em geral, a postura da cabeça é para trás ou inclinada.

Além do rosto, o sistema auditivo está relacionado com o sistema médio do corpo, o diafragma. Manifestam uma respiração intermediária, diafragmática. Dessa forma, todo o esforço está do peito para cima.

As pessoas auditivas se esforçam ao se comunicar. Por isso, pode se ver muito do pescoço, dado que todo o acento está centrado nos órgãos que permitem a fala.

Pode-se observar que há no rosto uma forte expressividade, porque tentam acentuar congruentemente o que estão dizendo, para que o que dizem soe bem ao interlocutor. Utilizam os gestos do rosto porque acham que assim o outro "escuta melhor".

Geralmente, assinalam as zonas das orelhas ou tocam os lábios e o queixo e inclinam a cabeça em direção ao seu interlocutor. Isso é algo lógico porque são seus órgãos preferidos.

Dentro do arquétipo auditivo podemos encontrar pessoas que têm uma dicção muito cuidadosa, ou são muito ríspidas.

Em virtude de prestarem muita atenção a certos tipos de detalhe, mudam os tons de voz porque assumem que seu público se move da mesma maneira ou tem os mesmos códigos de comunicação. O fato de tocarem a boca é porque inconscientemente enfatizam as partes do corpo que consideram mais importantes em um encontro com outras pessoas.

São pessoas que podem se distrair facilmente com qualquer som porque têm esta sensibilidade muito particular de registrar tudo o que está se passando, mas não com as imagens.

Poderíamos destacar os seguintes atributos no arquétipo auditivo:

- Facilidade idiomática.
- Imitador de vozes.
- Falar rítmico.
- Dicção cuidadosa.
- Distrai-se com som.

- Aprende ouvindo.
- Memoriza sequências e procedimentos.

A seguir, "escute" esta canção de Laura Pausini, ou, melhor dizendo, veja a letra parcial e estabeleça que arquétipo poderia ser:

> "Me dás palavras, somente palavras, que me comovem e depois nada mais; palavras, apenas palavras..."

Se você não está convencido, relembre a letra do "Hino à Alegria":

> "Escuta irmão a canção da alegria, vem, canta, sonha cantando, vive sonhando o novo sol..., vem, canta comigo".

Por último, as **pessoas cinestésicas** são extremamente sensíveis, muito emocionais, já que a sua forma de criar vínculo tem a ver com a expressividade de todo o corpo.

Destacam-se por serem pessoas fundamentalmente sociais. São pessoas que precisam muito "tocar". Movem-se com todo o corpo, sua expressão vai além das mãos, têm a necessidade do contato, de mostrar através do que passa por sua pele. São energia contínua.

Muitas vezes, ao pensar que o interlocutor tem as mesmas características, assumem que ao outro não incomoda ser tocado, mas devem ter muito cuidado porque o outro pode se sentir invadido na sua esfera de intimidade (ver módulo de marketing gestual).

A postura da cabeça e dos ombros se direciona para baixo. Gesticulam para si mesmas, sua respiração é baixa, profunda e lenta e o volume da sua voz também é baixo, e a velocidade lenta. Geralmente falam com sentimento.

Considerando que é muito difícil dizer algo com palavras e não acompanhar com gestos, as pessoas cinestésicas têm um grau de expressividade realmente superlativo, mesmo que não tenham estudado dramatização ou teatro. Isso também se vê na maneira de dançar ou se nota na sensibilidade com relação à música, ou seja, existe toda uma atração que tem a ver com o que é artístico e envolve todo o corpo para expressar o que sentem.

Em síntese, o arquétipo cinestésico se expressa fisicamente, memoriza caminhando, toca, toca, toca... gosta do contato corporal, aprende fazendo e expressa o que sente.

NEUROMARKETING

A seguir "escute" esta canção de Carlos Perales, ou, melhor dizendo, veja a letra parcial dedicada à América e estabeleça que arquétipo poderia ser:

> "Cheiras a merengue e a bolero, a cana e a café, cheiras a maracas e violas, a gaúcho solitário na savana, a pele morena e a sal, cheiras a canela e a banana, querida, e sempre maltratada América..."

Pedimos agora que você repense tudo o que foi visto e trate de utilizá-lo para melhorar o processo de comunicação. Pense que a vida é um processo de compra e venda contínuo. O saber relacionar-se com os demais estreita os vínculos e melhora a relação social.

Atividade	Algumas perguntas para refletir
Professor	Todos os alunos têm a mesma forma de aprender?
	Você realmente acredita que se comunica com todos os alunos?
Vendedor	Todos os clientes são iguais?
	Você acredita que com os mesmos argumentos consegue captar a atenção dos clientes?
Chefe	Todos os empregados se comunicam da mesma forma?
	Você acredita que todos os empregaodos entendem tudo através do memorando?
Empregado	Eu me relaciono da mesma maneira com todos?
	Por que me dou bem com uns e não com outros?
Pais	Todos os filhos são iguais?
	Consigo me comunicar com todos os meus filhos da mesma maneira?
	Por que compreendo mais a uns do que a outros?
Sua atividade	Sua pergunta..................?

Dica: Procure identificar no interlocutor o seu sistema representativo, ou seja, se a sua característica é visual, auditiva ou cinestésica. E no momento que identificar esta característica você poderá se comunicar na linguagem de comunicação ou idioma do outro. Assim, você conseguirá alcançar uma compreensão muito mais eficaz.

Anteriormente, você completou este gráfico. Poderia agora voltar a identificar seu próprio sistema de representação primário, mais habitual. Compare ambos os quadros.

Sistema representativo primário	Porcentagem estimada
Visual	
Auditivo	
Cinestésico	
Total Geral	100%

Estabelecendo o Vínculo

O entendimento é o cimento da influência. Para estabelecer um bom entendimento entre duas pessoas, é fundamental estabelecer o vínculo com a outra pessoa. Ou seja, alcançar uma boa relação de comunicação com ela, criando um clima harmônico com a habilidade de saber se colocar no lugar do outro, isto é, tentar alcançar uma empatia ou *rapport*. Ou, o que é o mesmo, alcançar uma participação afetiva e normalmente emocional na realidade do interlocutor, encontrando sintonia e pontos de coincidência no mapa de mundo do outro.

Na vida, é mais importante ter a capacidade de se conectar com os demais tanto mental quanto emocionalmente e estar predisposto a ver as coisas do ponto de vista do outro, respeitando o que este sente ou opina, sem que isso signifique necessariamente estar de acordo com ele, e sim tratar de entender qual é sua intenção.

Podemos dizer também que *rapport* é a capacidade de criar um ambiente alcançando atenção, compreensão e confiança no âmbito da comunicação.

O *rapport*, se o tomares como filosofia de vida, garantirá o êxito pessoal.

É alcançar um vínculo que se caracteriza por experimentar afinidade, harmonia e conformidade com o outro.

Dentro das organizações, em relação aos clientes externos ou internos, tem-se visto que aqueles que alcançam o sucesso para vender uma ideia ou produto são as pessoas que previamente conseguiram criar um clima de entendimento e, portanto, adotaram as estratégias de comunicação adequadas. Em contraposição, encontramos aqueles que se precipitam vendo apenas seus próprios objetivos e esquecem a importância deste aspecto, ou seja, estabelecer primeiro uma boa relação.

A capacidade de estabelecer *rapport* é bem-sucedida quando é internalizada como uma filosofia, ou seja, como uma forma de tratar as pessoas. Deve ser antes de tudo uma filosofia, muito mais do que uma técnica de negociação.

Calibração

Geralmente, durante o seu convívio diário, as pessoas se encontram em estados mentais diferentes que são exteriorizados por meio de indicadores não-verbais. A calibração significa aprender a detectar o estado mental das pessoas.

Esta é uma habilidade que pode ser desenvolvida, já que todos nós estamos em condições de fazê-lo e de alguma maneira a praticamos inconscientemente.

Podemos dizer que calibrar é tentar ler conscientemente a mente da outra pessoa com a qual queremos nos comunicar.

Através da observação dos microcomportamentos do interlocutor, dos quais ele não é consciente, podemos tirar conclusões de qual é o seu estado interno, ou seja, qual é o estado em que se encontra uma pessoa em um momento determinado. Esta tarefa não é muito difícil de ser realizada, já que é quase impossível dissimular completamente as emoções e é inevitável fazer alguns gestos que se manifestam inconscientemente.

As experiências passadas, os sentimentos, imagens, sons, sensação, os modelos de mundo estão todos armazenados no cérebro. Elas se manifestam exteriormente com nosso comportamento e com uma linguagem não-verbal através do sistema nervoso, que de alguma maneira traduz sua adaptação ao ambiente demonstrando alegria, tristeza, certeza, incerteza, dúvida, segurança, ansiedade ou angústia.

A capacidade de calibrar e fazer mudanças rápidas faz com que a comunicação entre as pessoas seja mais efetiva.

Em primeiro lugar, podemos calibrar a postura geral, os gestos, as expressões em contraste com o rosto; em segundo lugar, parâmetros sutis como o ser, o tamanho das pupilas, o movimento das abinhas do nariz, a respiração (torácica, abdominal ou entrecortada por pausas ou suspiros), rubor da pele, o brilho do olhar. As pequenas mudanças que o interlocutor realiza para calibrar devem ser levadas em conta pelo outro. Se não acontecer dessa forma, a comunicação pode ficar prejudicada.

Acompanhamento

Para estabelecer um bom relacionamento entre as pessoas, a qualidade da comunicação depende de vários fatores, geralmente inconscientes. Não basta saber ler a mente do interlocutor. Essa é uma condição necessária mas não suficiente, e também não é apenas o fato de trocar palavras.

É necessário sintonizar com o outro, acompanhando a postura, os movimentos, a voz, como quando um casal se comunica através da dança, seguindo o ritmo da música, onde cada um responde e reflete os movimentos do outro com movimentos próprios e com expressões corporais similares, como o olhar ou o sorriso. À medida que os movimentos e as expressões vão se sintonizando com as do outro, a comunicação vai ficando mais prazerosa.

Da mesma maneira, se os membros de uma organização quiserem ter sucesso na comunicação, devem ter a capacidade de igualar os movimentos da outra pessoa, de forma inteligente e natural, sensível e respeitosa, de maneira tal que garanta a confiança no interlocutor ao se sentir comunicado, não apenas com palavras, mas também através da linguagem não-verbal.

Ser capaz de acompanhar o outro pode muitas vezes nos levar a dirigir uma conversa. As pessoas que sintonizam tendem a se refletir e se complementar na linguagem não-verbal, e costumam dizer que têm certa química ou magnetismo. Ou seja, que conseguem colocar em acordo a pauta de ambos.

Muitas vezes, não é possível convencer o outro porque se opera apenas com as próprias pautas sem levar em consideração as pautas do interlocutor.

Pode-se acompanhar com a postura, aproximando-se do interlocutor de acordo com a maneira que ocupa seu espaço. A postura do corpo de alguma maneira chega a indicar o estado interior da pessoa. Ao acompanhar sua postura, muitas vezes compartilhamos o seu estado interior.

Pode-se acompanhar os movimentos do interlocutor, refletindo-os em seus ritmo e direção, com movimentos parecidos ou cruzados. Também pode-se acompanhar com os microcomportamentos, como os movimentos da cabeça e do rosto.

Acompanhar a voz do interlocutor sem ter que necessariamente modificar a nossa. Basta simplesmente harmonizar o tom, a altura, o volume, ritmos, matizes e timbre da voz e sotaque do outro. Lebramos que acompanhar não é o mesmo que imitar, ou seja, acompanhar é sintonizar com alguns dos traços mais ressaltantes do interlocutor.

O acompanhamento verbal consiste em acompanhar com elementos do discurso, tais como predicados, expressões idiomáticas, refrões, ideias-chave.

Quando o interlocutor emprega termos visuais, auditivos ou cinestésicos em seu discurso e, ao entabularmos a conversa, respondemos com os mesmos termos, sem necessariamente serem as mesmas palavras, estamos realizando um acompanhamento com os sistemas de representação que costumam ser muito úteis para se estabelecer uma comunicação efetiva.

Ancoragem

O cérebro possui um grande depósito onde o transcorrer do tempo vai sendo guardado no subconsciente. Lembranças, emoções, cores, aromas, melodias que possam ser agradáveis ou desagradáveis afloram em qualquer momento em que se apresenta um estímulo e se expressa como uma resposta automática, precisamente associada a este estímulo.

Essa resposta é conhecida como ancoragem, ou o processo mediante o qual se une um estímulo externo, sensorial, e se associa com uma conduta que se deseja adquirir.

Uma âncora pode ser o cheiro de uma comida, um perfume de alguém com quem se teve doces lembranças, uma peça romântica que nos pode lembrar o rosto de uma pessoa, ou o tom de sua voz, a cor da roupa que estava usando. Uma âncora pode ser também o hino do colégio, uma palavra, um gesto, um gosto ou algo que nos leva a um estado mental determinado, porque assim se estabeleceu alguma vez na vida e ao estimulá-lo conscientemente se converte em um recurso potencializador de estados mentais positivos e de êxito.

Estes estímulos são catalisadores que produzem respostas no estado de ânimo, nos sentimentos, nas ações e nos pensamentos. Em nossa vida cotidiana, temos muitas âncoras. Elas podem ser associadas com estados vividos segundo a experiência como positivos ou negativos.

Em geral, estamos ancorados automaticamente a uma grande variedade de estímulos dos quais não somos conscientes. Por exemplo, o **marketing olfativo** em alguns países está se desenvolvendo justamente com base na ancoragem. Aproveitando que as âncoras podem ser ativadas ou desativadas, os consumidores podem se lembrar de uma marca ou de um produto determinado, por exemplo, por meio de seu aroma.

Quando inspiramos um aroma, ativamos no cérebro o sistema límbico responsável pelas emoções e pelos impulsos instintivos, que, ao produzir uma sensação agradável, acaba por associar essa qualidade com a marca.

As âncoras podem ser empregadas de forma deliberada ou espontânea, originando novos estados mentais que disparam automaticamente processos cerebrais.

A ancoragem pode acontecer através de uma informação visual, auditiva, cinestésica, olfativa que chega ao cérebro, como ao cumprimentar uma outra pessoa com um aperto de mãos e por meio desse primeiro contato se chega a estabelecer um primeiro julgamento da pessoa segundo experiências passadas.

Uma canção pode representar uma âncora auditiva para uma criança, e de fato nós o fizemos neste livro. Uma âncora visual pode ser a imagem de seu primeiro professor franzindo o cenho de uma maneira particular e associar esta imagem à ideia de castigo.

A ancoragem é muito utilizada na venda e na criação de anúncios publicitários. O mesmo que para provocar certas e determinadas reações nos membros de uma organização.

A Proxêmica

No âmbito das comunicações, os seres humanos, assim como algumas espécies entre os animais, têm suas próprias necessidades territoriais. E a percepção que tenham do espaço está vinculada à ação, relacionada com o que se pode fazer neste território, ou seja, as pessoas têm um espaço ou território que desejam que seja respeitado e se alguém transpõe este limite sem a sua aprovação, se sentem invadidas e incomodadas. Os lobos, leões ou cachorros, por exemplo, marcam seu território urinando em determinados lugares.

O antropólogo Edward T. Hall, professor da Northwestern University, realizou uma série de estudos da relação do homem com o espaço e de como se utiliza este espaço e sua influência na comunicação. A este estudo e suas teorias que explicam a utilização dos territórios foi dado o nome de proxêmica. Este problema de **espaço territorial** será novamente abordado no módulo de marketing gestual.

O **espaço temporal** é o que fica entre uma frase e outra no diálogo entre duas pessoas e comunica uma maior ou menor importância de quem fala ou do que vai ser dito.

O tempo que uma pessoa demora em responder a uma saudação de outra pessoa pode afetar a comunicação e a interpretação da importância que um interlocutor tenha para o outro. Segundo Hall, detalhes como quem se aproxima primeiro para saudar o outro estão ligados a uma questão de hierarquia, seja ela do tipo social, de idade ou de papel que desempenham.

O **espaço sonoro**, o tom de voz que as pessoas utilizam na comunicação, tem seus efeitos entre a comunicação. Por exemplo, se alguém levanta a voz em uma discussão, pode provocar uma reação de aproximação ou afastamento do interlocutor. Uma música suave e uma iluminação baixa podem provocar uma aproximação entre um casal. O **espaço linguístico**, a familiaridade ou formalidade que demonstramos ao nos comunicarmos com as pessoas, pode marcar uma aproximação, como quando utilizamos o "você" ou uma distância ao utilizarmos o "vós". E em algumas ocasiões, utilizá-lo sem conhecer a pessoa pode criar uma situação chocante e entorpecer a comunicação.

O **espaço simbólico.** Em algumas situações o fato de convidar alguém para jantar em sua casa e a familiaridade ou protocolo com que se realize podem ter um significado de aproximação diferente do que ser convidado a tomar um café. O mesmo acontece para a categoria do restaurante para o qual a pessoa é convidada de acordo com a ocasião.

Definitivamente, para alcançar um bom entendimento com o interlocutor, deve-se respeitar seu território de comodidade e logo buscar acompanhar com outros elementos que mantenham uma coerência.

Alguns temas para pensar e refletir:

- Um dos livros mais lidos em matéria de estratégia tem sido "A Arte da Guerra", de autoria de Sun Tzu, e nele se aconselha: *"nunca ataque o inimigo em seu território"*. A diferença de visões reside no fato de que a busca por estabelecer vínculos privilegia a comunicação e o interlocutor não é visto como um inimigo; ao contrário, buscamos estabelecer uma relação permanente e sustentável com ele. Por isso, atacamos com a linguagem adequada no território de nosso "amigo".
- Quando conhecemos uma pessoa, nosso cérebro rotineiramente começa a processar informação *visual* e *tátil*: sexo, altura, peso, corpo em geral, formas em particular, expressão do rosto, força do aperto de mãos, etc... e o nome... ah, esqueci, poderia repeti-lo... porque não pude *escutar*.
- As palavras são a encarnação verbal do poder pessoal. Se você encher a mente com palavras boas, se tornará bondoso; se encher com pensamentos de coragem tornar-se-á valoroso, lembre-se de que as palavras têm poder.

"Quero que me valorizem pelo que calo e não pelo que digo, e ser julgado em silêncio pela omissão de minhas palavras."

Piedrola – 2005

A Magia da Inteligência

**Os Domínios da Mente
A Linguagem
Os Modelos Mentais
As Inteligências Múltiplas**

Os Domínios da Mente

O cérebro é o eixo motor dos sentidos. Nele a informação se ordena, processa, analisa e comunica através de:

- **Corpo:** atuamos dentro dos limites de nossa biologia.
- **Emoções:** as manifestamos de diferentes maneiras.
- **Linguagem:** com ela distinguimos, julgamos, construímos, narramos.

Ainda que o mundo seja real, não operamos diretamente sobre essa realidade. Cada um constrói sua própria ideia do mundo e imagina uma realidade.

Da mesma maneira que o mapa não é o território que descreve, a ideia que fazemos do mundo não é o mundo.

Dessa forma, podemos afirmar então que **todos nós adquirimos percepções**, dado que todas as interpretações são:

- Subjetivas.
- Pessoais.
- Únicas.

Como disse Richard Bandler:

"Tudo é percepção; existem mentiras que funcionam e outras não".

A frase toma sentido quando os três domínios (corpo, emoção e linguagem) estão em relação harmônica de interdependência. Para obter resultados, devemos ter foco e isso é uma questão do mapa que cada um constrói.

Então, se pensarmos que não podemos mudar o mundo, não conseguiremos modificar o que não gostamos nele. Para obter resultados será necessário buscar um caminho alternativo. Mas este caminho também não é o único que nos levará a mudar o **modelo de mundo**. Lembre-se do que escreveu Alejandro Lerner e foi cantado pelo conjunto Mambru: **"Para mudar o mundo, comece por ti"**.

Cartografia Mental

A **teoria do caos** nos propõe começar por derrubar o mito de causa-efeito e integrar as dualidades, tais como:

- A árvore e o bosque.
- O simples e o complexo.
- Local e global.
- Massificação e personalização.

O importante é:

"Distinguir uma ideia diferente de uma ideia antagônica".

Pelo que foi exposto, devemos aprender a gerir as polaridades sem descuidar das particularidades que cada categoria nos propõe.

Isso pressupõe aprender novos modelos de ação assentados sobre a base de novas estratégias, assentadas no **encontro dialógico com o outro**.

"O mercado é a linguagem na qual os demandantes e os ofertantes falam através de produtos ou serviços."

Alberto Levy – Alberto Willensky

Nesta analogia, cada um deles é uma combinação de palavras desta linguagem. Por isso devemos distinguir:

- A estrutura de signos que é construída na oferta.
- A estrutura de significado que a demanda interpreta.

Este modelo de gestão se assenta no uso das ferramentas tradicionais, mas posicionadas a partir de uma perspectiva inovadora, ou seja, construindo-nos a nós mesmos e à unidade sob análise com um **modelo de observador diferente**.

É aqui onde se faz presente o labirinto linguístico que nos constitui plenamente como seres humanos.

Lembre que:

*"O mundo que vemos é o mundo que queremos ver.
Ver o que todos veem, pensar o que ninguém pensa, faz o que todos veem e ninguém pensa".*

Piedrola, 2005

A linguagem é ação, tanto nos negócios quanto nos domínios da interação humana. Utilizamos a linguagem para criar novas realidades coletivas e através das conversas tentamos realinhar nossas percepções, crenças, pressupostos, experiências e condutas com outras pessoas.

A coordenação de ações de múltiplos colaboradores para alcançar um objetivo é uma das tarefas básicas de um gerente e sua principal ferramenta é a linguagem, especificamente a conversa ou o que denominaremos como: "*compromissos dialógicos*".

Os compromissos dialógicos estão estruturados em torno de:

- Pedido.
- Oferta.
- Promessa.

Tudo isso implica compromisso, tanto de quem fala como de quem escuta, levando-se em conta os interesses de cada parte envolvida.

Estes atos linguísticos são críticos para as ações em equipe, e portanto são essenciais para uma operação empresarial de sucesso.

Os compromissos dialógicos nos permitem conectar os futuros que almejamos. É por isso que sustentamos que nós, seres humanos, existimos na linguagem, porque:

- Interpretamos os seres humanos como seres linguísticos. A linguagem é ontológica, gera o ser.
- Interpretamos a linguagem como geradora. Gera ação, intervimos no curso dos acontecimentos, cria realidades.

- Interpretamos que os seres humanos na linguagem criam a si mesmos, e através dela modelam sua identidade e o mundo que os rodeia.
- Vivemos em mundos interpretativos. A linguagem não é inocente: habilita e inibe determinados cursos de ação.
- As pessoas advêm de acordo com o que fazem. Atuamos de acordo com o que somos e somos de acordo com o que atuamos.

Em virtude de aceitar como válidos estes postulados básicos, podemos concluir que o imperativo ontológico é: **conferir sentido à vida**.

A Língua e a Linguagem como Produtos Sociais da Comunicação

A língua além de ser um órgão musculoso, membranoso e móvel, representa em outro sentido o *conjunto de palavras e maneiras de falar de um povo ou nação*. Deste ponto de vista sistêmico, considera-se a língua como um conjunto de sistemas relacionados entre si, cujos elementos (fonemas, morfemas, frases) carecem de outro valor que não sejam as relações e oposições que os conectam.

Poderíamos também considerar a língua como *um produto social da comunicação*. Pelo fato de as línguas serem muito numerosas e para atender sua classificação foram adotados diversos procedimentos como: sua forma e origem.

Por sua *forma* se dividiram em monossilábicas, aglutinantes e de flexão, mas por ser esta classificação morfológica demasiadamente ambígua, moderadamente adotou-se outra baseada na *origem genética* das línguas, que segundo alguns autores se dividem em grandes famílias e cada uma delas se divide em ramos, grupos ou subtipos. Por extensão, podemos dizer que *uma língua é um modo de falar de uma época ou de uma classe*.

A linguagem é faculdade de expressão ou processo de reação típico do ser humano e de certos animais, o qual ao passar a ser intencional constitui o elemento base de todos os sistemas de comunicação do pensamento, especialmente nas línguas articuladas.

A partir do ponto de vista da origem e da evolução das línguas, *a linguagem é o objeto fundamental da linguística*; mas devemos levar em consideração que não é fácil discriminar o processo pelo qual se adquire consciência do valor do signo em si mesmo.

A linguagem é utilizada como um dos objetos de comunicação, o qual conta com as possibilidades inesgotáveis que cada fato representa na estrutura comum de cada idioma.

Para F. Saussure, a *linguagem* é a expressão da estrutura comum de cada idioma, ou seja, é uma capacidade humana de linguagem diferente da *língua* (linguagem como um fenômeno de uma comunidade humana) e a *fala* (linguagem individual).

Entretanto, este termo costuma ser utilizado em um sentido mais amplo quando se fala de linguagens ou línguas naturais, os produzidos no curso da evolução histórica ou psicológica, como o espanhol ou o chinês.

As linguagens ou línguas artificiais são as construídas de acordo com certas regras que incluem a lógica ou a matemática.

Todas as linguagens humanas, tanto em estado primitivo quanto avançado, têm uma complexidade equivalente, evoluem mas não se desenvolvem (no sentido de se melhorar ou ficarem mais complexas) e têm uma série de qualidades inerentes à natureza humana que as diferencia de outros tipos de linguagem, como a dos animais.

As qualidades mais genuínas e universais são a criatividade e a dupla articulação. A dupla articulação se realiza em dois níveis:

- as *unidades de significação* ou *monemas (dupla-face: significante e significado)*;
- as *unidades de som* com entidade funcional ou fonema, ou seja, o som da voz,

que se opõem a outras unidades no sistema da língua e permitem diferenças de significado no signo linguístico, cujo significante é componente fundamental. Tal é o caso das consoantes iniciais de pato, fato, gato, que estabelecem diferenças significativas entre tais unidades e tomam parte de seu significante, apesar de cada uma delas isoladamente não ter qualquer caráter significativo.

Com a combinação dos elementos dos fonemas, criaram-se os elementos dos monemas, ou seja, que através da unidade de som damos significado às coisas. Ambos os elementos (fonemas e monemas) combinados entre si permitem transmitir qualquer mensagem.

A criatividade humana consistirá, então, na capacidade de construir e entender um número ilimitado de frases na língua própria a partir de um número de fonemas muito reduzido e variáveis entre 20 e 40 fonemas de acordo com a língua.

Finalmente, podemos estabelecer que o pensamento e a linguagem são duas capacidades humanas diferentes que se conjugam pela necessidade de comunicação da humanidade segundo a gramática que a gera. *O pensamento organiza um plano sistematicamente estruturado que move as molas da fala.*

Na transmissão das mensagens existem três funções principais:

- Mostrar o estado ou intenção de quem emite a mensagem.
- Influenciar quem a recebe.
- Informar sobre alguma coisa.

Visto que desta maneira a linguagem pode ser um sintoma, um sinal ou um símbolo, além disso representa uma conduta de comunicação na qual intervêm, no mínimo, dois aspectos principais: o afetivo e o racional.

Em síntese, a linguagem é um conjunto de palavras e formas de expressão por meio das quais se relaciona uma comunidade determinada. É um idioma ou língua, um estilo ou modo de falar. É também um conjunto de gestos ou signos que se traduzem em palavras escritas e faladas.

O PAPEL GERADOR DA LINGUAGEM

A linguagem nos cria realidades desejadas, mas deveríamos ser capazes de observar quão longe estamos de uma compreensão tradicional dela.

A concepção desta como descritiva e passiva tem sido substituída por uma interpretação diferente, que vê o mundo com ação e, como tal, como uma força poderosa que gera nosso mundo humano.

Qualquer realidade que exista além da linguagem não pode ser levada em conta porque ela, a linguagem, pode apenas apontar em sua direção, falar dela sem tocá-la, ou cruzá-la em silêncio.

O universo é multiverso, nos assinalam H. Maturana e F. Varela. Mas o primeiro deles se atreve a mais, ao afirmar que:

> *"É o encontro com o outro, a partir do ato linguístico, o que confere humanidade aos humanos".*

O **homo sapiens-sapiens** não se tornou assim pelo desenvolvimento de seu intelecto, mas sim pelo desenvolvimento de sua linguagem. Maturana sustenta que sua aparição se deve à necessidade de comunicar "amor", "compaixão"; um encontro afetivo e efetivo com o próximo.

Tomemos como exemplos as conversas nas organizações. Elas constituem um fenômeno interessante:

- Em 100% do tempo participamos de conversas com nós mesmos ou uns com os outros.
- Quando as conversas que estão por trás das ações se transformam, produz-se uma profunda alteração no que vemos como possível.
- Guiamo-nos permanentemente por emoções e estados de ânimo: a linguagem corporal é mais do que eloquente. Não se pode não comunicar.
- Necessitamos do engenho ou imaginação estratégica para sermos competitivos e termos importante participação (*share*) no mercado.
- Devemos aprender a exercitar a perspectiva e a ação sistêmica.
- Somente posicionados para a prosperidade do resultado teremos possibilidade de ter sucesso. Devemos desaprender a escassez e a mediocridade.

ATOS LINGUÍSTICOS FUNDAMENTAIS

Os conceitos a seguir se baseiam na proposta do filósofo John Searl:

- **Afirmações:** São proposições sobre nossas observações, o mundo dos fatos. Podem ser verdadeiras ou falsas, relevantes ou irrelevantes. Ex.: A empresa está crescendo de maneira sustentável.

- **Declarações:** A palavra dirige o mundo, gera uma realidade diferente. Concede poder à palavra. Não são verdadeiras nem falsas, podem ser válidas ou inválidas segundo o poder e a autoridade conferidos à pessoa que as enuncia.

    Ex.: Eu os declaro marido e mulher (válido se for declarado por um representante da lei). Eu os declaro marido e mulher (inválido se for declarado por mim, para você).

    Existem vários tipos de declarações. A seguir estão algumas fundamentais na vida:

    - *A declaração do "Não"*: Essa proposta não foi aceita por mim.
    - *A declaração de aceitação, o "Sim"*: Sim, aceito.
    - *A declaração de "ignorância"*: Não sei. Acho que devo me informar melhor primeiro.
    - *A declaração de "gratidão"*: Obrigado por considerar minhas necessidades.
    - *A declaração de "perdão"*: Te peço desculpas por não ter escutado atentamente.
    - *A declaração de "amor"*: Te amo.

- **Pedidos:** Ação linguística para alcançar uma promessa do ouvinte; podem ser tanto implícitos como explícitos.

    Ex.: No próximo sábado, você poderia me buscar para me levar ao aeroporto?

- **Ofertas:** É uma promessa condicional que depende da declaração de aceitação do ouvinte.

    Ex.: Quer que eu compre algo no supermercado para você?

- **Promessas:** É o compromisso de uma pessoa para com outra realizar determinadas ações no futuro. Elas podem ser tanto implícitas como explícitas e são dependentes do contexto. Podem ser tanto uma oferta mais a declaração de aceitação quanto um pedido mais uma declaração de aceitação.

    São, por excelência, os atos linguísticos que nos permitem coordenar ações com os outros.

    Ex.: Vou te dar um computador de presente de aniversário.

- **Julgamento:** É uma categoria especial de declaração que constitui um veredicto, uma opinião, a interpretação de quem o emite.
Tem o poder de comprometer nosso futuro.

Na verdade, quando nos aproximamos, nos distanciamos ou brigamos com outras pessoas, nunca o fazemos devido aos fatos, mas sim devido às interpretações que cada um de nós faz dos fatos. Somos influenciados pelas interpretações, e é a partir delas que cada um vê o mundo.

Declarações Transformadoras

É a partir destes conceitos que podemos distinguir entre os **descritores** e **declamadores**.

Os primeiros, ou seja, os descritores, se limitam a detalhar sua própria interpretação da realidade (tomemos como exemplo qualquer discurso político em campanha eleitoral).

As declarações, realizadas pelos declamadores, ao contrário, produzem mudanças nos sistemas que, por sua vez, são enriquecidos pelos efeitos destas declarações. Exemplo: declaração da independência de um país.

Por isso, estamos convencidos de que: se as declarações forem congruentes, se elas se encaixam, porque existe liderança na essência que as define, porque são consistentes e convocam uma transformação pessoal, organizacional ou regional.

Como podemos notar, todas as conversas requerem um fluxo de emoções. Emocionamo-nos como os animais e "linguageamos" como os humanos. Daí a partir de uma interpretação de abordagem puramente psicanalítica, podemos concluir que "a linguagem não é inocente, porque quando falamos e, sobretudo, quando agimos, o fazemos a partir de uma intenção".

Por isso, quando escutamos ativamente, não apenas escutamos as palavras que são pronunciadas, mas também escutamos as ações implícitas no falar.

Assim, em todo o processo de comunicação, devemos distinguir o que a palavra denota e o que ela conota, de tal modo a distinguir os significados possíveis, **a diferenciação então consiste em diferenciar os significados.**

O marketing é, antes de tudo, comunicar. E a boa comunicação é a alma da satisfação de todas as necessidades humanas.

Pergunta para pensar antes de responder:

De qual "escuta" nós estamos "falando"?

O neuromarketing é a confluência e a integração de uma série de ciências e disciplinas que nos permitem, fundamentalmente, uma aproximação, um encontro com o outro, um encontro baseado no diálogo.

Estamos convencidos de que, no mercado, além dos sistemas, da estrutura e dos pressupostos, o que circula pelo ambiente são diálogos. A interpretação desta confluência nos permite melhorar de maneira inovadora e transcendente ao processo de comunicação.

Os Modelos Mentais

Os saberes acumulados na vida formam a experiência da humanidade. Ela age como um poderoso depósito de conhecimentos que condiciona as atitudes das pessoas e forma os parâmetros de comportamento que temos arraigados. Ou seja, cria parâmetros em nossa mente através de fatos, generalizações e imagens que têm influência sobre a nossa compreensão das coisas e sobre a nossa forma de agir na vida.

Esta forma de observar, ver e sentir a vida é consequência das teorias práticas que temos em nosso interior e que deram origem a algo que denominaremos **modelo mental**.

Cada pessoa tem seu próprio modelo mental. Este é consequência de sua gênese pessoal e da relação existente com o meio ambiente enquanto transita pelo caminho da vida.

Com as organizações, empresas ou grupos de humanos deliberadamente construídos, também acontece o mesmo. Cada qual tem arraigados profundamente os seus modelos mentais. Por exemplo, se você pensar em termos de bancos, certamente irá concordar que alguns deles baseiam sua cultura organizacional na tradição ou na tecnologia, ou em ambas.

O modelo mental de cada banco, de cada empresa ou de cada pessoa em particular é o que transforma as ideias ou projetos que não estão de acordo com essa filosofia em filtro.

Resumindo, as ideias ou os projetos que não estão de acordo com o modelo mental pessoal daqueles que integram a empresa não serão aceitos.

No plano pessoal, muitas percepções ou práticas não são levadas a cabo porque entram em conflito com modelos mentais manifestos ou tácitos de cada um de nós.

Pense:

Por que falamos tanto de mudança e nos custa tanto mudar?

Uma das respostas poderia ser porque temos modelos mentais onde convivem múltiplas inteligências.

Se você quer mudar a forma de agir dentro de seu grupo de pertencimento, para que a mudança aconteça, isso deverá ser proposto ou aprovado por quem conduz ou compartilha o grupo.

As pessoas, por meio de suas destrezas e habilidades, trocam recursos e criam valor de troca para satisfazer as suas necessidades. Essas capacidades físicas e mentais cimentam o modelo mental e conformam o capital humano pessoal.

Howard Gardner definiu a inteligência como:

> "Um potencial biossociológico para processar informação que pode ser ativado em uma base cultural para resolver problemas ou criar produtos que tenham valor para essa cultura".

Se relacionarmos esse assunto com as zonas cerebrais, poderemos estabelecer que o ser humano não tem uma única inteligência, mas sim que dispõe de 7 inteligências ou de inteligências múltiplas. Elas são:

- Linguística.
- Lógica.
- Matemática.
- Espacial.
- Musical.
- Corporal ou cinestésica.
- Intrapessoal e interpessoal.

Vejamos como exemplos outras inteligências tratadas por diferentes autores:

A *inteligência musical* sustentada por José Ingenieros, no ano de 1925 em seu livro *"A Linguagem Musical"*, analisa:

- A origem e função da música, sua inter-relação com a sensação e o movimento. As relações diretas do organismo do ponto de vista da psicologia, da emoção musical.
- As formas e evoluções da inteligência musical constituída pela percepção, pela memória, pela imaginação e a idealização musical.
- Define claramente os talentos musicais e os imbecis musicais, complementando a linguagem musical e as perturbações histéricas das patologias da linguagem.

Ampliaremos este tema no módulo de marketing auditivo.

A *inteligência emocional* recriada por Daniel Goleman sobre os trabalhos de Joseph LeDoux. O autor apresenta a seguinte ideia central: *"no momento da tomada da decisão, o coeficiente emocional das pessoas é mais importante do que o coeficiente racional"*.

As atitudes, destrezas, habilidades ou valores das pessoas se encontrariam contidos nas atitudes pessoais e nas sociais:

Atitude pessoal:

- *Autoconhecimento:* vinculado ao domínio de você mesmo, preferências, estados de ânimo, intuições, destrezas, habilidades, valores.
- *Motivação:* desejos ou guias emocionais que facilitam a conquista dos objetivos.
- *Autorregulação:* manejo dos impulsos e dos estados internos.

Atitude social:

- *Em relação aos outros ou empatia:* boa ou má integração com terceiros.
- *De captação dos sentimentos alheios:* lembrar a lenda do ver e escutar.
- *De influência:* habilidade para induzir os outros e fomentar respostas desejáveis.

A *inteligência do sucesso ou prática:* fundamentada por Robert Sternberg através de três aspectos da inteligência:

- A análise.
- A criação.
- A prática.

Deixando claro que se necessita da aplicação dos três aspectos da inteligência para alcançar o sucesso pessoal ou gerencial.

- *Analítica:* "implica a direção consciente de nossos processos mentais para encontrar a solução de um problema".
- *Criativa:* "capacidade para ir além do que foi dado e engendrar ideias novas e interessantes".
- *Prática:* "capacidade para traduzir a teoria na prática e as teorias abstratas em realizações práticas".

O sucesso das pessoas no relacionamento grupal terá como parâmetros o equilíbrio entre as três inteligências e a capacidade de saber quando e como usá-las.

> Não basta simplesmente ser inteligente, também é necessário praticar as inteligências.

Recentemente, em um programa do canal a cabo Discovery, mediante a resolução de problemas simples por crianças, os mesmos tipos de problemas foram submetidos a diferentes animais. Este foi o resultado, ou o ranking de inteligência animal:

Ranking
7: Abelha.
6: Cachorro.
5: Cavalo.
4: Polvo.
3: Golfinho.
2: Chimpanzé – resolvem problemas como uma criança de 4 anos.

1: Papagaio neozelandês, apelidado com o nome de *Alex*, resolveu os mesmos problemas que são resolvidos por uma criança de 6 anos.

Deixando claro que este exemplo tirado da realidade nos mostra apenas o nível de resolução de problemas lógicos por parte de animais.

Além disso, existem outras teorias sobre a inteligência. A seguir as enumeramos sem analisá-las, deixando-lhe com a inquietação, e esperamos seus comentários por *email*.

- A *inteligência genética*: analisada por David Hay.
- A *inteligência racional ou intelectual ou teoria da cognição*: desenvolvida por Mike Anderson.
- A *inteligência competitiva*, de nosso amigo Ricardo Riccardi.

Este é um momento para refletir e deixar bem claro o seu julgamento sobre:

Qual é seu modelo mental?

Quais são seu pontos fortes e fracos?

O Domínio Emocional

As novas teorias do funcionamento cerebral localizam a chave da vida emocional no sistema límbico, em especial em um conjunto de ramificações denominado amígdalas cerebrais ou núcleo amigdalino.

O núcleo amigdalino está localizado no prosencéfalo. Os anatomistas usaram este termo para denominá-lo, por ser parecido com um fruto, a partir de uma palavra em latim: *amygdalas*, que significa amêndoa. O ser humano possui uma em cada hemisfério, tendo o mesmo tamanho que as dos primatas, e essas amígdalas administrariam sentimentos como, por exemplo, o medo.

Segundo este posicionamento científico, a amígdala seria uma grande transmissora da informação do sentir e emissora de emoções ao cérebro para que este produza ações e reações.

Existem estudos que demonstraram que se um rato tiver sua amígdala extraída, ele se transformará em um rato impassível, já não sentirá medo ou fúria. Seu instinto passa a ser diferente do resto de sua espécie. Lembramos que um instinto é um comportamento inato comum a todos os integrantes de uma mesma espécie, incorporado em sua gênese e suscetível de ser reproduzido geneticamente.

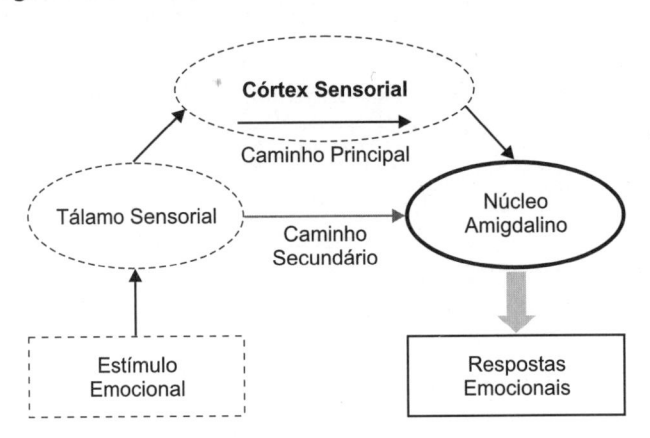

```
                    Córtex Sensorial
                   ─────────────────▶
                    Caminho Principal

   Tálamo Sensorial ──────────▶  Núcleo
                     Caminho       Amigdalino
                    Secundário
         ▲                              │
         │                              ▼
      Estímulo                      Respostas
     Emocional                      Emocionais
```

A Mente Emocional

A mente emocional teria a função de informar a mente racional, sendo esta quem classifica e depura a informação recebida, reduzindo além disso o conteúdo de emoção que vai entrar na razão. Ambas as mentes conviveriam em um mesmo espaço, mas cada uma mantendo a sua independência.

Em seu livro **"O Cérebro Emocional"**, Joseph LeDoux estabelece que a informação dos estímulos externos chega ao núcleo amigdalino por via direta a partir do tálamo (caminho secundário) assim como por vias que vão do tálamo até o núcleo amigdalino, através do córtex (caminho principal ou longo).

O caminho curto ou secundário, apesar de ser mais rápido, por não passar pelo córtex, pode proporcionar ao núcleo amigdalino apenas uma interpretação superficial do estímulo recebido.

A via direta é utilizada para responder a estímulos potencialmente perigosos. Antes que saibamos que tipo de estímulo estamos processando, é possível que esta também seja a via responsável por emitir respostas emocionais que não compreendemos.

Frente à presença de perigo ou de estímulos que o representem, o núcleo amigdalino, manifestam-se respostas do sistema endócrino, do SNA, da conduta e se ajustam os reflexos.

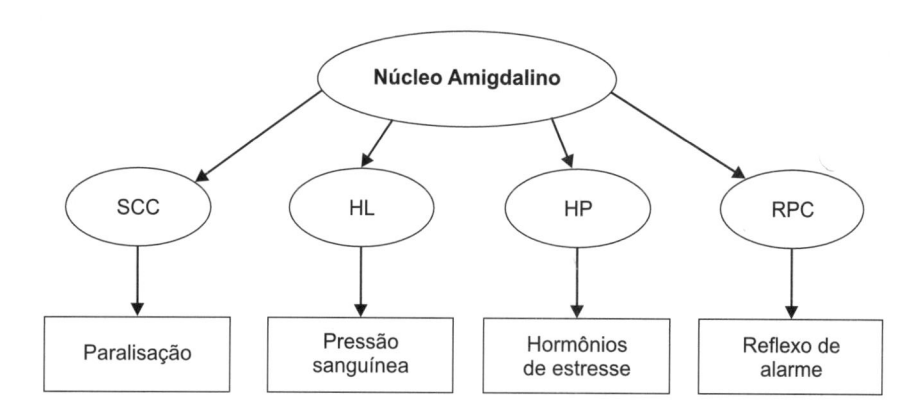

```
                    ┌─────────────────────┐
                    │   Núcleo Amigdalino │
                    └──────────┬──────────┘
         ┌────────┬────────────┼────────────┬────────┐
      ┌─────┐  ┌─────┐      ┌─────┐       ┌─────┐
      │ SCC │  │ HL  │      │ HP  │       │ RPC │
      └──┬──┘  └──┬──┘      └──┬──┘       └──┬──┘
         ▼        ▼            ▼             ▼
   ┌──────────┐ ┌──────────┐ ┌──────────┐ ┌──────────┐
   │Paralisação│ │ Pressão  │ │Hormônios │ │Reflexo de│
   │          │ │sanguínea │ │de estresse│ │  alarme  │
   └──────────┘ └──────────┘ └──────────┘ └──────────┘
```

Na ilustração são mostrados exemplos escolhidos dos sinais de saída do núcleo amigdalino para a Substância Cinza Central ou **SCC**, ao Hipotálamo Lateral, ou HL, ao Hipotálamo Paraventricular ou **HP**, que recebe sinais de entrada diretamente do núcleo amigdalino central e através do núcleo caudado da estria terminal, **RPC** ou Retículo-pontis-caudalis.

O fato de a aprendizagem emocional depender de vias que não entram diretamente no neocórtex é fascinante porque sugere que as respostas emocionais podem ser produzidas sem a participação dos mecanismos cerebrais superiores de processamento que supomos responsáveis pelo pensamento, pelo raciocínio e pela consciência.

A equipe cerebral límbica parece que "sempre" foi muito emotiva, dado que cada integrante sente a emoção de pertencer à equipe. Todos jogam rápida e instintivamente. Sabem que sua função vital é se ocupar da aprendizagem da vida, e por isso relembram todas as emoções, os estímulos e as ações. E como toda equipe, também tem um líder, o núcleo ou comando central para os assuntos emocionais. O líder tem um nome de fruto, chamam-lhe amêndoa.

Em síntese, o núcleo amigdalino, com seu par de amígdalas, é o centro de todas as emoções. E, além disso, sua evolução levou-o a ser o condutor e coordenador geral de todas as experiências da vida. Foi assim que o *medo*, a *raiva*, a *competição*, a *cooperação* e o *tempo* tiveram seu lugar na mente. Sem a participação da "amêndoa" a vida não teria emoções e os filmes de terror de *Freddie Krueger* não nos produziriam qualquer sensação de medo.

Frente a qualquer impulso, as amígdalas ou amêndoas se ativam feito um jogo de alarmes de emergência, comunicando-se com todo o quartel central e despertando todo o sistema nervoso para desenvolver as respostas necessárias.

Atualmente, tudo funciona como um sistema em harmonia, protegendo o desenvolvimento do corpo e da mente. Os sistemas olfativo, auditivo, visual ou gustativo percebem sinais, o tálamo é o centralizador e de forma conjunta as retransmite à amígdala e ao neocórtex. Ou seja, envia o alarme ao sistema emocional e ao sistema racional. Tudo é tão emocionante que o sistema até produz sua própria energia, que se faz sentir em todo o corpo.

A velocidade com que viajam os sinais em cada sistema é diferente. O circuito secundário (tálamo-amígdala) é duas ou três vezes mais veloz do que o circuito tálamo-neocórtex.

A reação emocional é produzida muito antes da racional. Parece, então, que o circuito da amêndoa é um atalho natural de resposta emocional imediata, que recebe informação do exterior para a qual tem preparada alguma resposta natural e instantânea. Ou seja, elabora respostas antes que o cérebro racional atue e registre as ações no neocórtex.

Joseph LeDoux sustenta que o sistema emocional e o racional podem funcionar de forma independente. Defende a tese de que as lembranças emocionais do passado tenham se alojado na amígdala e, devido a isso, frente a um impulso, geram ações impensadas ou "pensadas natural e intuitivamente".

O sistema límbico, então, leva a um registro prolixo das percepções, mantém um arquivo atualizado das reações e dá emoção à vida.

Para pensar:

- Não toco no forno porque... a amígdala me lembra que se tocar me queimo.
- Quando vejo uma vaca choro porque as amígdalas e o hipocampo me lembram que me queimei com o leite.
- Algo me diz que já estive neste lugar.

NEUROMARKETING

O cérebro funciona como um sistema de informação emocional (ira, tristeza, temor, prazer, amor, surpresa, desgosto, vergonha...) onde se arquivam os dados e respostas correspondentes a estas rotinas. E, além disso, possui um sistema para dados não-emocionais que requerem decisões mais complexas.

O poderoso arquivo emocional se expandiu desde os nossos ancestrais até os nossos descendentes. É ele quem compara, ordena e reage de forma imediata aos impulsos. Sua base de dados é o passado de 5 milhões de anos e nele podemos encontrar todo tipo de experiências vividas e retransmitidas de geração para geração. Seu mecanismo é simples: respostas rápidas a problemas conhecidos ou similares. Seu alarme foi projetado para um mundo com poucas mudanças ou de mudanças lentas, mas apenas a amêndoa não é suficiente porque o mundo mudou sua velocidade.

Se lembrarmos que o núcleo amigdalino é como um microchip da vida emocional, então em cada um de nós estão guardadas as emoções de nossos ancestrais. E como na nossa árvore genealógica cada um teve emoções diferentes, os arquivos emocionais de cada um serão diferentes. Por isso, temos diferentes percepções dos fatos da vida mesmo que tenhamos lembranças parecidas.

Em um mundo em que tudo muda rapidamente, a amígdala precisa de tempo de adaptação. É um alarme que pode ser perigoso, pois suas reações naturais podem nos deixar em maus lençóis nas relações com os demais.

O atalho límbico é uma resposta natural da sobrevivência humana. O sentimento existia antes da razão, e isso deu emoção à vida. Agora, vivemos em um mundo de razão e de sensatez, mas no fundo nada mudou. Quando a emoção entra em ação, a vida volta a ter sentido.

As novas realidades da civilização surgiram a uma velocidade tal que a lenta evolução biológica não pôde acompanhar.

"O coração tem razões que a própria razão desconhece."

A INTELIGÊNCIA EMOCIONAL

Como vimos ao longo deste assunto, as emoções e a razão turvam o raciocínio das pessoas. Também observamos que o conhecimento das próprias emoções e o domínio das mesmas distinguem o bom racional.

O manejo correto de situações de emergência ou pressão distingue nossa capacidade de administrar socialmente nossas emoções. O domínio de nossas emoções em contextos sociais foi denominado por Peter Salovey de *inteligência emocional*, e nesta categoria ele inclui o domínio de atributos como o ciúme, a capacidade de autoestima e o não sucumbir frente ao pânico.

A inteligência emocional é a consequência de nossas próprias emoções, da capacidade para manejá-las, de nossas motivações pessoais, do reconhecimento das emoções dos outros e do manejo das emoções em contextos sociais.

Será que a inteligência depende do manejo dos sentimentos?

A *temperança* é a inteligência baseada na capacidade de relação mediante o domínio das emoções. Ou seja, a consciência da consciência. Sobre este tema, Antonio Damasio sustenta que a maioria das pessoas considera a emoção separada da razão. Ele argumenta que quando temos uma emoção, inevitavelmente e ao mesmo tempo temos uma apreciação do estado do nosso corpo e da nossa mente. O sentimento é este: "apreciar o estado de nosso corpo e de nossa mente".

Os 100 bilhões de células que compõem o cérebro fizeram os cientistas pensarem que este funciona como um computador. Se na realidade funcionasse realmente assim, então gostaríamos de saber:

Onde estão alojados os sentimentos?

Modelos Emocionais

Segundo Maturana, "**o fundamento de nosso agir é emocional**". Ou seja, não existe ação sem uma paixão, desejo ou emoção que o faça possível.

A emoção está na base das escolhas e decisões, mesmo quando as travestimos de lógica e racionalidade.

Passar de uma emoção a outra implica passar de um agir a outro. O que não fazemos, ainda que pensemos que o devamos fazer, não fazemos porque falta paixão ou o desejo de fazer (entretanto, o justificamos dizendo que não pudemos fazê-lo).

O pensar também se fundamenta em um ato emocional. Na vida diária, transmitimos uns aos outros diferentes tipos de advertências. Por exemplo:

"Não peça nada a ele agora porque está uma fera" ou "Vai tranquilo que hoje ele vai te escutar".

Seja porque vivemos na emoção da certeza, seja porque não aceitamos totalmente o nosso interlocutor ou porque queremos forçá-lo a executar certas ações, afirmamos que o que sustentamos vale porque é objetivo, real e racional, conotando a ideia do outro como objetivamente errada, irreal ou irracional.

Ao contrário, a emoção da aceitação do outro nos predispõe a operar dentro da objetividade, entre parênteses, dentro dos quais cada observador é fonte de distinções e relatos legítimos que conformam a realidade, ainda que nem todos sejam considerados igualmente convenientes.

A Contradição Emocional

Nós, seres humanos, vivemos em contradição emocional quando questionamos ou rejeitamos o compromisso emocional aceito como base da coexistência com outros. Se nos separarmos enquanto esta conversa acontece, não sabemos com exatidão se o compromisso emocional continuou vigente ou caducou, mas ainda assim a coexistência continua e cada um a justifica à sua maneira.

A emoção de rejeição é experimentada de forma recorrente, de maneira simultânea ou sucessiva ao desejo de conviver. Sendo assim, as expectativas recíprocas não se podem cumprir, motivo pelo qual se geram uma vez após a outra emoções de frustração e rejeição.

Quem experimenta estas emoções define ações de separação congruentes com a frustração das expectativas, já que as ações de aceitação são congruentes com a vontade de conviver.

> Viver em contradição emocional implica um esforço; senão viver não implica esforço.

Quando somos levados a operar nos domínios de contradições de ações aparece o sofrimento.

A dinâmica emocional, ao entrelaçar-se com a dinâmica fisiológica, forma parte do processo de sofrer e adoecer.

Pensemos quanto podemos ganhar no marketing da vida se formos congruentes com o que pensamos, sentimos e agimos. Ou quanto nos autodestruímos com nossa incongruência.

Como Trabalhar com a Inteligência Emocional?

Se quiser que seu chefe goste de você e lhe valorize adequadamente, deixe-se levar pelo coração. Assuma o risco de parecer imperfeito e busque o equilíbrio pessoal.

Não se trata de passar por cima dos demais, dominar autoritariamente seus subordinados nem ter o coeficiente intelectual mais elevado do escritório.

Vejamos agora algumas soluções que propomos em nossos cursos, seminários e palestras, inspiradas na obra do prestigioso autor Daniel Goleman.

A inteligência é algo além do que intuíamos. É uma faca de dois gumes, e isso é algo que nunca ninguém nos ensinou na escola.

Desde que J. LeDoux e D. Goleman, entre outros, tornaram público e notório o descobrimento da inteligência emocional, assistimos a uma revolução silenciosa que acabará por afetar os aspectos mais insuspeitos de nossa vida, especialmente no que se refere ao âmbito profissional.

Verificamos que quase todos os problemas que afetam as sociedades modernas têm uma causa quase comum: nossas gravíssimas carências emocionais.

Segundo afirma o próprio Goleman, nessas carências emocionais podemos encontrar as raízes da violência, dos suicídios, das depressões, dos fracassos profissionais. Temos superestimado tanto os fatores racionais que nos esquecemos do papel dos sentimentos.

Agora, finalmente, a ciência admite a existência de uma mente emocional cujas conclusões podem ser diferentes das sustentadas por nossa mente racional.

Tratam-me como um escravo?

Ninguém se interessa por meu trabalho?

O chefe nunca me escuta?

São algumas frases de rotina habitual em qualquer escritório, e nos mostram também a atitude submissa e resignada com a qual começam e terminam as jornadas de milhares de pessoas.

Até quando?

Uma boa notícia: o mundo mudou e sobre este tema existem muitas novidades. Nos últimos anos, vemos em grandes, médias e pequenas organizações que a autoridade, a agressividade e a competitividade dentro das empresas são valores em baixa, enquanto que agora se começa a valorizar:

- A criatividade.
- A intuição.
- A empatia.
- A escuta dinâmica.
- O diálogo assertivo.
- O trabalho em equipe.

Em suma, a inteligência emocional aplicada ao trabalho nos mostra um novo modelo onde o *yuppie* ambicioso e carreirista passa a ser uma espécie em extinção e as companhias começam a se interessar por executivos com coração: "mais humanos". Esta mudança de rumo está alguns anos sendo gestada e já se estende para o resto do mundo civilizado.

A onda expansiva está chegando a nossas praias, como testemunham os selecionadores e formadores de pessoal, que sabem perfeitamente que já não bastam os currículos, a experiência anterior e a mudança de empresa em empresa.

Agora começam-se a levar em conta fatores tais como a capacidade para manejar o estresse e para se automotivar.

> *"A disciplina de trabalhar com modelos mentais começa por virar o espelho para dentro, aprender a exumar nossas imagens internas do mundo, para trazê-las à superfície e submetê-las a um rigoroso escrutínio."*
>
> Peter Senge
> A Quinta Disciplina

A INTELIGÊNCIA ORGANIZACIONAL OU EMPRESARIAL
Como ser emocionalmente mais inteligente no trabalho

- Não calar.
- Dizer o que pensamos, mas de uma ótica construtiva.
- Pensar nosso ponto de vista e oferecer alternativas.
- Exteriorizar as emoções e aprender a canalizá-las.
- Agradecer (e reconhecer) aos outros nos trabalhos realizados.
- Aproveitar melhor o tempo.
- Fazer pausas estratégicas de tempo (cada 60 minutos).
- Descobrir o ritmo natural de cada um e evitar interrupções.
- Praticar exercícios físicos.
- Confiar na intuição e praticá-la.
- Não deixar tudo na mão da análise de situação.
- Liberar a criatividade.
- Aprender a trabalhar em equipe.
- Não se isolar no escritório.
- Assumir compromissos em comum com outras pessoas.
- Dialogar sempre e saber escutar.
- Aceitar as críticas e se pôr no lugar do outro.
- Praticar a empatia de modo regular.
- Exercer influência sobre seus subordinados sem autoritarismos.
- Ser mentor e ao mesmo tempo um exemplo a imitar.
- Ser respeitoso e respeitável, confiado e confiável. Domínio pessoal.

COMPARTILHAR AS VISÕES DA VIDA

As grandes empresas escrevem sua missão e nela expressam os valores e ideais que devem ser privilegiados para a conquista dos objetivos organizacionais. As pessoas também devem definir sua missão. Isto as ajudará a clarear seus objetivos pessoais. Nós lhe recomendamos que escreva a sua. Somente através dela você poderá unir as pessoas que participam da sua vida cotidiana com relação a identidades e aspirações comuns.

O papel do jogo de compartilhar visões, ideais, aspirações ou sonhos nos coloca quase na obrigação de conhecermos profundamente uns aos outros. Lembre-se de que as aspirações não são impostas; são compartilhadas. É muito contraproducente a imposição das visões, por mais sinceras que estas sejam.

O desenvolvimento da prática de compartilhar visões produz o compromisso genuíno de quem integra o grupo empresarial, gerando uma relação sincera que vai além da imposição.

Esta é uma boa prática para começar em casa, levando-a para o ambiente familiar, para, aí sim, utilizar esta aprendizagem e levá-la adiante, para o ambiente empresarial, ou vice-versa.

Provavelmente, você está pensando que isso é tão difícil quanto ter visões compartilhadas com sua sogra. Mas não se esqueça de que ela também já foi jovem um dia e teve suas ilusões e até quem sabe sonhou que seria você quem iria contribuir para que ela se tornasse avó. Certamente ela não o criou, por isso é recomendável perguntar a ela para saber qual é sua resposta.

Aprendizagem em Equipe

Antes de desenvolver o tema, devemos esclarecer que um grupo não é o mesmo que uma equipe. Ambos coincidem em muitos aspectos. Por exemplo:

- Nascem ou surgem de questões pessoais ou trabalhistas.
- São compostos por um conjunto de pessoas.
- Buscam alcançar objetivos similares.
- Têm uma dinâmica emocional de conjunto...

Mas também têm diferenças fundamentais:

Papéis complementares: em uma equipe, os papéis de cada um de seus integrantes, ainda que sejam diferentes, devem obrigatoriamente complementar-se entre si, senão a equipe não funciona. Em um grupo isso não deve necessariamente ser assim.

Tomemos como exemplo latino-americano algo que nos envolve muito de perto: um conjunto de mestres ou professores que dão aula em uma faculdade. Não importa o nível de educação, todos estão unidos pelo mesmo motivo: educar, ensinar, aprender. Suponhamos que todos nós desejamos e damos o melhor de nós mesmos, mas se observarmos o resultado que geralmente produzimos vemos que somos apenas um grupo de mestres e professores, não existe equipe. Funcionamos como compartimentos separados. Em uma equipe os papéis são interdependentes.

Podemos não ter os mesmos papéis nos unindo, não é a interconexão de papéis, mas os papéis complementares. Se alguém não faz algo, outro integrante do grupo terá de fazê-lo.

Privilegiar o resultado em equipe: o que importa em uma equipe não é o resultado individual, mas o valor que cada pessoa agrega ao conjunto de forma eficiente. Quem ganha não é a pessoa mas a equipe.

Folheando os jornais durante o final de 2004, lemos a seguinte manchete:

> "o argentino Ginobili teve uma excelente atuação nos Spurs durante o torneio da NBA, mas apesar disso a equipe perdeu..."

No final de janeiro, a manchete era outra: "Ginobili fez 48 pontos em cima dos Phoenix Sun... sua equipe ganhou...é o ídolo dos Spurs".

Outra realidade aparecia no final de dezembro de 2004: a péssima campanha dos astros "galáticos" do Real Madrid, pois a julgar pelo valor econômico da planilha de jogadores, deveriam ter ganho todos os torneios. Mas a realidade foi outra, e terminaram trocando o diretor técnico... estavam querendo montar uma equipe, mas naquele momento era um grupo de individualidades.

> Um grupo não é necessariamente uma equipe. Uma equipe é sempre um grupo.

Os integrantes de um grupo recebem influência mútua, enquanto que os integrantes de uma equipe interagem de forma complementar entre si.

Nos grupos, por vezes os papéis não estão estabelecidos de forma suficientemente clara. Na equipe, é condição *sine qua non* que os papéis estejam claramente estabelecidos.

A aprendizagem em equipe começa com o diálogo. Quem integra o grupo deve deixar de lado determinados pressupostos e ingressar em um pensamento de conjunto.

NEUROMARKETING

A livre comunicação fomenta o diálogo e permite que os integrantes do grupo percebam coisas que não se consegue individualmente.

Na sociedade moderna, a cultura do diálogo vem se perdendo e se está passando gradualmente a uma cultura de discussão, onde duas partes "disputam" ideias em uma competição na qual existem ganhadores e perdedores, sendo que o ganhador fica com tudo.

Na cultura ocidental, nós nos caracterizamos por atacar as ideias de um eventual oponente, gerando discussão aberta sobre elas até que uma morra, enquanto que na cultura oriental se tomam as ideias e se constrói a partir delas. Desta forma, o grupo aprende.

A unidade fundamental de aprendizagem nas empresas não é a pessoa, é o grupo, que devemos transformar em equipe. Este é o desafio, mas ainda nos resta um desafio maior: **como fazer com que as pessoas se sintam como tal?**

Se não formamos uma equipe, a aprendizagem se dilui em cada individualidade e, se as equipes não aprendem, as organizações, qualquer que seja o seu tamanho, também não aprenderão.

Uma **organização inteligente** é aquela que aprende e se aprende formando equipes de trabalho. Quanto mais interdisciplinares melhor.

É importante destacar que a aprendizagem organizacional requer uma prática contínua. Com ela, vamos melhorando nossas destrezas, atitudes e valores. Mas isso apenas não basta. É necessária uma atitude diferente, baseada na integração e aplicação dos conhecimentos do neuromarketing.

O neuromarketing se relaciona com nosso modo de pensar e agir, com o que queremos e com nossa maneira de interagir e aprender contínua e mutuamente com quem compartilhamos o grupo.

É mais difícil integrar ferramentas do que aplicá-las de forma isolada.

Em seu livro **A Quinta Disciplina**, Peter Senge destaca que o pensamento sistêmico é a quinta disciplina, aquela que integra todas as outras, fundindo-as em um corpo coerente de teoria e prática.

O pensamento sistêmico requer a existência das disciplinas anteriormente mencionadas. Destacaremos agora que papel cada uma delas cumpre:

- A construção de uma **visão compartilhada** induz a um compromisso a longo prazo.
- Os **modelos mentais** enfatizam a abertura necessária para desmistificar as limitações de nossa maneira atual de ver o mundo.
- A **aprendizagem em equipe** desenvolve as atitudes de grupos de pessoas para buscar uma figura mais ampla que transcenda as perspectivas individuais.
- O **domínio pessoal** induz a motivação do pessoal para aprender continuamente como nossos atos afetam o mundo.

Por último, é de se destacar que o pensamento sistêmico permite compreender o aspecto mais útil da organização inteligente, que é a nova percepção que temos de nós mesmo e do mundo.

Ao estarmos conectados com o mundo, já não devemos pensar que um fator externo é o que causa nossos problemas. Veremos que nossos atos são os causadores dos problemas que experimentamos.

> *Em uma organização inteligente, são as pessoas que continuamente criam sua realidade.*

As organizações inteligentes, da mesma forma que os seres humanos, aprendem continuamente a captar o sentido da metanoia. O novo pensamento é captar o significado mais profundo da "aprendizagem". É o que chega ao coração humano, é o que recria a nós mesmos.

A metanoia é uma mudança de enfoque ou maneira de ver as coisas. No lugar de isoladas, as vemos com uma abordagem sistêmica, aprendendo continuamente de forma individual e coletiva, expandindo a capacidade individual e organizacional para criar nosso futuro.

O Espírito de Uma Organização Inteligente

Stephen R. Covey, em seu livro "Os Sete Hábitos das Pessoas Altamente Eficazes", nos apresenta estes princípios que representam primeiramente uma vitória privada e, depois, uma vitória pública.

1. *Ser proativo:* A visão pessoal das pessoas proativas se caracteriza pelo desenvolvimento da habilidade de selecionar respostas, fa-

zendo delas mais um produto de seus valores e decisões do que de seus estados de ânimo e condições.

2. *Começar com o fim na mente:* É a liderança pessoal de cada um de nós, na qual se esclarecem os valores e se estabelecem as prioridades antes de selecionar as metas e iniciar o trabalho.
3. *Fazer primeiro o primeiro:* Gerência pessoal. A pessoa deve saber organizar e administrar seu tempo para poder implementar as prioridades. Deve dedicar mais atenção às atividades que são urgentes, mas não importantes, e mais tempo àquelas que são importantes, mas não necessariamente urgentes.
4. *Pensar em ganhar e ganhar:* Liderança interpessoal. A importância reside em alcançar a efetividade através dos esforços cooperativos de duas ou mais pessoas. É a atitude que persegue o benefício mútuo.
5. *Procurar primeiro entender e depois ser entendido:* Comunicação é uma das habilidades mestras da vida, a chave para construir relações e a essência do profissionalismo. A maioria dos problemas de credibilidade começa com as diferenças de percepção. Para resolver estas diferenças e restaurar a credibilidade, deve-se praticar a empatia.
6. *Sinergia:* Cooperação criativa e trabalho em equipe. Este hábito surge de valorizar as diferenças, reunindo perspectivas diferentes dentro de um espírito de respeito mútuo.
7. *Afiar o gume:* Autorrenovação; o hábito de afiar o gume significa ter um programa balanceado e sistemático de autorrenovação nas quatro áreas da nossa vida: física, mental, emocional-social e espiritual. É a lei da colheita: colhemos na medida que semeamos.

Em síntese, no trabalho o analfabetismo emocional é um vírus que se propaga tanto de baixo para cima como de cima para baixo na estrutura organizacional. Mas a verdadeira revolução deve sempre começar de cima para baixo. O modelo da década de 90 fracassou e as políticas empresariais já conhecem o custo do fracasso. Agora devem pensar em modelos empresariais e em economias sustentáveis. A desconfiança generalizada e a falta de liderança devem ser recriadas. Agora, o gerenciamento vai em busca de uma nova forma de conduzir, à qual chamaremos "a lenda do tesouro perdido".

O caminho para achar este tesouro perdido você poderá encontrar em nosso próximo livro, onde integraremos todo o nosso pensamento de neuromarketing para vincular e melhorar os valores-chave de uma estratégia empresarial:

- Inteligente.
- Sustentável.

Estes fatores-chave são:

- Capital humano.
- Confiança perdida.
- Liderança.
- Capital social.

Nossa metodologia de pensamento neurovincular nos dará o suporte necessário para tal fim. Esperamos: "vê-lo, ouvi-lo, escutá-lo, senti-lo e compartilhá-lo" com você.

A seguir, colocamos um gráfico para pensar, desenvolvido por Santiago Castillo Arredondo e outros no livro *"Prática de Avaliação Educativa"*, Pearson Education, Prentice-Hall, 2004.

AUTOAVALIAÇÃO DO ESTILO DE APRENDIZAGEM

1. Caracterização pessoal sobre a forma com que enfrenta a aprendizagem	
Prefere...	
Favor marcar com uma cruz (mais de uma resposta)	
	Realizar trabalhos que envolvam a imaginação e as ideias próprias
	Realizar trabalhos com pautas bem marcadas
	Abordar problemas passo a passo
	Abordar problemas de forma global
	Os conteúdos logicamente estruturados
	O interesse pelos conteúdos
	Concentrar-se em fatos ou realidades concretas
	Concentrar-se nos temas gerais

(continua)

NEUROMARKETING

Continuação

Habitualmente... Favor marcar com uma cruz (mais de uma resposta)	
	Persiste em seu método de trabalho mesmo que não funcione
	Muda de sistema se este não funciona
	Persevera apesar das dificuldades
	Rende-se com facilidade
	Antes de começar uma tarefa se detém pensando
	Realiza a tarefa imediatamente
	Trata de memorizar
	Trata de compreender
	Enriquece o que foi aprendido com colocações pessoais
	Interpreta textualmente a situação de aprendizagem
2. Modalidade preferida de acesso ao conhecimento	
Prefere... Favor marcar com uma cruz (mais de uma resposta)	
	Os elementos **visuais** (ler, olhar, ver, observar)
	Os elementos **auditivos** (ouvir, escutar, falar)
	Os elementos **cinestésicos** (experimentar, cheirar, tocar, sentir)
3. Tipo e grau de motivação	
Nível geral de motivação... Favor marcar com uma cruz (mais de uma resposta)	
	Alto
	Médio
	Baixo
3. Tipo e grau de motivação	
A. Intrínseca... Favor marcar com uma cruz (mais de uma resposta)	
	Desfruta a atividade do escritório
	Com frequência acha os temas interessantes
	No tempo livre, voluntariamente, realiza atividades do escritório
B. Medo do fracasso	
	Preocupa-se com suas capacidades para realizar as atividades relacionadas com o escritório
	Fica bloqueado nas provas
	Manifesta ansiedade frente a algo que tem que fazer
C. Necessidade de rendimento	
	Desfruta, fazendo da atividade do escritório uma competição

(continua)

Continuação

	Incomodam muito os resultados inferiores aos esperados
	Dá muita importância à obtenção de melhores resultados do que os demais

Tipo de motivação dominante...
Favor marcar com uma cruz (mais de uma resposta)

	A. Intrínseca
	B. Medo do fracasso
	C. Necessidade de rendimento

4. Trabalho em grupo

Implicação no trabalho grupal...
Favor marcar com uma cruz (mais de uma resposta)

	Rejeita o trabalho em grupo
	Manifesta uma atividade total
	Observa sem participar
	Realiza unicamente o trabalho encomendado
	Toma a iniciativa e faz sugestões

5. Hábito de trabalho intelectual

A. Método de estudo...
Favor marcar com uma cruz (mais de uma resposta)

	Toma notas em classe
	Acrescenta comentários às notas tomadas em classe ou consulta livros
	Não deixa a revisão para o último momento
	Revisa atentamente os trabalhos antes de entregá-los

B. Organização do tempo e do espaço...
Favor marcar com uma cruz (mais de uma resposta)

	Organiza o tempo para tirar o máximo proveito
	Respeita os tempos determinados para o estudo pessoal
	Não atrasa a entrega dos trabalhos
	Tem um espaço pessoal para o trabalho

Síntese do estilo de aprandizagem

1. Características individuais: assinale com uma cruz uma em cada par

	Imaginativo(a)		Dirigido(a)
	Sequencial		Global

(continua)

Continuação

	Interesse pela forma	Interesse pelo conteúdo
	Generaliza	Concreto(a)
	Rígido(a)	Flexível
	Persistente	Rende-se facilmente
	Reflexivo(a)	Impulsivo(a)
	Memoriza	Compreensão
	Criativo(a)	Literal
2. Modalidade sensorial (por favor escreva a resposta)		
Modalidade.........................		
3. Motivação (por favor escreva a resposta).......................		
Grau		Tipo
4. Trabalho em grupo (por favor escreva a resposta)		
5. Hábitos de trabalho (anote o número de itens assinalados)		
Métodos		Organização

Fonte: Práticas de Avaliação Educativa, Pearson Education, Prentice-Hall, Espanha, Madrid. 2004. Santiago Castillo Arredondo e Jesus Cabrerizo Diago.
Modificado pelos autores.

A Magia do Neuromarketing Visual

A Luz e as Cores da Beleza

"Neste mundo, quanto mais sonhamos mais se reforça a convicção de que as cores foram criadas para embelezar o mesmo. E a beleza não é um acessório, mas sim uma necessidade do ser humano"
– Ives Legrant

(Do livro de Maurice Beliéres "A Magia da Luz e da Cor")

O Circuito da Visão

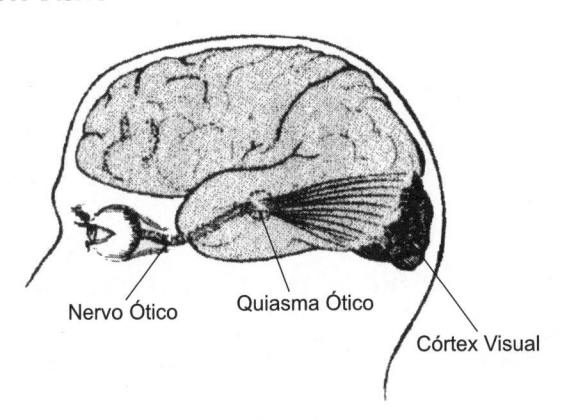

Nervo Ótico   *Quiasma Ótico*   *Córtex Visual*

Os impulsos percebidos passam através do nervo ótico ao quiasma ótico no centro do cérebro, que envia o sinal ao córtex visual do hemisfério oposto ao da entrada do estímulo.

A Magia da Luz e da Cor

O cérebro é o núcleo centralizador do sistema nervoso central. É ele que convive com a emoção, a intuição e a razão. É o guia ou a bússola que interpreta todos os sentidos e dá sentido à vida, integra as sensações cromáticas e acromáticas da vista, os odores através do olfato, o sabor através do gosto e o tato através da pele.

Administra com sentido o prazer da sabedoria, com o néctar especial que nos dá o prazer de viver, de sonhar e de se excitar com os cinco sentidos que refletem o mundo exterior com o qual se comunica e através deles cria suas crenças, pois o ser humano acredita no que seus sentidos lhe ditam, mas já se começou a acreditar em um "sexto sentido" que também o influencia. Este integra e relaciona a todos os demais, dando um significado próprio a cada uma destas combinações, com o propósito de melhorar as as relações de intercomunicações com o mundo exterior. Mas ainda falta muito para se percorrer, como foi escrito por Machado e cantado por Serrat, "caminhante não existe caminho…, se faz o caminho ao andar…"

Analisemos a seguir como a luz se relaciona com as cores. "Veremos" como o cérebro sintoniza, introduz, processa e responde frente à influência desses elementos. Proponho-lhe incorporar logo esses conhecimentos à vida cotidiana, com o firme propósito de melhorar sua relação pessoal com o ambiente do qual você toma parte.

O que é uma cor?

Para não nos confundirmos, o melhor é compreender as coisas através do branco e do preto, ou seja, através do escrito. E para isso nada melhor do que recorrer ao dicionário, que através de suas palavras nos narra que cor deriva do latim *colore* e se refere à qualidade dos fenômenos visuais que dependem da impressão diferente que as luzes de diferentes comprimentos de onda produzem nos olhos.

Do ponto de vista da ótica física, poderíamos dizer que **a cor em si mesma não existe.** Ela se manifesta através da luz; então é como uma sensação produzida sobre o olho por intermédio da luz.

Na psicologia, o conceito de cor se refere a um **estado de consciência** de um ser vivente, dotado com órgãos visuais adequados, que é produzido ao se observar determinada cor e que é transmitido aos órgãos visuais, provocando reações e alterações químicas neles.

Estas reações, por sua vez, produzem impulsos nervosos no cérebro que criam uma impressão de alguma forma, à qual chamamos de cor.

> *"Os olhos não têm uma cor definida, é a luz que os ilumina já que a cor do objeto varia de acordo com a iluminação."*
>
> Otto Heimann

A cor varia segundo a natureza dos raios de luz e do modo como a luz é refletida. Ou seja, se manifesta unicamente por meio da luz.

Como cantaria o conjunto espanhol Jarabe de Palo: "depende, tudo depende dos olhos com que se olhe tudo depende, mas também depende da luz que se olhe, tudo depende".

Os seres vivos, da mesma maneira que os objetos, absorvem as radiações de todas as luzes que nos "banham". Cada uma dessas luzes tem um comprimento de onda diferente e, ao recebê-las, temos uma sensação diferente de cor.

A luz solar é um conjunto de radiações que forma um raio de luz branca, também denominada de luz natural.

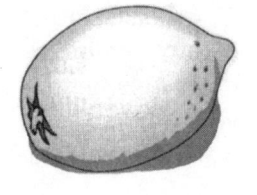

Durante a noite, para ter luz, a humanidade criou uma luz branca artificial, que difere em seus componentes da luz natural.

Vejamos o exemplo de uma simples fruta como o limão: Escreva de que cor é esse limão. É...

Não queremos lhe desiludir, mas um limão:

Visto sob a luz branca fica	De cor amarela
Visto sob a luz azul fica	De cor marrom
Visto sob a luz vermelha fica	De cor branca
Visto com olhos daltônicos fica	De cor verde-azulada

Se você escreveu que o limão é amarelo, lamentamos lhe informar que o limão do livro é cinza e você é que achou que era amarelo; mas se você escreveu que era cinza lhe felicitamos pelo seu senso de realidade. Mas leve em conta a tabela anterior de luz e cor antes de acreditar no que vê.

A cor é um mundo de sensações percebidas por intermédio do sentido da visão através do olho.

> "A cor nasce da luz solar e é subjetiva. Somos nós que decompomos essa luz, materializando-a."
>
> Isaac Newton

Sem luz não há cor. Sem olhos também não podemos perceber a cor. Façamos então um pouco de luz.

O que é a Luz?

Luz, diz o dicionário, deriva do latim *luce*, e é um tipo de energia que, agindo sobre os olhos, nos faz ver os objetos.

A luz é uma energia. Uma energia natural. Estima-se que o Sol perca cerca de 250 milhões de toneladas de energia por minuto. Esta energia é transmitida, entre outros, para a Terra. E depois de percorrer 150 milhões de quilômetros, nos banha com suas ondas de radiações eletromagnéticas, que circulam a uma velocidade de 300.000 Km por segundo e não podem ser vistas pelo olho humano.

A ótica física, em um sentido estrito, estuda as radiações eletromagnéticas de comprimento de onda compreendidos entre os 3.800 A e 7.800 A, que são percebidas pelo olho humano.

Por extensão, também são incluídas as radiações de comprimento de onda maior (infravermelhos) e menor (ultravioletas), mesmo que essas radiações não sejam visíveis.

A humanidade dá o nome de luz à parte que é mais visível dentro dessa radiação de ondas solares.

Mas à noite tudo muda, o astro-rei é substituído pela Lua, que produz uma luz natural mais tênue do que a produzida pelo Sol, mas produz os mesmos efeitos na visão humana.

As luzes produzidas pelo Sol e pela Lua são consideradas luzes "naturais". As criadas pela humanidade são "artificiais".

A luz incandescente ou artificial é produzida pela incandescência ou combustão de um fio de carbono ou outro metal. É uma luz especial que se produz por aquecimento de certas substâncias a uma determinada temperatura. A cor da luz artificial varia de acordo com os componentes que se esquentam. Por exemplo

Componentes	Cor da luz artificial
Cálcio	Alaranjada
Sódio	Amarela
Gás néon	Vermelha

Foi Thomas Alva Edison quem patenteou a lâmpada elétrica em 1879; mas sob outros procedimentos, a luz elétrica já havia sido utilizada anteriormente.

Cor	Comprimento de onda	Vibrações por segundo	Composição	Complementar ou oposta	Tipo de cor
Violeta	3.980 A	760-800	Vermelho+Azul	Oposta ao Amarelo	Fria
Índigo ou Anil	4.320 A	700-760			
Azul	4.860 A	650-700		Primária	Fria
Verde	5.250 A	590-650	Verde+Amarelo	Oposta ao Vermelho	Fria
Amarelo	5.900 A	520-590		Primária	Quente
Laranja	6.560 A	470-520	Vermelho+Amarelo	Oposta ao Azul	Quente
Vermelho	7.610 A	400-470		Primária	Quente

Poderíamos estabelecer alguma lei sobre a relação entre luz e cor:

- Todos os corpos opacos que são iluminados têm a propriedade de refletir toda ou parte das radiações de luz recebida ou absorvê-la; um objeto não devolve mais do que as radiações correspondentes à sua própria cor.

A cor não está nos objetos em si, é a luz que comunica as cores dos objetos.

Isso significa que ao olhar uma banana, o objeto recebeu todas as cores, rechaçando uma delas, a cor amarela, que é a cor que vemos.

A cor e sua relação com a fisiologia e a psicologia humanas

Imagine que estamos diante de uma tela de televisão, assistindo a uma partida ou disputa esportiva entre duas seleções de países diferentes:

Brasil e Noruega

O que você percebe à primeira vista?

Você pensou nas cores das pessoas, ou seja, na cor da pele. Se foi assim, você pensou na pigmentação que cada um delas tem como consequência de sua herança genética, mas não era a isso que eu me referia.

Peço que observe suas vestimentas e a forma de praticar ou de jogar o esporte, e note como são diferentes no desenvolvimento do jogo.

O que isso tem a ver com as cores e a conduta humana?

Muito simples, os países banhados por luz solar têm mais vegetação e, por conseguinte, mais cores na tela da natureza. Isto influencia notoriamente em seu desenvolvimento, pois no Brasil se vive com mais alegria e despreocupadamente do que em qualquer país nórdico.

No primeiro (Brasil), o ambiente é caloroso, claro e úmido, enquanto que na Noruega o ambiente é frio, cinzento e seco; isso nos obriga a utilizar diferentes vestimentas e a mimetizar o *habitat* onde desenvolvemos nossas vidas de uma maneira diferente em um lugar ou em outro.

Abaixo da linha do Equador, a natureza é pródiga em cores, com uma variedade infinita delas, que atuam como motivadores da vida natural da humanidade.

Três cores básicas	Três cores secundárias	Doze cores terciárias
Amarelo	Verde Amarelo + Azul	Verde-oliva; Verde-esmeralda; Verde-limão; Turquesa
Vermelho	Laranja Amarelo + Vermelho	Alaranjado; Vermelhão; Carmesim; Púrpura
Azul	Roxo Vermelho + Azul	Azul da Prússia; Lilás; Ameixa; Violeta

Sem querer elaborar estereótipos de personalidade e somente para efeito de ilustração, mencionarei que o psicólogo A. L. Gary afirmava que existia uma correlação entre a cor da íris dos olhos e o caráter das pessoas. Segundo ele:

- **Olhos claros (azuis, cinzentos):** habilidade de refrear ações violentas, são pacientes, agem melhor em ambientes calmos, estáveis e sem pressão.
- **Olhos escuros:** reagem rapidamente a qualquer estímulo, agem melhor em ambientes de tensão, reagem mais rápido diante do caos e mais oportunamente diante de uma emergência.
- **Olhos verdes:** têm maior facilidade para convencer aos outros, dotes naturais para o hipnotismo.

Estes estudos se apoiam na hipótese de que quanto maior a pigmentação, mais rápida é a reação.

A personalidade está intimamente relacionada com a sensação da cor percebida por cada uma das pessoas, seja de forma visual consciente ou pelas relações criadas pelo subconsciente humano.

Pense com que cor você se sente mais identificado. Agora, escreva sua cor preferida:

É ....

Analisaremos mais à frente as relações causais de sua escolha, principalmente entre as existentes no círculo de contraposição de cores: vermelho e verde.

A Emoção, o Cérebro e a Cor

O Sol e a Lua criam a luz e a sombra, desenvolvendo em nossa mente cenários de cores e abstrações que são gerados pelo cérebro através de agentes químicos que acendem e apagam as zonas cerebrais nas quais influem.

O cérebro límbico é o encarregado de enviar as mensagens que são recebidas por um de seus componentes, o tálamo óptico, que se encontra conectado ao sistema ocular. Nele, a retina recebe e transmite os impactos da luz e da sombra, recriando o maravilhoso mundo da cor e das emoções na mente humana.

A informação ou o sinal emocional chegam ao cérebro por meio do tálamo, localizado no cérebro límbico. Este utiliza duas vias de retransmissão, a inconsciente e a consciente.

Através da via rápida ou curta ou inconsciente os sinais de entrada vão do tálamo às amígdalas cerebrais que geram a reação inconsciente, imediata e intuitiva. Por exemplo, ao ver um limão reagimos: amarelo, ácido, fruta, condimento.

A via longa ou mais lenta de comunicação é aquela na qual os sinais de entrada ingressam no tálamo e este os envia para o córtex, para que através do raciocínio se elaborem as reações ou respostas conscientes.

Ao ver o mesmo limão no escuro ou com luz violeta, nosso raciocínio decodifica que algo não está funcionando normalmente, de forma intuitiva. E o vemos branco, o que nos dificulta no relacionamento com ácido, fruta e condimento, apesar de continuar sendo um limão.

Nas palavras do pesquisador da emoção, o Dr. Joseph LeDoux, da Universidade de Nova York, as emoções seriam como as cores, pois já vimos que existe um conjunto de cores básicas ou primárias (azul, vermelho e amarelo), secundárias (verde, laranja e violeta) e terciárias que geram um espectro muito amplo de combinações complexas que surgem da mistura de cores entre si.

Para citar um caso simples, mesmo que para você tenha passado despercebido, ao usar o seu PC, na paleta de cores do "PowerPoint" você tem disponíveis 150 combinações de cores, mas também não percebeu que ao ligar o seu PC, ele dispõe de 256 pixels, ou cores. Mas como você não viu? Claro que, agora que sabe, com certeza o verá. Será que você duvida?

Levemos em consideração que as vias neuronais do sistema límbico que se comunicam com o córtex cerebral tenham sido danificadas ou bloqueadas. O cérebro não poderá registrar as emoções da razão.

Simbolismos e Outros "Ismos" das Cores

A evolução científica do fim do segundo milênio atirou pela janela muitos conceitos provenientes da Antiguidade em campos tais como os da matemática, física e também da medicina em geral. Entretanto, é notável e muitas vezes assombroso observar como trabalhos que se iniciaram a partir de enfoques eminentemente empíricos há milhares de anos em matéria de sabores, cheiros, música ou cores, ao serem analisados hoje sob a ótica das novas tecnologias, ao invés de serem "derrubados" são reafirmados.

Já na época medieval, a humanidade usava as cores com o propósito de incrementar o sentimento, o que ficava claro nos escudos que utilizava como símbolos indicadores de poder.

O escudo era sua marca e imagem. Era um sinal para as hordas adversárias, os desenhos e cores tinham um significado, seriam como o website do Terceiro Milênio, mas com uma grande diferença: na página da Internet que cada empresa ou pessoa desenvolve, não levamos em consideração na hora de desenvolvê-la o impacto que cada cor ou cada desenho produzem na mente humana.

Por que será?

Existe uma mistura de situações ou falácias a se considerar.

- O escudo ou imagem institucional não é visto permanentemente. Claro, acreditamos que não é visto, porque é virtual. Está em um website e não nos damos conta de que esta imagem agora está sendo vista no mundo inteiro. É ridículo mas é verdade. O ódio não é visto.

- Quem elabora os websites são, na maior parte das vezes, pessoas jovens com conhecimentos técnicos de sistema mas que não têm a experiência necessária. E por acaso quem desenvolvia os escudos de família tinha experiência? Indubitavelmente sim, pois era um ofício que se transmitia de geração a geração. E assim acumulavam experiência e transmitiam sentimentos. Enquanto que nos anos 2000 ainda não nos demos conta de que o website é nosso escudo.

- Os artesãos dedicados à heráldica levavam muito em consideração o significado das cores enquanto que os artesãos de websites sabem apenas de técnicas padronizadas de iconografia pré-enlatadas em bibliotecas de padrões e paletas de cores. Geralmente, a maioria além disso desconhece as técnicas de desenho e desconhece mais ainda o significado e o impacto das cores complementares e opostas.

Apenas para validar isso, quero lembrar que o escudo de uma família da Antiguidade continha sua linhagem, orgulho, honra, estirpe, suas glórias ou triunfo de armas, esforços e sacrifícios. Em suma, a identidade com a qual queria ser representada socialmente.

A heráldica era a ciência dos brasões. Os escudos eram utilizados para diferenciar classes e hierarquias. Também possuíam regras de construção, mais especificamente quanto ao significado das cores. O leitor poderá observar que não estou dizendo nada de novo. Eu poderia também acrescentar que desde a Antiguidade mostramos nossas imagens, utilizando desenhos de plantas, animais ou outros objetos criados pela própria humanidade.

Eu, por exemplo, nasci em Madri, Espanha. O símbolo de Madri é um urso e uma árvore. Por trás dessas duas figuras existe uma legenda. Se você for curioso, por favor faça a pergunta, pois, caso contrário, ela se perde... continue jogando.

A bandeira espanhola também tem em sua história uma revolução que troca suas cores, mas não a essência de seu sentimento.

NEUROMARKETING

Escrever este item me fez procurar os estudos de heráldica e genealogia sobre meus sobrenomes. A seguir, descreverei brevemente os significados.

Malfitano: origem italiana, 1580, Barão de Casabona.

Brasão de armas: Dourado com ornamentos vermelhos, inclui dois leões rampantes contrapostos e uma armadura com três plumas prateadas.

O dourado representa generosidade e alto poder; o vermelho nos leões e os ornamentos vermelhos denotam força militar.

Cayuela: Origem espanhola, escudo apoiado em um fundo prateado com um leão rampante ao natural, com oito castelos de ouro. Inclui três plumas de avestruz.

O fundo prateado denota pureza, paz, limpeza e sinceridade.

Reconheço, e você irá observar que no meu próximo website, que vou manter uma tradição que havia sido esquecida. Mesmo assim, os dois quadros, com o conteúdo e os desenhos dos quais lhes falei, estão pendurados na sala da minha casa. Eu os vejo diariamente e quase não os considerei ao fazer meu website.

A cor contribuiu para a expressão das palavras com significados visuais, dando luz a objetos e agregando significados.

Algum motivo existe para que o sonho da alquimia fosse obter a pedra filosofal, para a transmutação do metal ordinário em ouro.

A Cor e o Ciclo de Vida

Aristóteles classificava os níveis humanos de acordo com a idade, estabelecendo-se desde a Antiguidade as bases de segmentação que as mudanças sociais podem ter modificado. Vejamos como eram:

- 0 a 20 anos: infância, crescimento, **cor vermelha.**
- 20 a 42 anos: juventude plena, **cor verde, falta amadurecer.**
- 42 a 63 anos: maturidade ou época crítica, **cor amarela.**
- De 63 em diante: velhice, **cor azul.**

Infância: cor vermelha, vida humana, intuição, emoção, crescimento, paixão com pouca razão.

Juventude: cor verde, esperança, porvir, provocação, adolescência.

Maturidade: cor amarela, sociabilidade, otimismo, construtivo, fonte de energia, intelectual, pés no chão.

Velhice: cor azul, imortalidade, inteligência, descanso, transparência, clareza, calma, disciplina, moderação; sabedoria, acima de tudo.

O Ciclo da Cor	
Infância	**Juventude**
Cor vermelha	Cor verde
Maturidade	**Velhice**
Cor amarela	Cor azul

Mesmo sem definir com certeza, tenho a intuição de que muitas dessas afirmações ainda estão vigentes. O que é importante, mesmo que ainda não esteja totalmente validado, é que:

- As cores causam diferentes influências nas pessoas.
- A recepção das cores através do sistema visual nos provoca emoções ou sensações da mesma forma que escutar música nos provoca sensações através do ouvido.
- Por influência da cor, sentimentos tão diferentes quanto tristeza ou alegria, calma ou agressividade, cólera ou agitação surgem ou são desfeitos e, definitivamente, as cores modificam o estado de espírito.

Tenho a seguinte inquietação: se o produto entra pelos olhos, não caberia nos perguntarmos como as cores são percebidas pelos diferentes perfis de personalidade? Ou, dito de outra maneira, como as cores, em termos gerais, podem influenciar ou representar sensações diferentes e influenciar na nossa tomada de decisões emocionais?

Talvez, através das generalizações, obtenhamos algumas particularidades úteis, como teria dito Diego Torres...

"Sei o que existe nos teus olhos, apenas por olhar. Que estás cansado de andar, e de andar e caminhar em um mesmo lugar. Sei que as janelas podem se abrir, mudar o ar. Depende de ti. Irá te ajudar, vale a pena mais uma vez. Saber que pode se querer e que se possa tirar os medos, tirá-los para fora, **pintar-se a cara com a cor da esperança**. Tentar o futuro com o coração..."

E me resta uma pergunta: de que cor é a esperança?

De que cor se pintaria a cara? ...

.... Por favor escreva aqui.

Agora está claro para mim, sem recorrer a qualquer adivinho, nem mesmo às ciganas. Posso lhe dizer que, com relação aos estudos fisiológicos e psicológicos realizados nos últimos mil anos, estou quase seguro de que a cor que você escreveu na pergunta anterior é uma das quais detalharei a seguir.

Por acaso você achou que eu era adivinho?

Mas devo esclarecer que a cor que você escolheu para você mesmo representa algo muito importante. A esperança, agora, graças a você, tem uma cor. E isso tem a ver com a sua personalidade, ou seja, com a sua forma de ser, fazer, estar e sentir.

Visões sobre o significado das cores

Já foi dito por Calderón (de la Barca): "na vida tudo é sonho e os sonhos, sonhos são". Mas você sonha em branco e preto ou em cores? Por acaso isso tem algum significado? Claro. Mas sigamos jogando. Você se lembra do vejo, vejo...

O que você vê?

Uma coisa...

De que cor é?

É...

A Cor Vermelha em Geral

É a primeira cor do espectro. Junto com o amarelo e o azul, forma as três cores primárias básicas.

Possui um grande valor de atração para qualquer paleta de um pintor. É a cor que gruda mais violentamente na retina. É uma cor daquelas chamadas cálidas ou quentes. É neutralizada pelo verde.

Uma cor positiva, de vida intensa, de grande fogo interior, vitalidade, ação, qualidades energéticas.

Outras variantes do vermelho ou "russo" ou rubro: escarlate, carmesim, vermelhão, púrpura, colorado, encarnado e bordô.

A cor vermelha e os ciclos

- A cor da vida.
- A cor do ciclo animal.
- A cor do ciclo humano.

Relações com a cor vermelha

- Gerais: fogo, combustão, inferno, luxúria, egoísmo, satanás, o diabo, Lúcifer.
- Mitológicas: Baco, **Marte** (deus da Guerra).
- Astrais: **planeta Marte**, planeta vermelho.
- Zodiacais: signos de fogo: Leão, Sagitário e Áries.
- Guerreiros da Antiguidade.
- Personalidades: Eric, o Vermelho, Chapeuzinho Vermelho.
- Alimentícias: alimentos energéticos.
- Alho, cebola, chicória, pimenta.
- Vitamina A.

O perfil e as características da cor vermelha

- Sentir.
- Paixão.
- Não-racional.
- Individual.
- Emoções: as legítimas.
- Sentimentos: os faz visíveis e os explora.

- Como se fosse a intuição do pressentimento.
- Ira, fúria, coragem, prepotência, valentia, atrevimento, cólera, fanatismo, crueldade, amor violento, não reflexão, comando, exigência, violência, militarismo, martírio, altruísmo, sacrifício, medo.
- Sexualidade masculina da Antiguidade. Daí vem: "os homens são de Marte e as mulheres são de Vênus".
- Pessoa sanguínea, propensa à sangria, colérica.
- Aumento da tensão muscular, provocante, excitante, incita controvérsia, a luta, a guerra.
- Chama atenção. Cor pouco discreta.
- Alimentos energéticos como amido, gordura e açúcar natural são produtores de raios vermelhos: ricos em vitaminas.

A utilização da cor vermelha

- Avisos luminosos, sinalizações de perigo.
- Escudos, bandeiras (mais de 70% das bandeiras nacionais dos países têm a cor vermelha).
- Roupa de personalidades (cardeais, guardas reais).
- Intimidade (luz vermelha, decorações vermelhas).
- Batons, maquiagem, esmaltes de unha.
- Cruz Vermelha, socorro internacional.
- Utilizada nas salas de cinema e teatro.
- Contra a inveja.
- Pouca utilização no *habitat* humano. Em geral se utilizam suas variedades de tonalidades rosadas.
- Não recomendada para ambientes de trabalho porque fomenta discussões e incrementa as reações emotivas.
- Recomendada em restaurantes para que as pessoas comam mais.

A cor vermelha, o planejamento estratégico e as decisões

- Presente nos julgamentos complexos de difícil avaliação, como, por exemplo: pressentimentos, intuições, sensações e preferências.

- Percepção inicial.
- Propicia a decisão do ponto de vista emocional (subjetivo).
- Pano de fundo de medo, ódio, ira, suspeita, ciúme e amor.
- Discernimento súbito.
- Toda decisão correta deveria ser, em última instância, emocional.

Patologias da cor vermelha

- As vibrações de cor vermelha, usadas em ambientes onde se encontram pessoas doentes, poderiam ser boas para as pessoas acometidas de anemia, esgotamento, debilidade mental, cansaço cerebral, dores reumáticas, resfriados, congestão, úlceras ou enfermidades vinculadas aos ouvidos.
- Os raios vermelhos contribuem para a ativação da cicatrização de feridas.

O vermelho e os outros reinos

- *No reino vegetal:* muito pouca influência. Rosas vermelhas, flor de saibro, estrela-federal, irupê (verde e vermelha).
- *No reino animal:* muito poucos animais de cor vermelha, alguns peixes e borboletas. Toques de diferenciação em aves, como o flamingo, o beija-flor e o pica-pau. Cobra-coral, formigas vermelhas e renas corais são algumas raridades. Ao utilizar lâmpadas infravermelhas nos comedouros de galinhas e frangos, observa-se que estas aves comem em maior quantidade e que as galinhas põem mais ovos.
- *No reino humano e no marketing da vida:* a cor vermelha é mais utilizada pela mulher do que pelo homem. A mulher parece conhecer e entender muito bem os significados das cores e sua relação com as emoções.

Ele é de Marte, ela o atrai com maquiagem e roupas de cor vermelha. Ele então desenvolve seu instinto. Ela utilizou sua criatividade para ativar as emoções e paixões. Ele tomará as decisões sem pensar. Não resta dúvida de que a natureza é sábia, e a mulher também.

A Cor Amarela em Geral

É a terceira cor do espectro, junto com o vermelho e o azul. Em estado de saturação é a cor mais brilhante, identificada com o calor e como fonte de energia é uma cor daquelas denominadas primárias.

É a cor de mais rápida percepção para o olho humano

Sua saturação representa o ouro. É uma cor das chamadas quentes.

Outras variantes do nome amarelo

Gelb (alemão), yellow (inglês), jaune (francês), amarillus (latim), âmbar (árabe), giallo (italiano).

O amarelo e os ciclos

- Ciclo primaveril.
- Ciclo amarelo, verdolengo e marrom outonal.
- Cor da alegria.

Relações com a cor amarela

- Gerais: aurora, auréola, halo de glória, tipo de raça.
- Mitológicas: sem relação.
- Astrais: Sol, centro do universo, luz brilhante.
- Zodiacais: signos de **Terra**, Touro, Virgem e Capricórnio.
- Personalidades: Judas Iscariotes.
    - China: imperador, "o mais luminoso", o filho do céu.
    - Incas: filho do Sol.
- Alimentícias:
    - Cor dos alimentos que contêm nitrogênio (albuminas animais e vegetais) como o pão, massas de glúten.
    - Relembra a bile.
    - Sinal da presença das vitaminas A e C, também sinal de ferro.
    - Limão-galego, pera, banana.
    - Trigo, centeio, cevada e seus derivados em bebidas como a cerveja.

O perfil e as características da cor amarela

- Visão: brilho e luz.
- Ação.
- Ambivalências.
- Sociabilidade, desprezo. Na Antiguidade, traição, sinal de covardia.
- Positivo, otimismo, construtivo.
- Representa a areia e a terra.
- Idealismo, filósofo, intelectual.
- Vinculado ao xamanismo.
- Alegria de viver, caráter extrovertido, bondoso e brincalhão.
- Propenso ao humor.
- Espiritualidade e juventude.
- Melhor visibilidade tanto de dia quanto de noite.
- Atrai objetos e por esfregaço produz eletricidade.
- Harmonia espiritual.
- Tranquilidade.
- Equilíbrio.
- Sentido de economia.
- Qualidades de investigação.
- Necessidade de ser amado.
- Mistura de curiosidade, prazer e cobiça.
- Desejo de fazer com que as coisas aconteçam.

Utilização do amarelo

- Para diminuir a cor vermelha.
- Absorve o frio do azul.
- Vestimenta do imperador, cor de ouro.
- No cabelo, é de vital importância para o tom das tinturas louras.
- Cor muito útil na sinalização.
- Cor adequada para as bolas de tênis, futebol, rúgbi.

- Elementos que se identifiquem com a segurança própria e das pessoas.
- Lembrança de férias.
- Para fazer algo que se realize, para promover a ação e o movimento.

O amarelo no planejamento estratégico e nas decisões
- Geração, construção e avaliação de propostas positivas.
- Aspectos geradores e construtivos do pensamento.
- Faz com que algo se realize, faz com que as coisas aconteçam.
- Predisposições para ações positivas.
- Cobre desde os aspectos lógicos e práticos até os sonhos e visões.
- Lembrar que o excesso de otimismo conduz ao fracasso.
- Quem alcança o êxito são os alquimistas, que possuem a porção exata para alcançar o equilíbrio entre o negro e o verde, ou seja, entre a ameaça e a oportunidade.
- **Não se responsabiliza pela criação de novas ideias, isso corresponde ao verde.**

Patologias do amarelo
- Os raios amarelos contribuem para a melhor quantidade de glóbulos vermelhos.
- Sentimento de doença.
- Estimulante psíquico.
- Aumento de peso.
- Ajuda a curar as feridas.
- Previne o enjoo.
- Não ressalta a beleza de pessoas de pele muito clara e cabelos louros.
- As vibrações da cor amarela contribuem para a harmonia celular.
- Acalma os nervos e provoca otimismo.

O amarelo e outros reinos
- *No reino vegetal:* ciclo de renovação e crescimento.

- *No reino humano e no marketing da vida:* deveríamos utilizá-lo mais, pois é a cor de maior impacto para a retina humana. Além do mais, promove a ação... positiva...

A Cor Azul em Geral

Ambiente, céu, teto por cima de tudo. Simboliza o melhor (prêmio faixa azul de...). É uma cor das denominadas frias. Também é uma **cor primária.** Contrasta com a cor laranja, que é composta pelos seus opostos: o vermelho e o amarelo. Quando unida ao amarelo primário, dá origem à cor verde e suas variações. Unida à cor primária vermelha nos dá o violeta e suas variações frias.

Outras variantes de azul

Cyan (azul-esverdeado), anil, azul índio, índigo (corante sintético do grupo Basf), caellum (latim), kuanes (grego), lazaward (árabe), balaúde (germânico), bleu (francês), tovi (guarani).

Relações com a cor azul
- Gerais: sinônimo de sucesso e prêmio ao vencedor.
- Mitológicas: Júpiter.
- Astrais: céu.
- Zodiacais: signos de **ar**: Gêmeos, Libra, Aquário.
- Personalidade: a nobreza sangue-azul.
- Alimentícias: vitamina C.

O perfil e as características da cor azul
- Ambiguidade.
- Características femininas da Antiguidade.
- Imortalidade.
- Inteligência.
- Nobreza (sangue-azul).
- Calma, frescor, clareza e transparência.
- Apaziguamento.

- Descanso da vista.
- Preferida por pessoas que apreciam e necessitam de laços afetivos.
- Disciplina.
- Moderação.

Utilização do azul
- Organização e controle do pensamento.
- Identificação da vitamina C.
- Cor masculina da atualidade.
- Uso geral para a escrita.
- Uniformes: polícia e Aeronáutica.
- Denota autoridade e controle.
- França: cor específica.
- Renega a vitalidade corporal e mental.
- Aqueles que usam azul são bons mediadores.
- Focalizados no futuro mas com bases fortes.
- Medicina preventiva.
- A luz azul diminui a tensão muscular e a tensão nervosa.
- Adequado para evitar discussões.
- Ideal para conciliação.

O azul no planejamento estratégico e nas decisões
- Pensar ou pensar.
- Desenvolve metodologias.
- Indagar e controlar.
- Monitorar.
- Determinar o foco de atenção.
- Controle, andamento e precisão.
- A diferença entre um bom e um mau pensador é uma questão de enfoque, ou seja, de cor azul.
- Avaliação e controle.

Patologias do azul

As vibrações das tonalidades azuis influenciam as:

- Palpitações.
- Inflamações.
- Hemorragias.
- Torções.
- Leve ajuda no tratamento do câncer.
- Cianótico, falta de oxigênio no sangue.
- Pode levar à melancolia.
- Freia crises de agitação.
- Acalma a insônia.
- *Habitat* adequado para doentes mentais.

A cor azul no marketing da vida

Brilha por sua ausência no reino vegetal e animal.

No reino humano, o homem se veste de azul. Na mulher os uniformes dessa cor produzem uma sensação de atração e motivação fatal. Ela, entretanto, se veste de azul quando tem que controlá-lo. Nesse momento, é precisa e contundente. Seu enfoque não falha, e ele acaba pedindo desculpas pela falta cometida, pois ela sempre o pega em falta.

A Cor Verde em Geral

Deriva de cloros – *khloros* (verde) *phyllon* (folha), *viridis* (grego).

É uma cor ambivalente, que absorve a energia solar através das folhas e dos ramos, gerando uma substância que dá vida às plantas. Representa a cor da vida.

A cor complementar do verde é o vermelho, pois não faz parte da sua composição. Além disso, o vermelho é o seu contraste ideal.

É a quarta cor do espectro solar. É constituída pela cor quente amarela e pela cor fria azul. Daí vem sua ambivalência, pois pode representar a vida verde da primavera ou o outono; representa a visão do futuro.

Outras variantes do verde

Viridis (latim), *geldgrau* (verde militar germânico), *green* (inglês), *green erin* (Irlanda).

O verde e os ciclos

- Cor do ciclo vegetal.
- Ciclo primaveril.
- Ciclo da fertilidade.

Relações com a cor verde

- Gerais: camuflagem.
- Mitológicas: Osíris.
- Astrais: Vênus (segundo os romanos).
- Zodiacais: signos de água (Câncer, Escorpião e Peixes).
- Personalidades: profeta Maomé.
- Alimentícias: todos os vegetais.

O perfil e as características da cor verde

- Fertilidade e crescimento.
- Mundo réptil.
- Muito além do conhecido.

Ambivalências

- O porvir, esperança, juventude, renovação, proteção, vida, benevolência, provocação, exploração.
- Materialismo.
- Putrefação, repugnância, veneno, olhos de gato, falta de pureza (não é cor primária), cor da homossexualidade na Antiguidade por ser contrária ao vermelho; indecente, fora de época.
- Apazigua, sossega, tranquiliza, procura paciência, paz, indecente, sensação de alívio.
- Sinônimo de férias, grama, vegetação, crescimento, fertilidade, abundância.

Utilização da cor verde

- Arábia: signo da paz.
- Alemanha e Áustria: cor típica para roupas de crianças.
- Grécia: hermafrodita.
- Hermes era representado pela cor azul e Afrodite pelo amarelo.
- Maomé: cor de sua indumentária.
- Protetor da luz solar.
- Efetiva para tudo o que se relaciona com as cores da televisão. A retina a recebe e retém melhor.
- Sala da sorte em teatros.
- Fundo de mesa de jogos (bilhar, cartas, campos de futebol, tênis, etc.).
- Lâmpadas no quarto para proporcionar maior descanso.
- Recomendado em casas de saúde e sanatórios.
- Em sinais de trânsito, indicam via livre para passagem.
- Contraste com a cor vermelha.
- Verde-claro é aceito.
- Verde-escuro em uma parede é rechaçado por 90% das pessoas.

A cor verde no planejamento estratégico e no marketing da vida

- Responsável por estimular, reunir e alimentar ideias.
- Experimentos de pensamento.
- Criação deliberada de novas ideias.
- Caráter e efeito prospectivo, visão de futuro; baseado na capacidade criadora.
- Substitui julgamento por movimento.
- O verde é ação, é uma expressão de atividade.
- Desenvolvimento de novas ideias, fomenta a criatividade e a inovação.

Patologias do verde

- Ambivalente: pode dar um refresco reconfortante ou produzir recaída.

- Recompõe a harmonia das qualidades mentais.
- Sinônimo de descanso.
- Induz à paciência.
- Afeta o sistema nervoso. É reconhecido como sedativo e hipnótico.
- Regulador do ritmo do coração.

O verde e os outros reinos
- *No reino vegetal:* nos minerais, indica a presença de cobre. A malaquita é seu principal expoente, símbolo da natureza.
- *No reino animal:* o vermelho é o oposto do verde.
- *No reino humano e no marketing da vida:* Ela é o oposto. Ela é verde. Ele é o vermelho. Ela é de Vênus. Ele é de Marte. A fertilidade, a criação, a inovação e a intuição sobre o futuro são características inatas dela. Com suas existência, estimula o pensamento dele. Ela é esperança, é renovação, é vida. Tenho uma pergunta: o que aconteceria se os homens se vestissem de verde? Por acaso não é o verde o oposto do vermelho?

A Cor Laranja em Geral

Corresponde à faixa luminosa existente entre a luminosidade do vermelho e do amarelo. Cor complementar de efeito quente.

Outras variantes da cor laranja

Orange (inglês), *narandj* (árabe), *arancia* (italiano).

Relações com a cor laranja
- Gerais: energia.
- Mitológicas: sem dados.
- Astrais: sem dados.
- Zodiacais: outono, signo de Libra.
- Personalidades: sem dados.
- Alimentícias: laranja, tangerina, cenoura.

O perfil e as características da cor laranja
- Efeito estimulante.
- Levanta o ânimo.
- Denota bom humor.
- Provoca alegria, espontaneidade, jovialidade.
- Estímulo.

Utilização da cor laranja
- Pessoas festivas.
- Recomendada em ambientes de pessoas apáticas.
- É muito visível como sinal entre o vermelho e o verde.
- Vestimenta de operários, fácil visibilidade.

Patologias
- Melhora anemias.
- Não aconselhável em pessoas agressivas.
- Facilitadora da digestão.
- Acelera as pulsações.

A Cor Roxa em Geral

É a última cor do espectro solar visível pelo olho (ver longitude das ondas e das cores).

É a terceira cor complementar. Composta pelo vermelho e pelo azul.

Outras variações do roxo

Violeta (variante do vermelho, mas com uma maior quantidade de azul). Mauve ou malva (França), Magenta (cor brilhante da gama do violeta).

O roxo e os ciclos da vida
- Cor da *idade* senil.

Relações com a cor roxa
- Gerais: cor da realeza.

- Mitológicas: às vezes relaciona-se com Júpiter.
- Astrais: Mercúrio.
- Zodiacais: sem referências.
- Personalidades: a Igreja.
- Alimentícias: berinjela.

O perfil e as características da cor roxa

Ambivalências

- Cor séria, digna, pomposa, representativa do poder.
- Cor da dualidade: não representa nem o masculino nem o feminino.
- Cor triste.
- Representa o duelo.
- Desonra, aversão.
- Encanto e dignidade.
- Raro, taciturno, misterioso, humildes, satisfeitas de si mesmo.
- Introvertido, discrição, pudor, sentido crítico.
- Ametista, símbolo de poder.

Utilização da cor roxa

- Bom contraste com o laranja, o amarelo, mas socialmente não aceito.
- Colônias para homens.
- Luzes de teatro como sinal de suspense.
- Luzes noturnas.
- Em avisos gráficos, as letras roxas se sobressaem com fundos laranja ou amarelo.
- Não é conveniente ser usada em combinações com as cores azul, vermelho ou cinza. Em combinação com o verde produz uma sensação estranha, tendendo para o desagradável.
- Em combinação com a cor dourada produz uma sensação de alto impacto e poder.

Patologias
- Sensação de tristeza, arrependimento, mortificação.

O roxo e os outros reinos
- *No reino vegetal:* violeta (sinônimo de modéstia). Lavanda (perfume agradável), pensamentos, Santa Rita, jacarandá, orquídeas.
- *No reino animal:* brilha por sua ausência.

AS CORES SEM VALOR

O branco, o cinza e o preto não são considerados cores por não aparecerem na escala cromática de decomposição da luz. Ou seja, não estão representados no espectro solar.

Não obstante e a título de análise, não podemos deixar de mencionar as sensações que os mesmos produzem na retina humana.

O branco é a **sobreposição** de todas as cores do espectro solar **refletidas**. Não possui qualquer radiação.

O preto, ao contrário, é a **absorção** de todas as radiações. Ou seja, retém todas as radiações das cores do espectro solar.

O cinza, como consequência da mistura das duas cores anteriores, é uma seleção de radiações difusas e retidas em relação à quantidade de um ou outro de seus componentes (branco e preto ou preto e branco).

Também não serão consideradas cores por carecerem de cromaticidade, mas dispõem de um valor importantíssimo na escala da vida humana. Estes tons de claro e escuro têm seus próprios significados cotidianos. Vejamos a seguir quais são eles.

O BRANCO EM GERAL

O branco é a consideração do incolor. É a adição de todas as cores. Seu contraste é o preto, que é a subtração total de luz. **O branco é neutro e frio.**

Outras variantes do branco
Weiss (alemão), *white* (inglês).

Os esquimós reconhecem até 21 variantes de branco.
Branco de prata, de zinco, de titânio.

Relações com o branco
- Gerais: nobreza.
- Mitológicas: sem dados.
- Astrais: Lua.
- Zodiacais: sem dados.
- Personalidades: o Papa.
- Alimentícias: ovos.

O perfil e as características do branco
- Sugere luz, resplendor.
- Pureza.
- Identidade dos filósofos e alquimistas até a idade medieval.
- Nobre.
- Espírito sábio.
- O bom, o dia.
- O Yin.
- Neutro, objetivo, computador.
- Fatos concretos.

Utilização do branco
- Em detergentes, sabões e alvejantes de roupa... deixa mais brancos.
- Agrega-se o azul de metileno para melhorar a sensação do branco.
- Afasta o calor.
- Na pintura das casas, faz com que estas fiquem mais frescas.
- Sensação de amplitude no lugar.
- Sinal de paz (ver o desenho que contém as três retículas e uma pomba).
- Suspensão da hostilidade.

- Higiene em geral.
- Indumentária de enfermeiro e cozinheiro.
- Unido ao oxigênio da pasta, branqueia melhor.
- Utilizar e emoldurar a informação, pureza para expressar cifras acreditáveis.
- Livro de endereços para localizar informação.

O branco e o planejamento estratégico nas decisões
- Ideal para o início de um processo de coleta de informação.
- Dá por certo um fato, é confiável.
- Provê o marco de referência para avançar sobre os fatos.
- Suporte de informações necessárias para a tomada de decisão.

Os fatos são realidades. O branco adverte que o nível de crença em um fato significa apenas alguma coisa em que se acredita.

As pessoas acreditam em seus sentidos e o branco expõe objetivamente esta crença. Eu... acredito no que vejo, então opino sobre esta "realidade"...

Lembremos de que o hipotético é essencial para o pensamento e que os fatos nos quais se acredita são verdadeiros até que alguém demonstre o contrário (método hipotético dedutivo). Nele, a concepção "em geral" é aceita como certa.

Patologias
- Nas roupas começou a ser substituído por razões psicológicas pelo azul e pelo verde.

O branco e outros reinos
- *No reino vegetal: Edelweiss* (branco nobre), lírios, açucenas.
- *No reino animal:* pomba da paz.
- *No reino humano:* Ela se veste de branco quando se casa, manifestando sua pureza. Ele, ao contrário, veste preto.

Ela o conquistou vestida de preto e ele, como ia ser conquistado, utilizou o oposto, não importava a cor.

O Preto em Geral

A mistura das três cores básicas (azul, vermelho e amarelo) dá como resultado o preto.

Negação da cor, escuridão, tristeza.

É a não-percepção da luz.

Expressa o negativo.

Outras variantes de preto

Black (inglês).

O preto e os ciclos

- Representa o final, ou seja, a morte.

Relações com a cor preta

- Gerais: temor e morte.
- Mitológicas: Saturno.
- Astrais: Saturno (planeta maléfico).
- Zodiacais: sem dados.
- Personalidade: Satanás.
- Alimentícias: não recomendável.

O perfil e as características do preto

- Ameaça.
- Cegueira, escuridão.
- Dragão negro dos filósofos.
- Cor tenebrosa.
- Corvo negro.
- Luto, tristeza, morte.
- Mercado negro, tráfico negreiro, lista-negra.
- O bruxo e a bruxa.
- Putrefação.
- Dor, sinistro, miséria, desgraça, corrupção.

- Respeito, cerimônia.
- O mal.
- A noite.
- O Yang.
- Ofícios funerais.
- Representa o incorreto, o errôneo, algo que não funciona ou não funcionará.
- Representa o que não pode ser feito.
- Julgamento negativo.
- Põe sobre a mesa os aspectos negativos.
- Advogado do diabo.

Utilização do preto
- Na heráldica, faz-se representado pelo sabre e significa luto.
- Bandeira pirata.
- Aumenta o contraste das cores claras, como o branco e o amarelo.
- Luz negra para perceber o branco.
- Contraste em casamentos, onde a noiva é a brancura.
- Não se utiliza preto em embalagens de produtos.
- Pouca aceitação em embalagens. Entretanto, parece que a mulher é um tipo de "produto" diferente, pois quando se veste de preto...
- Deve-se pensar nesta cor depois de se pensar em amarelo.
- Põe à prova o pensamento do chapéu branco.

A cor negra e o planejamento estratégico na tomada de decisões
- Assinala riscos, perigos e problemas potenciais.
- Em termos de futuro, deve ser especulativa.
- Formula perguntas negativas.
- Sua função é reconhecer o perigo e apresentar uma resposta.
- Não se incumbe de resolver o problema, apenas de assinalá-lo.
- Deve-se ocupar apenas do pensamento negativo e não deve atacar as ideias do outro e nem provar seu equívoco.

Em síntese, a luz e a cor são maravilhosas, fazendo-nos ver a vida de diferentes maneiras. Descobrimos e designamos diferentes valores aos diferentes objetos que nos acompanham nos afazeres de todos os dias.

Cada uma das cores tem uma história, acompanhada de uma tradição e de um significado que, em geral, perduraram através do tempo. Cabe a nós aceitar, modificar ou desafiar os significados que eles têm para o olho e para a psique humana.

Recomendamos que você tenha ao alcance das mãos a visão da magia da cor, no momento em que tiver que gerar ações referentes para **pintar a sua ...**

- Vida Pessoal:
    - O dia a dia. De que cor você o pintaria?
    - Cara lavada ou maquiada?
    - Cor de cabelo (louro, ruivo ou negro)?
- Moradia e Decoração:
    - Apartamento ou casa?
    - Cidade ou campo?
    - Escritório?
    - Negócio?
- Indústria ou Serviços:
    - O ambiente de trabalho.
    - Segurança e trabalho.
    - Cuidado com a saúde.
    - Cosmetologia.
    - *Packaging*.
    - Folhetos.
    - Publicidade em geral.
    - Gráfica em particular.
    - Televisão.
    - *Website*.
- Vida Social:
    - Indumentária de noite.
    - Indumentária de dia.

- Cor da moda.
- Cor de ocasião segundo as regras.

Leve em consideração que a astrologia, a física, a química e a história deram seu veredicto. Os códigos das cores com sua harmonia e seu contraste formam uma parte desta história dos amantes da cor.

Se você compreende o significado da luz e o impacto que esta estabelece na mente humana, quem sabe poderá encontrar um novo valor no Neuromarketing das cores.

Lembre-se de que *no creo en las brujas, pero que las hay, las hay* e sempre as vemos de vestimentas negras, ou por acaso você já viu alguma bruxa vestida de branco?

Se você é maldoso, deve ter imaginado uma noiva quando ela era uma mulher jovem, antes de se converter em..., não seja mau. Pense que primeiro ela foi uma deusa.

As cores possuem algum valor em denominador comum com as pessoas?

As cores nos ajudam a decidir?

Como as cores ajudam a dirigir a atenção?

Realmente dirigem a atenção?

Em que momento convém usar cada cor?

As cores possuem grande significado em nossa vida, por isso despeço-me de vocês neste módulo com algo que representa muito para todos.

Tchau e até breve!

Com amor...

Preciso dizer que cor se aplica aqui?

É cinza, mas todos nós vemos como vermelho.

Além do mais, produz um grande impacto visual e sensorial.

A Magia do Neuromarketing Auditivo

A Voz e a Música

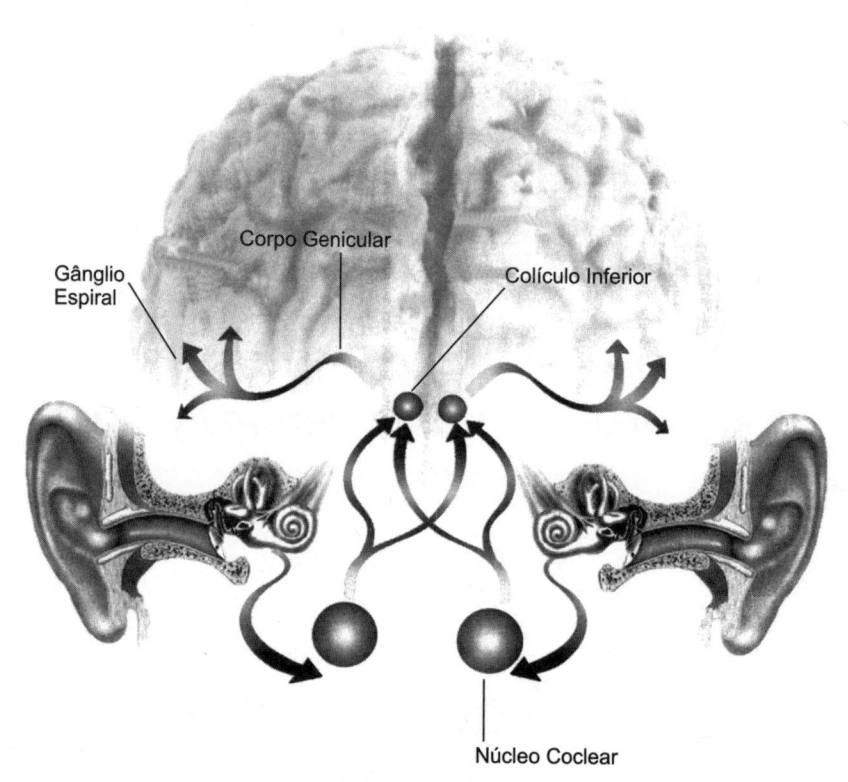

Detalhes das vias neurais que conduzem a informação auditiva às distintas zonas do cérebro. Observa-se o caminho do ingresso da informação do ouvido direito ao hemisfério esquerdo e do ouvido esquerdo ao hemisfério direito do cérebro.

A Voz, a Música e a Inteligência Musical

Para o desenvolvimento do presente módulo, vamos nos centrar na análise das seguintes partes ou zonas do cérebro:

- Área de Wernick: aí se localiza a compreensão da linguagem.
- Área de Broca: o centro da fala, o responsável cerebral pela produção e pelo uso da fala.
- Área de associação auditiva: local de processamento da informação auditiva complexa.

A voz humana é o mais perfeito dos instrumentos musicais. O canto é o som de um instrumento e os sons dos instrumentos não são mais do que vozes incapazes de articular palavras.

A música é considerada como a arte de mover o ânimo para despertar a comunicação ou determinados sentimentos por meio de vibrações sonoras (voz humana ou instrumentos musicais), submetidas a ritmo e proporção, segundo as leis da melodia e da harmonia.

A voz humana contém todos os elementos constitutivos do canto. É a forma inicial da música. O tom de cada frase é tão importante para expressão quanto as próprias palavras.

Não existe nada mais sutil para as escalas musicais do que a palavra em seu:

- Ritmo.
- Tonalidade.
- Timbre.

Nada se presta melhor às condições sensoriais dos nossos ouvidos. Os instrumentos musicais podem mudar de escala até o infinito, aumentar a intensidade dos sons ou estender a escala de tons e reforçá-la, com harmonias mais ou menos numerosas, mas a voz será sempre para o ouvido humano o agente natural de excitação, o elemento preferido que o fará vibrar facilmente em uníssono.

Os sentimentos agradáveis ou desagradáveis têm em comum a excitação que acontece no sistema muscular e tendem a gerar a ação. Mas também devemos considerar que a emoção, além de certos limites, produz um efeito depressivo, ou exerce uma ação inibidora. Podemos afirmar que existe uma relação imediata entre os sentimentos e os movimentos.

O princípio da atividade reflexa concorda com o conceito que agrupa os fenômenos psicológicos ao redor da estesia e da cinesia, sendo estas as formas evolutivas de duas das funções biológicas elementares, assim como são a sensação e o movimento.

T. Ribot, psicólogo de origem francesa, utilizava como base da "vida psíquica" o que poderia ser reduzido fundamentalmente a duas funções: sentir e agir.

O que é concreto e real é que desde há mais de um século podemos afirmar que toda excitação sensorial ou psíquica tende a ser traduzida por uma reação motora, por um movimento ativo ou potencial.

Mas, como e por que aparece a música?

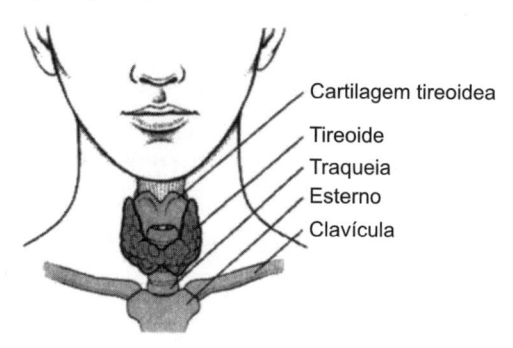

Cartilagem tireoidea
Tireoide
Traqueia
Esterno
Clavícula

Toda música é vocal em sua origem, e todos os sons da voz são produzidos de forma combinada pelos músculos que constituem o **sistema de fonação**. Estes **grupos musculares,** como quaisquer outros músculos, **entram em ação ao serem excitados.**

A excitação é produzida pelos estimulantes psicológicos inerentes às situações de prazer ou dor, assim como a todos os estados afetivos e sentimentais.

"O sistema nervoso central (SNC) é o núcleo ou comando central, que promove a ação através da geração dos 'neurotransmissores', que excitam diferentes órgãos e músculos. É então que os estados psíquicos se traduzem ou se expressam por sons da laringe e/ou movimentos corporais."

É por isso que podemos asseverar que:

"*A música é uma manifestação do movimento*".

- O gato mia e sacode o rabo.
- O leão ruge quando está furioso... e também açoita seus flancos com a cauda.
- O cachorro salta e late quando está feliz.
- O pássaro canta e bate as asas.
- Nós, seres humanos, expressamos a dor e a alegria com gestos e contorções, unimos gritos e gemidos, sons de gozo ou soluço...

A análise da história da humanidade nos mostrou que o valor primitivo das inflexões musicais é um modo de expressão dos sentimentos. Assim, quando um sentimento comove uma multidão, o grito coletivo é uma das reações comuns de entusiasmo ou de cólera. E também podemos observar ao mesmo tempo braços se agitando ou mãos que golpeiam em forma de aplauso. O que é certo é que sentimos que o mundo não está surdo aos sentimentos, e faz eco das emoções que gera.

A voz é um gesto. A palavra em si é uma simples voz articulada. Integra uma linha direta com o gesto. Uma é a expressão do outro.

O gesto, depois de uma longa evolução, pode ser escutado e interpretado. Vejamos algumas etapas lógicas desta evolução:

- Movimento mímico.
- Fonação reflexa emotiva.
- Fonação onomatopeica e de imitação.
- Fonação articulada demonstrativa simples.
- Fonação articulada demonstrativa complexa.

Tudo funciona harmonicamente. Os músculos põem em movimento o tórax, a laringe, as cordas vocais e todos, como parte de uma mesma equipe, se contraem, ao mesmo tempo, em proporção ao sentimento. Uns aportam o ar necessário, outros acrescentam as vibrações sonoras, mas todos trabalham em harmonia, denotando a inteligência musical do maestro conhecido como "cérebro".

Em síntese, as variações da voz podem ser consideradas como um dos efeitos fisiológicos da variação dos sentimentos. Então, a razão do variado poder expressivo da voz se encontra na mesma relação que existe entre as reações musculares e a diversidade dos estados psicológicos, ou estados de ânimo.

As diferentes particularidades da voz e sua vinculação com os sentimentos podem ser examinadas através de vários elementos. Observemos a seguir alguns deles:

Esplendor: a reação existente entre os pulmões e o aparelho fonador é a mesma que existe entre o fole de um órgão e seus tubos.

O esplendor aumenta com a força do fole e, em igual medida, o esplendor da voz humana se incrementa com a força que sai sob a forma de ar a partir dos pulmões.

A força do ar depende da ação de certos músculos, que, ao se contraírem, emanam o ar em relação direta com a intensidade dos sentimentos que nos agitam. Poderíamos então asseverar que:

"Um som esplêndido é o resultado de um estado de ânimo emotivo".

Ao escutar certos sons, damo-nos conta se são de cólera ou de alegria. O silêncio acompanha a indiferença sentimental. **O esplendor da voz aumenta em razão direta com os sentimentos ou emoções, sejam estes agradáveis ou penosos.**

O **timbre**, ou qualidade da voz, varia de acordo com os estados psicológicos. Estes podem traduzir-se, dado que, em termos gerais, a voz ordinária geralmente é fraca; a entonação se faz mais sonora quando o espírito se exalta e aumenta mais ainda com as grandes emoções.

O aumento do timbre da voz sempre corresponde a aumentos da atividade muscular. Ou seja, poderíamos fazer uma correlação direta entre **o timbre da voz normal e os perfis de comportamento do ser humano**, como a seguir:

- O autocrático é sinônimo de voz alta.
- O paternalista é sinônimo de voz carinhosa.
- O democrático é sinônimo de voz normal ou média.

A **amplitude,** ou altura da voz, varia segundo o esforço dos músculos fonéticos, mas essencialmente por influência dos músculos da laringe. Observemos que:

- As notas graves e agudas correspondem a estados de excitação que refletem o caráter sentimental ou emotivo das pessoas.
- As notas médias refletem a alegria.
- O medo sempre vem acompanhado de gritos agudos.

O intervalo, a conversação indiferente e tranquila é uniforme, sem inflexões. Mas o tom da linguagem sentimental, passional ou emocionado admite intervalos maiores. Chame alguém, insista e chame alguém que não o escuta porque está em outro cômodo... escutou a diferença?...

A **cadência da voz**, além de fazer com que compreendamos os sentimentos alheios, tem o poder de transmitir, por empatia, sentimentos semelhantes. Por isso, cada uma das inflexões da voz poderia ser traduzida em "gestos de prazer ou dor".

O mecanismo muscular necessário para expressar uma canção requer, nos diferentes ritmos, que se dominem os diferentes estados de ânimo que atuam sobre os diferentes músculos fonadores para produzir os movimentos necessários.

A palavra, por efeito da tensão psicológica, adquire certo ritmo. Por isso, é fácil detectar os grandes oradores nos momentos grandiosos do discurso.

Portanto, observemos determinadas características, como, por exemplo, a poesia, que é uma espécie de discurso capaz de expressar emoções, revelando em toda a sua evolução esta mesma necessidade de ritmo.

> Os poetas e os compositores são pessoas dotadas de uma sensibilidade e de uma impressionabilidade mais fortes do que a média de seus contemporâneos.

Devemos considerar também que estes se destacam por uma "grande capacidade de se emocionarem" e esta é precisamente uma qualidade necessária para expressar os sentimentos e as paixões através da voz, impressionando e emocionando os outros.

Os grandes mestres, como Shakespeare, deixaram sua marca através de suas composições e dos sentimentos que agitaram sua vida, porque quando fizeram algo não o fizeram para produzir algo, pois viveram e sofreram, mostrando o melhor que a natureza deu à humanidade: o sentimento e a emoção de seu coração palpitante, expressado em suas obras-primas.

Em síntese, a voz humana é um gesto expressado foneticamente. A música é originalmente vocal e nasce das inflexões produzidas pelos sentimentos e pelas emoções sobre a voz humana.

Os elementos que distinguem o canto da linguagem falada pertencem à linguagem natural das emoções. A cadência em seu sentido mais amplo é o comentário dos sentimentos às ideias contidas na fala.

A evolução posterior destes sentimentos determina diferenças bem definidas que separam a linguagem musical da linguagem comum e fazem dela um poderoso meio de expressão dos estados emotivos.

A Inteligência Idiomática

Investigações recentes do professor Joseph Grodzinsky sobre as atividades do cérebro e sua relação na passagem do "pensamento à fala" nos apresentam uma nova surpresa da nossa caixa de ressonância cerebral. Seus estudos, através da ressonância magnética funcional, demonstraram que na área de Broca, o lugar onde se focaliza a linguagem, as perguntas e respostas utilizam zonas diferentes desta área.

Além disso, no caso particular da fala, um habitante da Inglaterra, por exemplo, utiliza zonas do córtex frontal, enquanto um italiano, quando lê, emprega áreas do lóbulo temporal.

> *Com o tempo, então, não me cabe qualquer dúvida. Através da utilização da tecnologia, poderíamos compreender e predizer o comportamento humano, vendo as imagens do cérebro em plena atuação.*

Psicofisiologia da Emoção Musical

A linguagem musical não pode expressar exatamente as ideias. A música provoca emoções, excita a memória, combina o abstrato e o concreto, criando ideias musicais ou séries de estados emotivos.

A música não pode expressar a ideia do amor, ainda que provoque o conjunto de estados sentimentais que só estão associados a ele e a ela, ao amor e à música.

A Música e sua Influência sobre o Organismo Humano

Existem restrições fisiológicas para a emoção musical?

Será que os romanos utilizaram a música como instrumento de emoção e como provocadora de emoções por acaso?

Por que os imperadores romanos eram exímios músicos?

A música, mesmo em sua forma mais simples, como qualquer som musical, determina em nosso organismo dois tipos ou classes de reações, a saber:

- **Diretas ou reflexas:** são reações comuns a toda emoção e variáveis de acordo com a personalidade de cada um e com as condições gerais do organismo no **momento em que atua a excitação musical**.
- **Indiretas:** a excitação musical atua sobre a representação psíquica das emoções musicais.

Cada excitação musical atua e desperta a memória das excitações nos estados emocionais que a criaram. É como um produto da memória musical, que se educou de alguma maneira.

A emoção musical está composta por reações fisiológicas transitórias ou fugazes, semelhantes às que geram as demais emoções.

A música não pode expressar "ideias" em seu sentido exato. A música expressa sentimentos, provoca emoções e excita a memória. Ela não pode expressar a ideia de amor, mas sim provocar um conjunto de sentimentos ou estados sentimentais que estão associados com ele.

A influência da música sobre o ser humano foi destacada pelos poetas e fisiologistas em todas as épocas e durante toda a história: recordemos alguns exemplos:

- Os **egípcios** utilizavam a harpa e a flauta, a lira e o alaúde para expressar seus sentimentos.
- Os **romanos** a utilizaram como elemento de expressão assim como de emoção. Foram muitos os imperadores romanos que se destacaram nesta arte como exímios músicos.

As excitações musicais, como qualquer outra excitação sensorial (tato, visão etc.), determinam um aumento direto nas atividades fisiológicas do organismo. É por isso que a influência da música é um feito comprovado através da história.

As excitações musicais diretas e indiretas determinam no organismo reações funcionais transitórias que caracterizam uma emoção.

Essas reações fisiológicas são comuns a todas as emoções ou existem algumas próprias e específicas das emoções musicais?

- Fisiologicamente, parece que não existem reações funcionais específicas da emoção musical. Trata-se de reações comuns a todas as emoções em geral, determináveis pela música em certas ocasiões.

Quais são as condições psicológicas que atuam como intermediárias dos estados emotivos?

- Para tal fim, devemos levar em consideração as condições gerais de cada personalidade e sua fórmula individual de associação. Dado que a música desperta preferencialmente em cada sujeito centros cerebrais diferentes, geradores de imagens diferentes, não devemos esquecer de que a música excita uma dada memória e associa certos sentimentos, estimulando determinadas atividades.

Mac Dougal, R., em 1893, nos disse que:

> "O poder da música para evocar imagens particularizadas repousa sobre um processo de associação indireta que depende, tanto para sua existência como para seu caráter, do próprio temperamento e dos antecedentes de cada ouvinte".

As excitações musicais chegam do ouvido ao cérebro. Ao entrarem no cérebro, não se limitam somente a excitar ou motivar a memória auditiva, mas também, por inúmeras vias associativas, entram em jogo as imagens sensoriais de todo tipo, que inundam todo o córtex cerebral com um mundo de sensações e vibrações.

As reações das pessoas diante da motivação ou excitação musical são diferentes. Algumas pessoas reagem com movimentos motores. Por exemplo, ao escutar a *"Polonesa Heroica"* entretanto o perfil humano enquadrado no chamado *"intelectual"* dificilmente reage com movimentos. Em sua mente, este perfil não remove resíduos *mnemotécnicos* de movimento ou de afeto, mas apenas de formas superiores de pensamento, transmitindo emoções em uma dimensão diferente do resto.

O processo psicológico da emoção musical depende também das condições de receptividade individual, criadas pela educação pessoal.

Finalmente, poderíamos estabelecer que todas as pessoas sentem as emoções musicais de formas diferentes, ainda que sejam elas submetidas à mesma condição de influência.

A emotividade musical se relaciona com o temperamento e a educação de cada pessoa. Poderíamos resumir dizendo que a música e todos os sons musicais determinam em nosso organismo duas classes de reações:

- As reações diretas ou reflexas, variáveis de acordo com a idiossincrasia de cada pessoa e segundo as condições gerais do organismo, no momento em que atua a excitação ou motivação auditiva.
- As reações indiretas, entre elas a excitação musical, atuam sobre a representação psíquica das emoções musicais. Seu veículo é a associação entre a memória sensorial e a memória dos estados emotivos; a excitação ou motivação atua sobre ela como a palavra falada, sobre a memória das ideias.

FORMA E EVOLUÇÃO DA INTELIGÊNCIA MUSICAL

Diversos são os processos que intervêm na formação da inteligência musical. Vejamos a seguir alguns deles, levando em consideração a aptidão pessoal para perceber as sensações auditivas promovidas pela excitação ou motivação musical.

As Diversas Formas da Memória Musical

Memória da Sensação Musical – MSM	• Atitude de conservação das imagens auditivas
É composta por três processos indispensáveis:	• Poder de reprodução
	• Capacidade de localização
Memória dos Estados Emotivos	Concomitante com as excitações musicais

A Imaginação Musical em suas Duas Formas Essenciais

Imaginação reprodutiva	Aptidão para reproduzir as imagens musicais sem necessidade de perceber as excitações sensoriais. É como uma forma de memória musical.
Imaginação construtiva	É a aptidão para transformar e combinar as imagens sem subordiná-las à memória de sua percepção primitiva. É a fantasia musical que dá origem a uma forma de idealização musical.

A Idealização Musical

É a coordenação ou série de estados emotivos que se associam a uma ideia-força mediante a **educação**	É composta por três processos	**A concepção musical:** aptidão das pessoas para comparar, associar e abstrair os componentes da música e seus estados representativos.
		O julgamento musical: capacidade ou destreza das pessoas para perceber e interpretar as relações de afinidade, diferença, quantidade e identidade entre estes elementos.
		A lógica musical: aptidão para coordenar, subordinar e relacionar os elementos técnicos e psicológicos da linguagem musical, da mesma maneira que a lógica do pensamento ordinário.

AS APTIDÕES MUSICAIS SEGUNDO JOSÉ INGENIEROS

A categorização realizada por este grande e prestigioso autor argentino não se fundamenta apenas na linguagem musical, mas também incorpora à análise o elemento da inteligência musical. Para isso, ele levou em consideração que a linguagem verbal corrente não guarda estreita ligação com a inteligência.

A História nos mostrou que a existência de grandes pensadores que falam mal e escrevem pior também nos deixou o ensinamento de que existem magníficos oradores e sublimes escritores cujas inteligências não correspondem à sua técnica ou estilo. Além disso, houve grandes compositores que não brilharam como executores, dos quais podemos destacar Wagner.

Em suma, não se mede a inteligência musical a partir da cultura técnica da linguagem e nem o contrário. Mas, sim, podemos afirmar que a primeira (a cultura técnica) favorece a segunda (a inteligência musical); observemos a seguir um resumo claro, duro e direto realizado por José Ingenieros, e que beira os 100 anos de existência:

- Idiotas musicais.
- Imbecis musicais.
- Inteligentes musicais.
- Talentos musicais.
- Gênios musicais.

Psicofisiologia da Linguagem Musical

Dissemos que a linguagem é o conjunto de meios expressivos que se exteriorizam sob diferentes formas com os gestos, os sons ou os signos gráficos. Também supomos que existe uma relação permanente entre os meios de expressão e os estados psíquicos que correspondem a estes.

Idiotas musicais	Ouvem muito bem, e a muita distância. Têm bom ouvido, mas, entretanto, não distinguem o tom musical nem a notação dos sons. Ignoram os nomes das notas e, se os soubessem, se confundiriam ao nomeá-las. Podem escutar os sons e não perceber a diferença. Possuem surdez tonal.
Imbecis musicais	Ouvem música, mas não a entendem. Sua inteligência e seus sentimentos não são impressionados pela audição musical. Pretendem educar o seu gosto musical acreditando que o seu defeito reside na educação do ouvido. Percebem a graduação tonal dos sons, mas não encontram prazer em escutar música, pois não compreendem os sentimentos expressos por ela. Chegam apenas a compreender o valor técnico da música. Assistem a um concerto para cumprir com o papel social e são capazes até mesmo de simular agrado. Possuem audição musical, mas não audição psicológica. É como se estivessem escutando alguém falar num outro idioma desconhecido.
Inteligentes musicais	Quando ouvem e compreendem a música, são inteligentes musicais. Somente a pessoa que ouve e compreende pode, mediante a educação, ouvir e compreender melhor. A educação promove a aprendizagem da linguagem técnica através da leitura e escrita da música. Pode-se adquirir o mecanismo da execução instrumental. Os inteligentes musicais são capazes de realizar as representações de estados emotivos. O desenvolvimento de suas aptidões musicais varia com a qualidade e quantidade de sua educação musical.
Talentos musicais	Os talentos musicais desenvolvem certas atitudes comuns aos inteligentes musicais mas superam a maioria das pessoas que tentam cultivar essa mesma aptidão musical.
Gênios musicais	O talento se faz, o gênio nasce. Todo inteligente musical pode se converter em um talento musical. Mas não se chega a gênio da mesma forma. O gênio musical é resultado do impulso próprio para além da educação. O gênio não é produto da educação. Imagina formas novas de expressão dos sentimentos mediante a música ou concebe e realiza de uma maneira própria formas de expressão musical conhecidas ou não.

Centros Fisiológicos da Linguagem Musical

A linguagem musical é uma função análoga à linguagem comum, mas se diferencia desta por ser uma especialização, por ter um desenvolvimento autônomo do anterior. Depende dos centros funcionais formados no córtex cerebral e possui imagens próprias suscetíveis de serem educadas ou modificadas independentemente da linguagem verbal.

Relembramos aqui dois importantes centros sensoriais:

- Visual.
- Auditivo.

Ambos recorrem a imagens sensoriais do ouvido e da vista, enquanto os centros motores são três:

- Articulação fônica (canto).
- Gráfico (escrever notas).
- Execução instrumental (é menos frequente do que o fônico).

São eles que recebem as "imagens" do canto, da escrita e da execução instrumental.

Os Centros de Recepção e Armazenamento da Linguagem Musical

As imagens sensoriais e motoras necessárias para o funcionamento completo da linguagem musical se localizam em centros celulares especiais do córtex cerebral. Eles são cinco, a saber:

- *Centro sensorial de imagens auditivas:* contém as imagens e sons ouvidos. Tem sua entrada no aparelho auditivo, é conduzido pelo nervo da sensibilidade especial e impressiona as células do centro auditivo musical.
- *Centro sensorial de imagens visuais:* contém as notas lidas. Sua condição prévia é a leitura musical; é uma aptidão adquirida pela educação, como a leitura textual.
- *Centro motor de imagens da articulação:* preside os movimentos realizados pelo aparelho fonador durante a emissão do canto. É uma especialização dentro do centro da palavra articulada.
- *Centro motor de imagens gráficas:* contém os movimentos necessários para a escrita musical. Está incluído no centro destinado à escrita verbal.

- *Centro motor das imagens de execução instrumental:* conforma e preside os movimentos necessários para a execução dos diversos instrumentos, dado que cada instrumento requer o uso de musculaturas particulares. Por exemplo: não é a mesma coisa tocar violino e trombone, pois ambos utilizam diferentes musculaturas.

O funcionamento dos centros que acabamos de descrever é sinergético. Entretanto, devemos deixar claro que a inter-relação destes por parte de cada pessoa é uma capacidade privativa de cada uma das personalidades, sendo, portanto, uma destreza única e dificilmente transferível.

A partir da ótica da fisiologia cerebral, poderíamos estabelecer que:

- As imagens auditivas, visuais, fonéticas e gráficas constituem subcentros ou subzonas denominadas "centros" de Wernicke, de Kuássmaul, de Broca e de Exner.
- As imagens motrizes da execução instrumental localizadas na zona motora formam centros fisiológicos variáveis, posto que sua associação sistemática varia para a execução de cada instrumento.

Em suma, através da linguagem musical, abordamos uma das múltiplas inteligências da humanidade, estabelecendo perfis musicais, aptidões, emoções, reações e integrações cerebrais. Sem dúvida, todo este conhecimento pode e é utilizado para influenciar a conduta das pessoas.

Deixamos algumas inquietações:

Que tipo de música você tocaria num hipermercado?

Música suave, de fundo, rítmica ou que acompanhe nosso estado.

Por quê?

Porque ela deve motivar o cliente a permanecer mais tempo no local e, dessa forma, ele terá mais oportunidades de comprar.

Perguntamo-nos agora por que nos shoppings há locais de venda de roupa onde se põe música em alto volume. Será que o fazem para que os clientes não entrem ou para que entrem e saiam rápido? Não creio que seja assim. Tenho muito claro que o fazem porque conhecem o efeito e a motivação que a música cria nas pessoas.

Deixamos a inquietação, mas lembre-se de que se você toca música em algum local, além de gerar benefícios, também terá que pagar os impostos correspondentes pela emissão dela. Portanto, recomendamos que pense muito bem sobre que tipo de música é adequado para as pessoas.

Para maiores informações, recomendamos consultar o módulo de fisiologia cerebral.

A Magia do Neuromarketing Cinestésico

O Tato

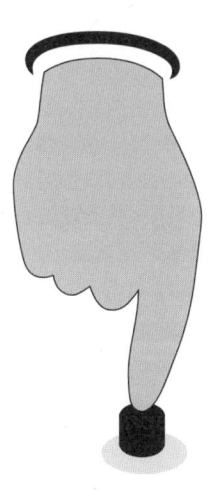

MARKETING CINESTÉSICO

Quando nos referimos ao marketing cinestésico, estamos estabelecendo as diferentes formas ou maneiras de seduzir os clientes por meio dos aromas, do gosto, do tato. Para isso, nos valemos das diferentes reações às quais o consumidor se adapta, de como ele reage frente aos diferentes estímulos e da reação que estes produzem nos sentidos do ser humano.

Dessa maneira, trata-se de compreender como funcionam os mecanismos de influência cinestésica no momento da decisão de compra por parte do cliente ou consumidor.

Não devemos nos esquecer de que as pessoas cinestésicas, ao interagirem com o mundo, se comunicam melhor sentindo o aroma de uma fragrância agradável de perfume; ou pelo aroma que precede a ingestão de um alimento ou, ao beberem um bom vinho, valorizam primeiro seu aroma. Devemos lembrar também de que sua atitude frente ao consumo pode ser favorecida pela troca de um forte aperto de mãos ou pelo fato de no local do consumo a temperatura ser agradável.

O MARKETING TÁCTIL

O sentido do tato é o menos desenvolvido, ou o mais esquecido. Mas ele pode ser estimulado, dado que a experiência nos indica que este canal de comunicação é muito importante. É que a compreeensão dos aspectos do marketing táctil dará satisfações surpreendentes tanto aos clientes internos como aos externos das organizações.

O sentido do tato está localizado na pele, que é a parte mais extensa do corpo humano.

- Ela mede mais de 2 metros quadrados.
- Pode perceber as impressões produzidas pelas 500.000 sensações tácteis:
    - Com 200.000 receptores térmicos.
    - Com 2.800.000 receptores de dor.

As sensações tácteis nos permitem apreciar a forma dos corpos e a textura que apresentam. Através do tato, podemos distinguir uma temperatura ou umidade agradável ou desagradável, que podem afetar positiva ou negativamente o momento da compra ou o estado de ânimo das partes no momento da realização da troca e satisfação das necessidades.

Alguns elementos a serem considerados no momento são a forma de cumprimentar, de acenar e o sentir do aperto de mãos e o contato com a mercadoria.

A inspeção táctil do produto é determinante. Em muitas ocasiões, é ela que determina que a transação se realize. Por exemplo, ao observar uma poltrona, levamos em consideração:

- Experimentá-la.
- A comodidade.
- Como se molda ao corpo.
- A textura do tecido.

Ao escolher uma roupa, os tecidos mais suaves são associados ao que é refinado e delicado. Em geral, também são associados ao que é feminino, assim como a aspereza costuma ser associada aos homens.

O tato demonstrou ser um fator a ser considerado tanto nas interações pessoais como nas comerciais. Este aspecto está recebendo cada vez mais atenção por parte dos empresários ao se preocuparem em manter os locais agradáveis, com uma temperatura ambiente aproximadamente nos 23°C e baixas porcentagens de umidade relativa do ar.

A indústria automobilística, por exemplo, está cada vez mais preocupada em seduzir os clientes não apenas pelo projeto do veículo, mas também por alcançar o conforto sensorial do usuário, que, por sua vez, o diferencie dos demais. Nesse processo, desempenham um papel muito importante a textura do assento e o contato com o volante.

Segundo Pease Allan, uma pesquisa sobre linguagem corporal demonstrou que a mulher ocidental, durante uma simples conversa, geralmente toca a outra mulher de quatro a seis vezes mais do que um homem toca o outro.

Testes realizados em macacos por Harlow & Zimmerman demonstraram que a falta de toque nos macacos jovens causava neles depressão, doenças e morte prematura. Resultados semelhantes foram encontrados em crianças abandonadas.

James Prescott, pioneiro no estudo da relação da violência com a educação, chegou ao seguinte resultado: nas sociedades em que não se criou o hábito de acariciar as crianças estão os mais altos índices de adultos violentos.

Então, todas essas considerações devem ser levadas em conta pelo marketing na hora de competir e procurar criativamente elementos diferenciadores ou de oferecer um serviço ou um produto.

Ampliaremos a informação sobre este tema em um módulo de comunicação gestual e no capítulo de merchandising.

Para pensar:

"Existem palavras que matam, existem carícias que não são feitas que também matam..."

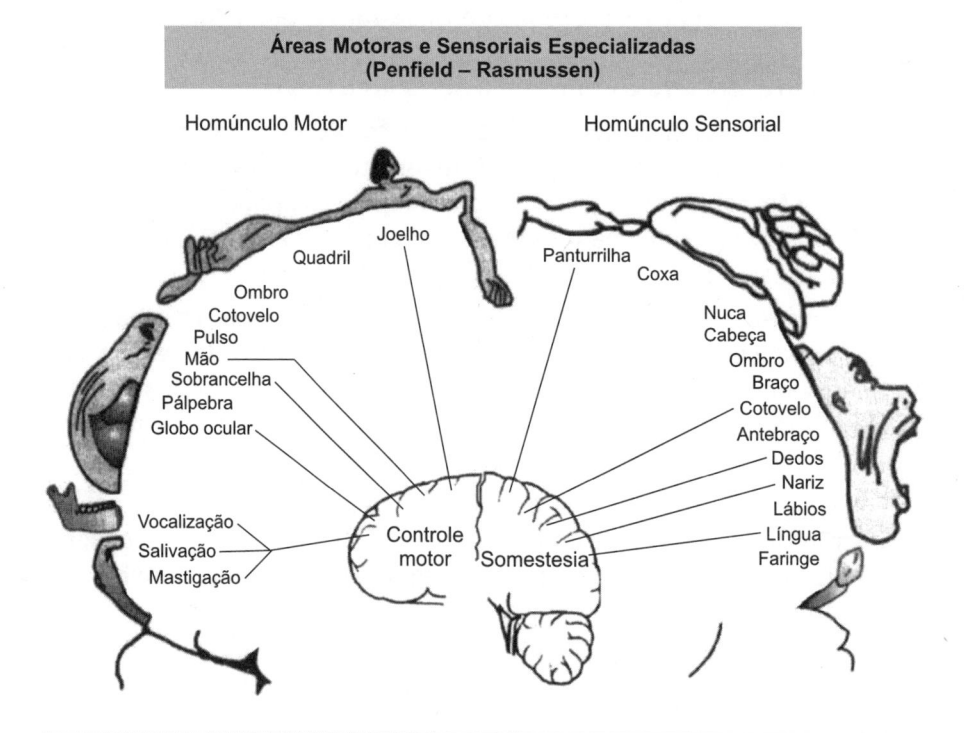

**Áreas Motoras e Sensoriais Especializadas
(Penfield – Rasmussen)**

Homúnculo Motor — Homúnculo Sensorial

Joelho, Quadril, Panturrilha, Coxa, Ombro, Cotovelo, Pulso, Mão, Sobrancelha, Pálpebra, Globo ocular, Nuca, Cabeça, Ombro, Braço, Cotovelo, Antebraço, Dedos, Nariz, Lábios, Vocalização, Salivação, Mastigação, Controle motor, Somestesia, Língua, Faringe

O espaço do córtex cerebral utilizado pelo aparelho reprodutor, as extremidades e a cabeça é muito maior do que o resto dos sentidos.

Para maiores informações, recomendamos consultar o módulo de fisiologia cerebral.

A Magia do Neuromarketing Cinestésico

O Paladar

O Marketing Gustativo

O sentido do paladar é o que nos informa o sabor das substâncias. Tem como base a excitação química que as substâncias provocam nas papilas gustativas.

Os sabores se diferenciam das outras impressões sensoriais porque não são excitações puras como o ver, o ouvir e o sentir um contato. Eles se diferenciam por serem sensações mistas, nas quais se mesclam as impressões gustativas com as sensações tácteis, térmicas e, acima de tudo, olfativas.

O sabor sem a mistura das outras sensações não existe, pois com a língua registramos não apenas o doce e o amargo de um corpo, mas também seu contato, a textura, a temperatura ou seu estado físico. Os sentidos combinados permitem a percepção do sabor.

Por acaso conhecemos o sabor de uma barata ou de um sapo? Certamente não os comemos por seu aspecto. Por culpa dos sentidos combinados, a maior parte das pessoas nunca saberá o gosto do sapo, ainda que muitas vezes frente a um acontecimento desafortunado usemos a frase: "Engoli um sapo".

O ser humano tem até 100.000 receptores para identificar pelo menos quatro sabores fundamentais, que podemos distinguir por meio do paladar. São eles: o doce e o salgado com a ponta da língua; o amargo com a parte posterior e o ácido com as laterais da língua.

A capacidade gustativa varia muito de acordo com as pessoas. Algumas não conseguem perceber o gosto de uma determinada substância, outras carecem de toda a capacidade gustativa, ao passo que os degustadores de vinho gozam de uma finíssima percepção.

Na mulher, os sentidos do paladar e do olfato são superiores aos dos homens. Elas distinguem melhor os doces enquanto eles percebem melhor o salgado e o amargo.

O gosto desempenha um papel importante na regulação da ingestão de alimentos, dado que as sensações gustativas têm um tom afetivo elevado, podendo provocar, dependendo do caso, prazer ou desagrado.

O processo de degustação é bastante complexo, e começa quando as moléculas que estão ao redor de uma pessoa se desprendem e estimulam as células do nariz, da boca e da garganta.

Estas células transmitem a informação ao cérebro, através dos nervos, e este, por sua vez, identifica, qualifica e interpreta os sabores.

Não devemos nos esquecer de que a maior parte das decisões do consumidor é realizada a partir de sensações subjetivas, sendo elas de difícil interpretação racional. Essas sensações estão relacionadas com estímulos sensoriais que se ativam no momento da compra.

O desafio do marketing atual é identificar os gostos do consumidor e elaborar um bom produto, com uma decoração que seja atrativa visualmente e um aroma que desperte no consumidor a curiosidade e o desejo de experimentar, para, desta forma, conseguir o agrado e a aprovação do mesmo, quando o consumidor tiver experimentado o produto.

Isso de maneira alguma significa manipulação. Ao contrário, significa uma melhor aproximação da mente do consumidor e um melhor diagnóstico dos gostos e prazeres do mesmo, ou seja, da verdadeira necessidade do consumidor para oferecer o que realmente pode satisfazê-lo plenamente.

As novas formações de profissionais em tecnologias alimentícias e as empresas do setor alimentício desenvolvem grupos de degustação para o desenvolvimento de novos produtos (*business intelligence*) ou para o controle da qualidade dos produtos em elaboração para a venda. Indubitavelmente, quem realiza estas atividades encontra sabor na vida.

Em síntese:

Parte da língua	Sabor doce	Sabor salgado	Sabor amargo	Sabor ácido
Ponta	#	#		
Posterior			#	
Laterais				#

A mulher distingue mais	Sabor doce		
O homem distingue mais		Sabor salgado	Sabor amargo

Joan Manuel Serrat nos cantaria "teu nome tem sabor de erva", enquanto Luiz Miguel nos lembraria que: "na boca levarás meu sabor" e eu lhes diria "o gosto é todo meu..."

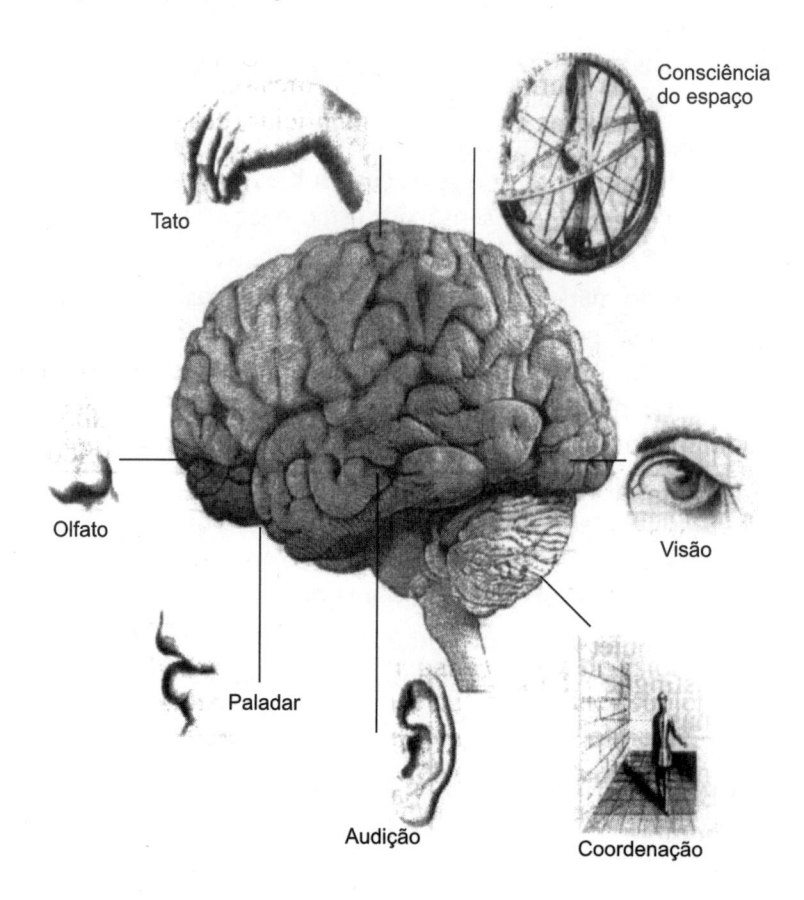

164   A Magia do Neuromarketing Cinestésico: O Paladar

- Tato
- Consciência do espaço
- Olfato
- Visão
- Paladar
- Audição
- Coordenação

Para maiores informações, consultar o módulo de fisiologia cerebral.

A Magia do Neuromarketing Cinestésico

O Olfato

O NEUROMARKETING OLFATIVO

Fonte: AFP, EFE, ANSA e DPA, TELAM S.E. e Diário Clarín

Os americanos Richard Axel e Linda Buck foram contemplados com o Prêmio Nobel de Medicina de 2004, por suas pesquisas pioneiras sobre o olfato, que até então constituía o mais enigmático dos nossos sentidos.

O Instituto Karolinska de Estocolmo explicou que o prêmio lhes foi concedido "por suas descobertas sobre os receptores olfativos e a organização do sistema olfativo", que desenvolveram os mecanismos para reconhecer e relembrar uns 10.000 odores.

Em 1991, Axel e Buck publicaram o resultado de uma surpreendente pesquisa conjunta: haviam encontrado uma grande família de uns 1.000 genes que dão instruções a outros tantos receptores olfativos. Esses receptores se localizam nas células receptoras olfativas, situadas em uma pequena zona da parte superior das mucosas nasais.

O jasmim, a urina de gato, a terra úmida e a carne podre emitem moléculas que através do ar e da respiração chegam ao nariz.

> Os receptores olfativos são altamente especializados e cada um pode detectar apenas um número limitado de substâncias odoríferas, e apenas estas.

Então, as células receptoras olfativas, mediante um processo nervoso, enviam um sinal a diferentes microdomínios chamados glomérulos, localizados no bulbo olfativo, que é a área olfativa primária do cérebro.

As células receptoras que têm o mesmo tipo de receptor olfativo transmitem o sinal ao mesmo glomérulo. A partir do bulbo olfativo, a informação é reenviada para outras partes do cérebro, onde se unem a dados de vários receptores olfativos, formando um padrão de odor.

"Por isso – assinala o Instituto Karolinska – podemos ter a experiência consciente do aroma de uma flor na primavera e evocar esta lembrança olfativa em outras ocasiões."

Em um comunicado à imprensa, a célebre instituição reforça a importância do sistema olfativo para a qualidade de vida. "Um único odor pode desencadear mais tarde lembranças distintas da nossa infância ou de momentos emocionais positivos ou negativos", aponta.

"Perder o sentido do olfato é uma deficiência séria: já não podemos perceber as diversas qualidades da comida nem detectar sinais de alerta, como a fumaça de um incêndio."

O olfato é fundamental para a sobrevivência dos animais e tanto lhes permite identificar o alimento desejado como o que não está apto para o consumo.

Os peixes têm apenas uma centena de receptores olfativos, enquanto a espécie estudada por Alex e Buck possui cerca de um milhar deles. A espécie humana tem um pouco menos, pois perdeu alguns genes durante a evolução.

O Diario Clarín destaca que o olfato é essencial para que os mamíferos recém-nascidos encontrem as tetas de sua mãe e obtenham leite.

"É também de importância suprema para muitos animais adultos – acrescenta – para observar e interpretar o meio que os rodeia."

Nos cachorros, a mucosa nasal olfativa é 40 vezes mais extensa do que nos humanos.

O sistema olfativo foi o primeiro dos nossos sistemas sensoriais a ser decifrado através de técnicas moleculares.

Os estudos demonstraram que 3% dos nossos genes codificam os diferentes receptores olfativos na membrana das células receptoras olfativas.

Quando estimulado por uma substância cheirosa, antes de enviar o sinal nervoso, o receptor olfativo ativa inicialmente uma proteína G à qual está associado. Os cientistas premiados revelaram que a grande família de receptores olfativos pertence ao grupo de receptores ligados à proteína G (GPCR).

"Todos os receptores olfativos estão associados a proteínas, mas diferem em certos detalhes, o que explica por que são detonados por diferentes moléculas odoríferas" – indica o Instituto Karolinska. "Cada receptor consiste em uma cadeia de aminoácidos que está ancorada na membrana da célula e a transpassa sete vezes."

A cadeia de receptores cria uma espécie de gancho, no qual ela pode se enganchar; quando isso acontece, a forma da proteína receptora se altera, ativando a proteína G.

Alex e Buck descobriram que os sinais enviados a partir dos receptores olfativos chegam aos aproximadamente 2.000 glomérulos do bulbo olfativo.

Sempre do mesmo tipo de receptor ao mesmo tipo de glomérulo, o que por sua vez ativa sempre a mesma célula mitral.

Através de processos nervosos, as células mitrais enviam informações a várias partes do cérebro, em microrregiões bem definidas no córtex cerebral.

Aí se combinam os dados para formar o padrão característico de cada aroma.

Os odores também se integraram com os outros sistemas. É normal, quando "sentimos" um cheiro como o de uma ilustração de uma pizza, ficarmos com "água na boca" e nos dar vontade de comer essa deliciosa e agradável porção de alimento.

Depois de 1991, os cientistas continuaram trabalhando separadamente mas em temas similares. Richard Axel é graduado em Patologia e Bioquímica e pesquisador do Instituto Médico Howard Hughes da Universidade de Columbia, em Nova Iorque.

Linda Buck se graduou em Microbiologia e Psicologia e em seguida fez um doutorado em Imunologia. Desde 2000, trabalha no Centro de Pesquisa sobre o Câncer "Fred Hutchinson", em Seattle.

Ambos são membros da Academia Nacional de Ciências dos Estados Unidos. Receberam o Prêmio Nobel em 10 de dezembro.

Durante muitos milhares de anos, nossos ancestrais andavam em quatro patas. Naquele momento poderíamos estabelecer que o olfato era seu sentido mais aguçado, par a par com o tato. Sua curiosidade fez com que se erguessem, e a partir de aí continuaram com sua filogenia aperfeiçoando os sentidos da visão e da audição, construindo um novo horizonte no caminho da vida. Mas a cada passo para a frente, com cada melhora ou aperfeiçoamento do sensorial, acabaram adquirindo o costume de se esquecer do olfato, do paladar e do tato.

NEUROMARKETING

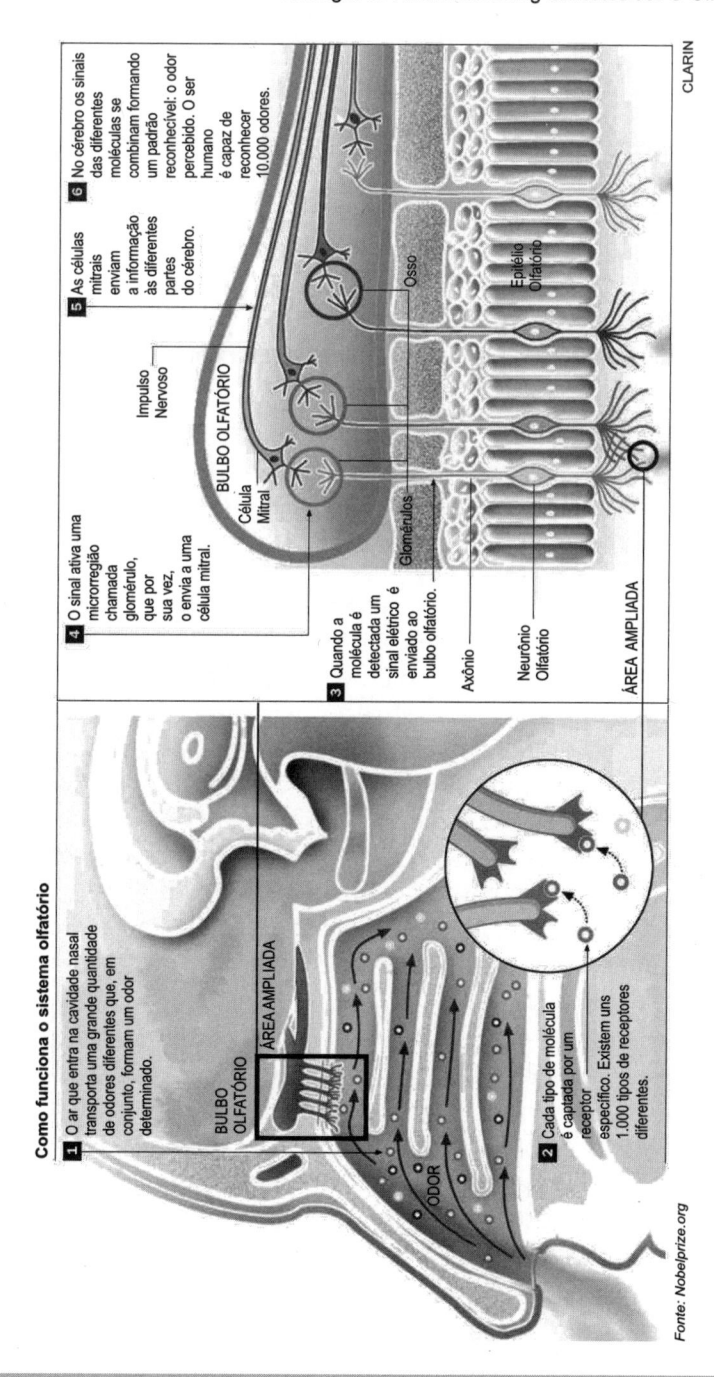

A Magia do Neuromarketing Cinestésico: O Olfato **169**

Como funciona o sistema olfatório

1 O ar que entra na cavidade nasal transporta uma grande quantidade de odores diferentes que, em conjunto, formam um odor determinado.

2 Cada tipo de molécula é captada por um receptor específico. Existem uns 1.000 tipos de receptores diferentes.

3 Quando a molécula é detectada um sinal elétrico é enviado ao bulbo olfatório.

4 O sinal ativa uma microrregião chamada glomérulo, que por sua vez, o envia a uma célula mitral.

5 As células mitrais enviam a informação às diferentes partes do cérebro.

6 No cérebro os sinais das diferentes moléculas se combinam formando um padrão reconhecível; o odor percebido. O ser humano é capaz de reconhecer 10.000 odores.

BULBO OLFATÓRIO
ÁREA AMPLIADA
ODOR
Impulso Nervoso
Célula Mitral
Glomérulos
Osso
Epitélio Olfatório
Axônio
Neurônio Olfatório
ÁREA AMPLIADA

Fonte: Nobelprize.org

CLARIN

NEUROMARKETING

Especialidades: procuram-se:

- Olfatólogos.
- Gustólogos.
- Tatólogos.

Está claro que o olfato é o sentido que nos permite perceber os odores e talvez seja o mais desconhecido de todos os sentidos. Mesmo assim, os seres humanos podem reconhecer odores e relembrá-los durante períodos extraordinariamente longos.

Lembramos de:

- 35% do que cheiramos;
- 15% do que sentimos o gosto.

Esses valores são realmente altos se os compararmos com os índices de cerca de 5% a respeito do que vemos, tocamos ou escutamos.

Nesse sentido, o marketing olfativo consiste em relacionar um conceito de produto a um aroma específico. Com isso, o que se busca é criar um vínculo emocional entre as partes que satisfazem a necessidade (empresa, produto, serviço ou cliente). Ou seja, tratar de seduzir os clientes por meio da aromatização transitória dos ambientes, mas também uma aromatização permanente nos artigos que saem para o mercado, fazendo com que estes tenham um aroma característico, de maneira que cada vez que o cliente se encontre com esse aroma, certas emoções sejam estimuladas e evoquem lembranças agradáveis que de alguma maneira lhe provoquem o desejo de satisfazer uma necessidade.

Agora, a sedução passa a ser a palavra mais importante para conquistar o cliente e o avanço tecnológico está ajudando cada vez mais o marketing a seduzi-lo, permitindo conhecer o processo existente desde que percebemos um aroma por meio do nariz até acompanhá-lo em seu caminho pelo nervo olfativo para, em seguida, chegar ao sistema límbico no centro do cérebro, onde os estímulos sensoriais são interpretados e classificados como agradáveis ou desagradáveis.

Quantas vezes nos sentimos atraídos por locais comerciais por causa de sua bonita decoração, por uma bonita vitrine ou por ter as luzes adequadas? Mas se estes elementos fossem reforçados por um aroma agradável, poderíamos conseguir que o cliente permanecesse o maior tempo possível desfrutando dessa atmosfera e, como consequência, a probabilidade de que se inclinasse a comprar algum artigo cresceria.

Certamente, isso não é novo no mundo dos negócios. Na Ásia é até muito comum, e tem sido utilizado como tática nos mercados de perfume e gastronomia.

O que é novo é compreender e explicar cientificamente o processo da inter-relação que acontece no cérebro das pessoas, desde que se recebe o estímulo até que se decida a ação, aceitando ou rejeitando uma oferta ou estímulo.

Ao inalarmos um aroma, uma parte do cérebro é ativada e o sistema límbico, responsável pelas emoções, encontrará a fórmula correta para conseguir o aroma adequado à necessidade de satisfazer.

Imagens obtidas através de ressonância magnética demonstraram recentemente que as bases neuronais da intuição se alojam na zona do lóbulo temporal direito do cérebro. Este centro foi denominado "centro eureka" (www.plosbiology.org)

O sistema límbico inter-relaciona o olfato, as emoções e a memória. Estas inter-relações são a base para admitir que o olfato seja o mais evocativo de todos os sentidos. Recordemos que o sistema límbico é a área do sistema nervoso central que regula a atividade sensomotora. Este sistema age como centro de controle no que tange a impulsos, tais como o apetite sexual, a sede, o sexo, a memória e a aprendizagem.

O desafio do neuromarketing é encontrar um equilíbrio entre provocar o desejo e exercer livremente a vontade de adquirir determinado artigo, sem prejudicar a liberdade de decisão do comprador. Nesse aspecto, o marketing deve ser ético, justamente porque o cliente não pode voluntariamente evitar de receber um aroma e, geralmente, acaba associando a qualidade de um produto a um determinado aroma.

Existem aqueles que, aproveitando essa circunstância, estariam voltando à prática do marketing selvagem que, na Europa, provocou a reação dos movimentos de consumidores do século passado. Hoje, aqueles que continuam no estudo do neuromarketing manifestam seu temor em manipular o consumidor ao extremo de aumentar o impulso emocional e diminuir a resistência racional a uma compra.

O marketing olfativo é considerado uma nova estratégia muito importante de posicionamento para atrair e fidelizar os clientes. As empresas estão aplicando cada vez mais essa estratégia, aromatizando os produtos com aromas inovadores e pouco comuns, de maneira que possam ser diferenciados uns dos outros. Estão aplicando novas e melhores estratégias para vincular as marcas a aromas específicos, pela simples razão de que os aromas ficam "impregnados" no cérebro humano, ao longo do tempo, sob a forma de emoções que se relacionam com o momento no qual foram percebidos pela primeira vez.

A percepção olfativa é processada no cérebro nas zonas responsáveis pelas emoções e lembranças, ao contrário do que ocorre com o sentido da visão ou da audição, que primeiro passa pelo hipotálamo e depois ao córtex para ser analisado.

O marketing olfativo é aproveitado não apenas nos mercados de sabonetes e perfumaria, mas também em produtos como roupas e automóveis. Sua utilização é determinante no mercado alimentício, tanto que em determinados casos sem ele os alimentos não teriam atrativos sensoriais.

Os aromatizantes naturais, assim como as especiarias, são utilizados para proporcionar sabor e aroma aos produtos alimentícios para, com isso, compensar as perdas que sofrem quando são processados.

Atualmente, estão sendo concluídos detalhes para se chegar aos consumidores através da Internet com aromas, assim como se chega com a música ou com a cor.

Aromania

O Dr. Edward Bach (1886-1936) sustentava a necessidade de devolver a harmonia e o equilíbrio através de uma relação positiva e natural. Seus estudos sobre as flores e sua influência terapêutica são conhecidos mundialmente. Ele sustentava que a doença é o produto do desequilíbrio entre a mente e o corpo, o que afeta o equilíbrio energético.

Bach classificou 38 espécies de plantas e flores segundo as afecções às quais se contrapunham.

A aromaterapia é um método natural, holístico e inócuo, baseado na utilização de óleos aromáticos medicinais para se alcançar mudanças positivas na saúde mental e corporal, buscando equilibrar os estados emocionais. Atualmente, existe um sem-número de artigos destinados à higiene diária como, por exemplo, sabonetes e óleos para massagem e linhas dedicadas às diferentes etapas do crescimento pessoal.

Por outro lado, os aromas têm muita influência nos estados de ânimo e na saúde das pessoas. Neste caso levamos em conta o livro: "Aromaterapia", de Marcel Lavabre. Acompanharemos a seguir um resumo gráfico informativo.

Psicoterapia

Qualidade	Óleos recomendados
Relaxantes	Sálvia, cipreste, cravo, zimbro, gálbano, ylang-ylang, cedro, mandarina, camomila, manjerona, mirra, flor-de-laranjeira, rosa, sândalo e vetiver
Equilibradores	Alfavaca, bergamota, gerânio, incenso e lavanda
Estimulantes	Angélica, canela, cardamomo, cravo, elemi, eucalipto, funcho, gengibre, lima, menta, laranja, pau-rosa, petit-grain, pimenta-do-reino, pinho, pomelo e romã
Antidepressivos	Alfavaca, sálvia, bergamota, cravo, gerânio, ylang-ylang, incenso, jasmim, lavanda, lima, limão, mandarina, camomila, laranja, flor-de-laranjeira, patchouli, pau-rosa, petit-grain, pomelo, rosa e sândalo
Afrodisíacos	Angélica, sálvia, canela, cardamomo, coentro, cravo, ylang-ylang, gálbano, jasmim, gengibre, cedro, flor-de-laranjeira, patchouli, romã, rosa, sândalo e vetiver
Antiafrodisíacos	Cânfora, manjerona
Estimulantes da mente	Alfavaca, cardamomo, coentro, eucalipto, menta, pinus e romã

Ao aplicarmos aromas nos produtos, conseguimos que os clientes os identifiquem ou registrem ou marquem em sua mente, criando uma "marca" que deve estar relacionada com a função que se deseja alcançar com o produto na mente do cliente, o que requer estudos mais profundos e personalizados da relação aroma-cliente.

Recentemente, foi lançado no mercado um sabonete Lux com ylang-ylang para o relaxamenteo durante o banho.

São muitas as empresas que estão ouvindo o som da natureza e combinando essências, cores e aromas e que se dispõem a atacar o maior dos mercados e o mercado-alvo de toda empresa: o próprio ser humano.

É aqui onde o neuromarketing trará suas maiores contribuições.

Elementos do sentido: olfato

> Os odores agradáveis ativam os lóbulos frontais.
> Os odores desagradáveis ativam as amígdalas.

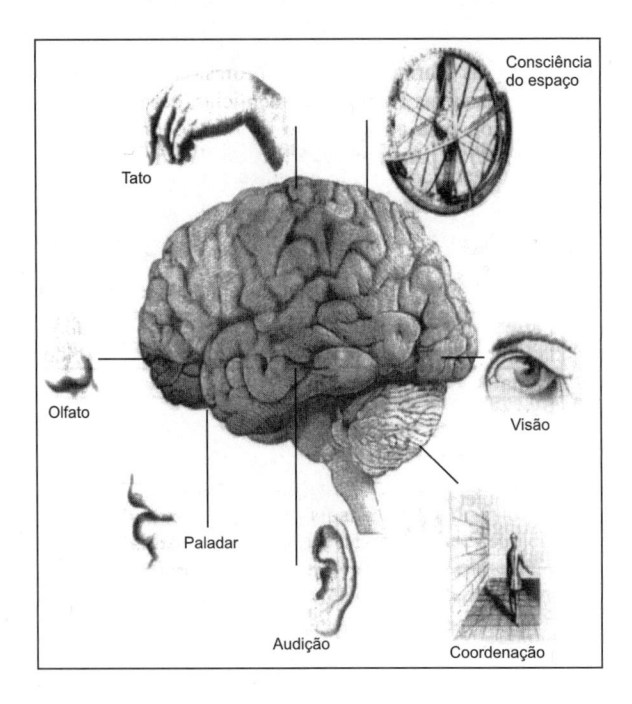

(Figura: ilustração do cérebro com indicações de Tato, Consciência do espaço, Olfato, Visão, Paladar, Audição e Coordenação.)

- olfato;
- o sabor e o aroma são processados separadamente;
- o agrado ou o desagrado do aroma dependem da lembrança com que os associamos;
- o olfato passa diretamente ao sistema límbico.

Para maiores informações, recomendamos consultar o módulo de fisiologia cerebral.

NEUROMARKETING

A Magia do Relacionamento Pessoal e os Perfis de Comportamento

A Linguagem Gestual e os Perfis de Personalidade

Podemos analisar os perfis do comportamento humano a partir de diferentes pontos de vista. Mas para não perder o foco e para evitar confusões, mencionaremos o que o dicionário diz a respeito.

Perfil: postura na qual não se deixa ver além de uma das duas metades laterais do corpo; contorno aparente da figura ou gráfico ou gama dos resultados obtidos por uma mesma pessoa em diferentes provas ou testes psicotécnicos. Estes resultados costumam ser comparados com padronizações para localizar as pessoas dentro de uma população de características aproximadas.

Personalidade: conjunto de qualidades que constitui ou distingue uma pessoa e a diferencia de outra; modo, comportamento ou caráter que se desenvolvem naturalmente pouco a pouco com as atitudes inatas das pessoas e das experiências aprendidas.

Toda a teoria sobre a personalidade está direcionada a explicar sua estrutura, ou seja, a integração de seus elementos intelectuais, afetivos, fisiológicos ou morfológicos sem se esquecer do movimenteo de integração da estrutura e de sua adaptação às novas situações e à influência genética.

Personalidade deriva da palavra *persona*. Por isso, podemos relacioná-la com o latim *personare* ou máscara da personalidade.

Como seres humanos, nos desenvolvemos intercambiando recursos. Mediante a utilização disso, vendemos e compramos continuamente, seja

		Sentimento	
		Hostil	Afetivo
PERFIL	Dominante		
	Submisso		

de forma consciente ou inconsciente. Mas no fim das contas vivemos comprando e vendendo.

Depois das definições e pontos de vista sobre a compra e a venda, convidamos você a observar um relacionamento de perfis pessoais, utilizando alguns dos elementos ou componentes da personalidade, tais como o conjunto de pares ordenados:

- dominância – submissão;
- hostilidade – afeto.

Fique claro que nos perfis de personalidade, ninguém contém 100% de um desses atributos.

Observe a matriz de relacionamento gestual que confeccionamos e lembre-se do módulo de marketing gestual.

Agora, o convidamos a observar este gráfico:

		Parâmetros de comportamento Papel de comprador		Parâmetros de comportamento Papel de vendedor	
		\multicolumn{4}{c}{Sentimento}			
		Hostil	Afetivo	Hostil	Afetivo
PERFIL	DOMINANTE	Não enfrentá-lo Escutar Desafogar Firmeza	Domina o produto Conhece o competidor Compara tudo	Depende de controlar o cliente Vender é o mais importante Não se importa com os meios	Trabalha feliz A venda é entendimento Beneficia a nós todos
	SUBMISSO	Não usar a palavra novo Não falar muito Escutar com muito cuidado	Todo afeto Identificar sua necessidade Dirá "sim" a tudo	Inseguro Ansioso Teme se expor Vendendo eu vivo e ganho a vida	Se eu agradar eles compram Tenho que ser amigo Muito sociável Fazer o cliente feliz

NEUROMARKETING

Você sabe claramente como faria para se relacionar melhor com cada um dos perfis incorporados em cada quadrante?

Durante toda a vida, desde nascermos até morrermos, vivemos comunicando nosso agrado ou desagrado. Os gestos podem nos ajudar a decifrar a personalidade geral de outras pessoas. Para este fim, partimos da premissa de que a vida é um ato de compra e venda. Nós desenvolvemos uma matriz de relação que detalharemos a seguir.

Para uma maior inter-relação teórica e prática, analisaremos a seguir alguns dos perfis pessoais.

Perfil: Dominante-Hostil (DH)

Características sensíveis: sabe tudo, falador, tom alto, forte e sarcástico. Linguagem geralmente agressiva, lutador de raça, descontente por natureza.

Busca satisfazer as necessidades de autoestima e independência. Gosta de discutir e humilhar, o ataque é sua melhor arma.

Os dedos polegares o denunciam e os médio são sua arma visível e eles quebram mãos. São sua arma predileta.

Para manter uma relação permanente e sustentável, lembre-se: não enfrentar, se escutar e desabafar não se esqueça de que se mostrar debilidade ele passará por cima. Por isso, sua posição deve ser firme e defensiva. Nunca ataque primeiro.

Perfil: Dominante-Afetivo (DA)

Características sensíveis: organizado, dialoga muito, linguagem geralmente amena, comprador de raça, positivo por natureza.

Busca satisfazer as necessidades de independência e autorrealização. Gosta que cumpram as promessas feitas a ele. Sabe atacar e defender e desempenha ambas as estratégias com suficiência, mesmo que precise esperar para atacar.

As mãos o denunciam. O aperto de mãos é forte e cordial. Olha de frente e nos olhos. É direto e flexível. Faz comparações permanentemente e sabe localizar-se em todos os níveis da conversa. Para manter uma relação permanente e sustentável lembre-se: não seja desordenado, cumpra o que prometeu, dialogue, se ofereça, mostre os benefícios.

Perfil: Dominante-Agressivo (DAG)

Os gestos nos mostram a agressão e a raiva. Podem passar dos limites. Ficam com raiva sem razão. Veremos a seguir como melhorar a relação nesses casos.

Para tal fim, inicialmente deveria se utilizar a estratégia DA, mas com algumas variações.

Se a raiva é legítima, então além de desafogar e escutar, busque uma solução para o problema. Evite a não-ação, o desinteresse e a discussão. Mas seja honesto e firme em sua ação. Lembre-se de que ele está irritado legitimamente.

Se a raiva está equivocada e além do mais aconteceu no lugar errado, também é necessário escutar e desafogar, mas evite dar demasiada atenção ao problema. Informe que não pode dar solução ao mesmo e faça poucas perguntas.

Perfil: Dominante-Vaidoso (VA)

Características sensíveis: narrador de seu passado histórico. Linguagem em geral culta, questionador de raça, boa memória por natureza.

Busca satisfazer as necessidades de autoestima. Gosta que o escutem. O berço (ou linhagem) é seu melhor cartão de visitas.

Os polegares e sua falsa modéstia o denunciam. Olha por cima com o queixo erguido, a roupa cara e brilhosa nos mostra o brilho do passado, e o seu frouxo presente. O terno de cor azul sem qualquer escudo é sua melhor arma de defesa.

Se desejar manter uma boa relação atue no mesmo nível de comunicação. Pergunte pouco, seja tão exclusivo quanto ele, evite criticá-lo, ofendê-lo ou ferir sua susceptibilidade.

Perfil: Distraído (PD)

Características sensíveis: os gestos das mãos o denunciam. Os olhos estão em outro lado e os ouvidos estão escutando as musas. Mesmo que esteja presente, na realidade está em outra galáxia.

Esta máscara pode ser usada por todos, não importa a ocasião. O que importa é onde está nossa mente nesse momento. Por isso, recomendamos que este ausente seja trazido para a concentração pouco a pouco, tratando inicialmente de fazer-lhe algumas perguntas de respostas simples, com o intuito de despertá-lo. E, a seguir, fazer perguntas constantemente para que não se vá novamente.

Evite distrair-se e ser interrompido e também não o ignore. Também não é bom deixá-lo de fora.

Perfil: Papa-Léguas ou Velocímetro (VE)

Características sensíveis: sempre apressado para lado nenhum. Linguagem acelerada, parece um carro de Fórmula-1 correndo um rali. Fala rápido, faz perguntas de forma acelerada e concisa, é um recordista de velocidade comunicacional.

Busca satisfazer as necessidades de autoestima. Gosta que prestem atenção rapidamente. Sua cama poderia ter a forma de um carro de corrida. Vive em grande velocidade. O contínuo movimento dos pés o denuncia. Suas mãos se movem com grande velocidade, a respiração é agitada, a voz voa com um som envolvente e seus olhos são mais rápidos do que a velocidade da luz.

Se desejar manter uma boa relação, atue no mesmo nível de comunicação. Atue com precisão e velocidade, escute e responda rapidamente. Fale pouco, não seja lento e mostre interesse. Por favor, responda rápido porque ele já está indo...

Perfil: Lento ou Tartaruga (LE)

Características sensíveis: quando fala parece um trem de passageiros, para em todas as estações. Sua lentidão e parcimônia são visíveis, não se move por dúvida. Às vezes parece que não arranca e em outras parece detido no tempo. Sua linguagem modulada e lenta entedia. Em geral, é indeciso por natureza. Está convencido de que todos o esperarão.

Busca satisfazer suas necessidades lentamente, gosta de escutar e percorrer o caminho da ação à menor velocidade. Se encontra algum obstáculo parece um caranguejo dando marcha-à-ré.

A cara e os olhos o denunciam. Olha para baixo, não gosta que o pressionem, leva o tempo necessário para decidir, vive o presente, o futuro o consterna porque o tira de sua segurança. Dificilmente lidera porque chega tarde.

Se deseja manter uma boa relação atue no mesmo nível de comunicação. Acalme-se, não se apresse, pergunte muito e de maneira simples sobre coisas conhecidas. Mude pouco o assunto. Assegure-se de que o está seguindo. Repita e repita e repita. Tenha calma porque pode ficar na estação anterior.

Que cara! Que gesto! O que... é isso?

Analise o marco ou o contexto. Ponha todos os sentidos para trabalhar, procure compreender o que a outra parte está nos comunicando. Lembre-se de que ela utiliza todas as linguagens comunicacionais. Agora tente dar significado a ela. Elabore a melhor estratégia de comunicação e ponha em "luz, câmera, ação!".

A Magia da Comunicação Gestual

Sua Relação com os Perfis de Personalidade

O Marketing dos Gestos

Antes de começar a dar significado aos gestos, é necessário recomendar a necessidade de analisar os mesmos no contexto em que eles se desenvolvem. Observe a imagem ao lado e retenha em sua mente o que você percebeu com sua visão. Se preferir, escreva nessas linhas o que esta imagem significou:

....
....
....
....
....
....

Cada gesto nos comunica algo. Neste caso em particular, podemos atribuir ao mesmo diferentes significados. O gesto poderia estar representando alguma dessas três situações.

Neutralidade	Oportunidade	Ameaça
0	+	−

Nosso sistema comunicacional é assim. Expressa ou comunica algo de forma permanente. O corpo transmite informação de forma contínua, transformando-se em um sistema de comunicação ao qual chamaremos de linguagem do corpo, ou corporal, ou gestual.

Proximidade e Zona de Comunicação

Vendo a zona e a proximidade deduzimos logo a situação que nos transmitem.

	Livre e pública	Social	Íntima
Zona	Estudo	Amizades	Confiança
	Mecanismo de controle	Escritório	
Proximidade	De 1 a 3 metros de distância	De 0,50 a 1 m de distância	Menos de 0,50 m
Comunicação e controle	Colocamos a distância Comunicação e controle social estabelecido pela distância	Derrubamos barreiras de distância Comunicação e menor controle de distância	Sem barreiras Muita comunicação e pouco controle de distância
	Relacionamento com gente pouco conhecida Exemplo: polícia, bombeiros, encanador, médico social, pedreiro	Relação contínua ou periódica com pessoas conhecidas como, por exemplo, colegas de trabalho ou do clube	Relação contínua e permanente com pessoas muito próximas a nossos afetos íntimos como, por exemplo, a família, grupo de amigos ou nosso(a) companheiro(a)

Acredito que neste momento você estará pensando que a linguagem comunicacional do corpo é uma ferramenta poderosíssima para a análise de uma situação em um dado contexto. Será necessário discernir o que o corpo nos diz, pois é a mente que o comanda. E nela o sistema nervoso central nos denuncia continuamente com seus movimentos. Se o zoneamento e os movimentos não nos mostram nada, ou se representam uma ameaça ou uma oportunidade, é uma questão de como se olha, ou, melhor dizendo, como canta o conjunto espanhol Jarabe de Palo: "depende, tudo depende, com os olhos que se olhe. Tudo depende."

A Linguagem Corporal Através das Mãos e dos Braços

Sem esquecer as lições aprendidas anteriormente, analisaremos agora alguns gestos comuns com os quais nos comunicamos diariamente, tentando dar a eles um significado inicial.

A linguagem dos dedos:
Com os dedinhos não, com os dedinhos sim

Alguém nos assinala ou nos chama com o dedo **indicador.**

Coloque uma voz nessa imagem: escreva a seguir o que você sente.

Geralmente a interpretação é automática: é um sinal de ameaça, algo anda mal, estão me acusando de algo, sua chamada não é amistosa.

Entretanto, poderiam estar nos chamando para nos dizer que fizemos bem uma tarefa ou atividade.

A realidade é que por mais otimistas que sejamos, usamos o dedo indicador, geralmente, como estratégia de comunicação de ataque para tentar estabelecer uma relação de dominância sobre a outra pessoa.

Mas quando a memória costuma nos colocar em maus lençóis é o esquecimento das coisas que nos define. A humanidade recorre ao **dedo indicador** atando a ele um pequeno fio que nos recordará algo que temos que fazer.

O uso do dedo polegar mudou através do tempo. Por exemplo, se você quer demonstrar que algo está bem qual das duas figuras vai escolher? A da esquerda ou a da direita?

Indubitavelmente escolheu a figura da direita, pois estamos acostumados a utilizá-la para representar algo positivo. Entretanto, o uso verdadeiro dos polegares tem a ver com o significado do poder da autoestima.

No Império Romano, o uso dos polegares por parte do imperador tinha uma vinculação direta com a vida e com a morte. Entretanto, os romanos utilizavam os dedos polegares de forma reversa à que é utilizada na sociedade moderna, pois com o polegar para baixo denotavam que a pessoa continuasse com vida.

As pessoas com muita autoestima por vezes utilizam muletas verbais tais como: **"na minha humilde opinião..."** e apontam para si com os polegares. Aqui temos um problema de comunicação, pois com a voz nos indica uma coisa e com a linguagem gestual nos indica outra.

Essa pessoa de humilde não tem nada, nem a sua opinião, pois os dedos polegares denotam que o poder está em suas mãos.

Repasse na sua mente quem costuma utilizar esse tipo de frase e se dará conta de que pela localização hierárquica que desempenham na sociedade, de humildes, pelo menos na sua personalidade, não têm nada.

Se você está em uma festa ou em alguma reunião e sua possível "presa potencial" está com as mãos nos bolsos com os polegares para fora dele eu aconselho que você pense bem no seu ataque pois a posição de dominância e lugar está bem relacionada. Observe muito bem, espere que baixe os sinais ou ataque com uma boa estratégia de comunicação.

Não resta dúvida de que mesmo que os dedos polegares aparentemente sejam passivos na linguagem da comunicação gestual representam gestos de domínio, autoridade e agressão. Como outra prova irrefutável lhe lembro da cena que em incontáveis ocasiões vemos nos filmes e quase nunca vemos na vida real: **passar o polegar pela garganta** indica ação de morte.

Não menos agressiva é a representação que fazemos ao *mordermos o dedo indicador, significando vingança.*

Para representar o sucesso ou a vitória também é costume se utilizar de forma conjunta os dedos indicador e médio, que refletem socialmente o sinal de vitória ou triunfo. O uso desse sinal se fez notório durante o final da Segunda Guerra Mundial.

Mas o que acontece se você coloca este sinal atrás da sua cabeça fazendo aparecer os dois dedos por trás dela?

Já sei! Você pensou que se tratava de uma infidelidade explícita.*

Claro, pois se havia omitido algo muito importante, que era o contexto, que agora lhe informo: estava vendo o filme "Dança com Lobos", na tela se ouviam ruídos e o índio indicava nessa cena clássica que tinha "avistado búfalos…"

É importante destacar a comunicação não-verbal realizada com as mãos pelos surdos-mudos, que têm seu próprio vocabulário realizado com as diferentes formas desenvolvidas para dar significado às letras.

A Linguagem das Mãos ou Mãos à Obra

A posição das mãos nos mostra situação ou posicionamento de dominância ou submissão.

---

*N. T.: No Brasil esse gesto também significa homossexualidade ou burrice.

Analisemos algumas situações, como, por exemplo, o aplauso, a intensidade, o ritmo e a força da batida de ambas as mãos nos mostram o estado emocional, mas as mãos estão trabalhando em equipe. Ambas se encontram no meio e ambas trabalham ao mesmo tempo. O poder de cada mão está dividido, mas elas trabalham em conjunto.

Mas quando nos apresentam a alguma pessoa não conhecida até o momento, o movimento inicial é apertar a mão. A primeira pergunta é por que e a resposta é a que demos no assunto sobre a distância entre as pessoas, porque você ao conhecer a outra parte põe a distância entre ambas.

Entretanto, apesar da distância estabelecida, podemos observar que os bons costumes nos indicam que devemos "olhar os outros nos olhos e dar um forte aperto de mãos com a mão em posição direita", pois isto é um ato de cortesia.

Algumas pessoas, com esse ato inicial, nos mostram seu perfil de personalidade já que tentam "quebrar" nossos dedos, apertando nossa mão muito forte. Se isso acontece, quem o faz deseja nos indicar sua posição de dominância ou personalidade dominante.

Também podemos mostrar nosso diálogo direto e aberto suprimindo esse ato de cortesia e dando um beijo ou dois na face da outra pessoa. Com isso, o que fazemos é diminuir a distância, eliminando o protocolo necessário quando se trata de dois desconhecidos.

O Significado de Mostrar ou Não as Palmas das Mãos

Mostrar as palmas das mãos ou colocar as mãos para a frente e posicionadas no alto são um sinal de abertura. Algo que fazemos logo antes de abraçar a outra pessoa, mas fazê-lo com as mãos para baixo é um sinal de submissão ou de pertencer à outra pessoa. Em ambos os casos, são gestos que se relacionam com o que é fraternal, amistoso, bem-vindo ou de pertencimento.

Ao contrário, colocar as palmas das mãos para baixo indica posição de dominância e superioridade frente ao outro. Pense na seguinte cena do filme "**O Poderoso Chefão**": você é um convidado especial de Vito Corleone e alguém os apresenta.

O que fará Don Vito?

....

Estendeu a mão para você com a palma para baixo para que você lhe beije o anel, lembre-se de que o poder não está relacionado ao anel, mas pela posição da palma. Vejamos agora no Vaticano, e agora nos apresentam o Papa. Ele também me estende sua mão para que beije o seu anel.

Mas o que acontece se alguém está lhe cumprimentando com um forte aperto de mãos em posição direita e nesse momento você gira sua mão para a esquerda de maneira que sua palma fique para baixo?

Mesmo que o outro esteja lhe quebrando os dedos você sentirá que tem o domínio da situação, pois as palmas para a frente e para baixo indicam poder e controle da situação.

Observemos alguns gestos comuns que indicam posição de domínio:

Está dizendo: "na minha humilde opinião":
Observe a posição dos dedos indicador e polegar.
Os gestos não mentem.

Outra posição clássica de posse e poder é vista diariamente nas atividades educacionais no momento de uma avaliação ou exame. O docente costuma andar observando "a realidade" em uma posição característica: com ambas as mãos para trás.

Essa atitude demonstra uma posição de autoridade e controle, cujo uso também é característico nas Forças Armadas.

Se ainda assim não estiver convencido do significado da linguagem corporal eu posso lhe dar outro exemplo para lhe ajudar a ver a realidade. Esperamos tê-lo convencido, mas se não o fizemos, então continuaremos.

Você me entendeu ou tenho que repetir?

Estou indo para outro lugar, me dá uma carona?

A Linguagem Corporal Através dos Pés

Lembremos de novo as distâncias, as zonas e o contexto como suportes decodificadores das imagens e levemos em conta que os pés também comunicam. O problema é que normalmente não observamos essa comunicação.

A direção do pé direito indica que está apontando para outro lado. Será que está vindo alguém?

O pé esquerdo do homem deixa a criança fora da conversa.

Ela explica, ele escuta e avança.

NEUROMARKETING

Ambos se cumprimentam, ambos avançam.

Ambos continuam avançando, ela avança mais, ele não a vê.

Ela está entregue, ele está contido. Faça sua imaginação voar. Como isso continua?
....

Passaram-se alguns anos desde a última cena, mas a história continua, só que agora aprendem mais rápido.

O Melhor Ataque é uma Boa Defesa

As ações conjuntas entre mãos, braços e pernas nos mostram a posição de ataque ou defesa das pessoas. Rapidamente, teremos que julgar se isso é um ataque ou uma oportunidade, ainda que algumas posições nem sequer devam ser analisadas, porque por si sós dizem tudo. Vejamos alguns casos:

A mão direita se apoia sobre o interior do cotovelo esquerdo: sai pra lá... gesto clássico de repúdio com algo ou alguém.

Defesa masculina

Defesas femininas

Em ambos os casos, os braços agem como mecanismos de defesa natural. Às vezes, as pernas são utilizadas como complemento da defesa ou do ataque.

Ataque feminino e defesa masculina do segundo milênio. No terceiro milênio, tudo mudou...

Mas fica demonstrado que o homem sempre ataca sua presa, entretanto na arte da estratégia gestual é ela quem ataca, mas defendendo-se. Vejamos alguns gestos típicos de defesa feminina que são um grande ataque:

Toque no queixo

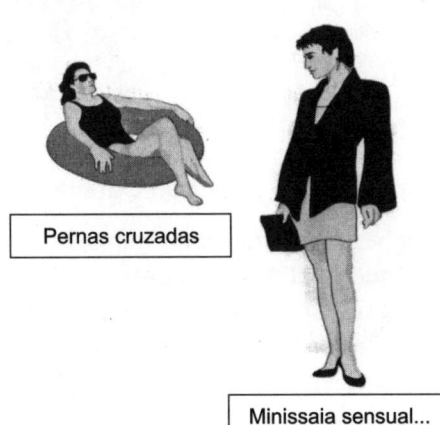

Pernas cruzadas

Minissaia sensual...

Não diga nada, pra mim você é uma deusa, por isso caio aos seus pé...

Os joelhos também falam, nos mostram gestos de submissão, quando nos ajoelhamos.

As mulheres atacam cruzando as pernas, os homens se defendem cruzando as pernas. Elas dizem que isso é muito perigoso, pois para eles pode ser um ato de suicídio.

Os Olhos Falam

Quando eu era pequeno, brincava com meus amigos e amigas de "Eu espio. O quê? Uma coisa..." Agora o convidamos a ver com outros olhos. Observemos algo que não mudou: o olhar das pessoas. Observando seu foco de atenção podemos discernir o objetivo da comunicação.

A ternura e a paixão ficam refletidos na mudança de cor dos olhos, mas também na direção para onde focalizamos. Ela nos indica que o dialogo é:

Negócios	Social	Íntima
Olho com os olhos para a frente	Olho com os olhos e a boca	Olho "outras" partes lindas do corpo

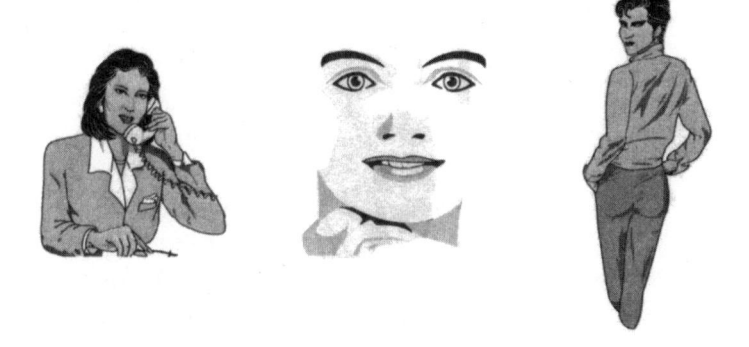

Lembre-se de que o homem focaliza o que está longe e custa a ver quando o objeto está perto. A mulher, ao contrário, vê melhor os objetos quando estão perto e pior quando estão longe.

Será por isso que a mulher sempre surpreende o homem olhando para ela e ele nunca a vê nessa situação?

Quando o homem avista um objeto chamativo que além de tudo se mexe muito, ele o focaliza atentamente à distância e o mantém ativo até que este se aproxime. É aí onde suas debilidades inatas o denunciam e ela o "pega no flagrante".

Os Gestos e a Conquista Humana

Ele caça há milhões de anos. Agora, utiliza camisas chamativas, gravatas de marca, usa gel, cuida do cabelo, faz exercícios e mostra os músculos. Acreditamos que estes são os elementos "clássicos" da conquista masculina:

Recentemente, outro foi agregado: agora toma banho mais vezes.

Ela pesca, desde sempre, preparou inumeráveis volumes de interrogações gestuais e corporais traduzidos a todos os idiomas possíveis, também conhecidos como livros de receitas de culinária ou de conquista masculina. Tornear a cintura, vozes e sussurros, saltos altos, umbigo de fora, maquiagem, o uso das cores, os perfumes e a ocasião, o acaso das roupas íntimas, lhe encontrei por acaso, diferentes formas de choros e gemidos, fazer várias coisas ao mesmo tempo sem se dar conta, brincar com objetos enquanto falo com outros, como me toco, sopro meu cabelo várias vezes sem perceber, o dicionário falado sem sentido, como utilizar o colágeno adequadamente, como mostrar pouco e vender muito. Website on line on demand.

Por razões de espaço e de domínio público, não continuaremos a desenvolver mais imagens. Para uma maior abrangência, favor analisar a realidade diária.

Realizou-se no Uruguai o Congresso de Slade. A seguir se apresentará um jogo de matrizes inspirado no modelo BCG e aplicado à conquista humana, desenvolvido e apresentado por Oscar Malfitano Cayuela.

Quadrante baixa participação/alto crescimento: Ela inicia a conquista. Divisou sua presa e conquistou. Aplica logo todos os seus conhecimentos. Era uma pergunta e agora é uma realidade: é uma **leoa**.

Inicia seu processo de posicionamento. A estrutura começa a se insinuar. Ela é a estrela que utiliza fundos. Continua o desenvolvimento do produto e começa a etapa da promoção e degustação. Começa a compartilhar os recursos e a criar valor de troca: é uma **deusa**.

Ciclo da conquista feminina

Estamos agora no terceiro quadrante, a participação é alta, o crescimento para cima se detém e o crescimento para os lados começa, aumentando o posicionamento. Participa nos trabalhos caseiros, e todas essas coisas, gera fundos e os utiliza muito bem: olá, **mamãe!**

NEUROMARKETING

O tempo passa e a experiência deixa suas marcas. Estamos no quarto quadrante. O que anda fazendo, **velha,** como andas? Ela logo se reestrutura e volta a ser leoa.

Quadrante baixa participação/alto crescimento: ele inicia a conquista. Divisou a presa de longe, foi tomar banho com urgência e colocar logo uma gravata atrativa. Ela se faz de distraída, e fica caída por ele. Ele se põe a pensar no que fazer, enquanto isso seca a baba. Ela o olha, o atrai, e faz ele se sentir um **tigre** que fala, que balbucia algo. Ela aparenta prestar atenção nele e ele estufa o peito.

Inicia seu processo de posicionamento. A estrutura começa a se insinuar. É a estrela que utiliza os fundos do papai. Continua o desenvolvimento do produto e começa a etapa de promoção e degustação. Começam a compartilhar os recursos e a criar valor de troca. Ele cozinha porque ela não sabe fazer nada disso: é um **gatão.**

Ciclo da conquista masculina

Estamos agora no terceiro quadrante: a participação é alta, o crescimento para cima se detém e começa o crescimento de sua experiência abruptamente, para o lado e para o meio. Ele se concentra na pança. Ela distribui melhor seus recursos, mesmo que em termos de peso ela tenha mais recursos (gordura) do que ele. A família o faz se sentir um **rei** (sem coroa).

O tempo passa e a experiência deixa suas marcas. Estamos no quarto quadrante, o que andas fazendo, **gordo**? Ele pensa em se reestruturar mas não consegue mais porque tem que tirar o lixo e levar o cachorrinho para passear.

Levemos em conta que o mundo está em constante mudança, mesmo que os olhares e os gestos sejam os mesmos, a realidade do terceiro milênio nos mostra que:

- o homem iniciou suas atividades sociais com a caça e agora precisa pescar algo;
- a mulher iniciou sua atividade social pescando, depois formou casal e se "casou", ou seja, caçou alguém, mas com o passar do tempo também se responsabilizou pela "casa", sendo hoje o sustento de mais de 40% dos lares na América Latina.

Alguém cantaria para nós "a vida continua sempre igual..."
A humanidade vive da caça e da pesca e para poder sobreviver sempre precisa de seus sentidos. O neuromarketing sempre esteve presente...

A Magia da Fidelização dos Clientes

É Possível Fidelizar os Clientes?

Como se faz?

As perguntas iniciais deveriam ser outras:

Que comportamentos desejamos fidelizar?

Entendemos por fidelização a lealdade de um cliente à integralidade do sistema, englobando a todos os conectores do mesmo, deixando claro que integralidade não é o mesmo que frequência.

As perguntas a seguir têm a ver com o valor diferencial e vitalício do cliente fidelizado, ou seja, que desejamos fidelizar:

- O ponto de venda?
- A marca?
- A paixão?
- Uma promoção em particular?

Como Fidelizar os Clientes?

Dirigindo a estratégia para:

- Orientar os esforços para os segmentos mais rentáveis.
- Criar relações de continuidade com os clientes.
- Segmentar finamente as mensagens.
- Conhecer mais os clientes.
- Realizar menos contato para venda igual.
- Predizer comportamentos futuros.
- Identificar clientes potenciais que se assemelhem aos melhores clientes atuais.
- Monitorar o valor vitalício de um cliente.

Como Quantificar o Valor da Fidelização?

Para isso, a primeira coisa que devemos fazer é resolver uma equação matemática de satisfação, tendo muito claro que este valor representa um valor-chave na gestão pessoal e empresarial.

As possíveis respostas à equação nos permitirão selecionar planos de ação alternativos, diferentes e/ou complementares, mais adequados para a gestão empresarial.

$$\frac{\text{O que devo fazer?}}{\text{O que ganho com isso?}} = \text{vale a pena?}$$

Qual é

- A orientação estratégica?
- A intenção?
- A política organizacional?
- O custo?
- O benefício... que a ação vai gerar?

Em função dos resultados obtidos com esta equação, deveria ser possível definir se vale a pena fazer ou não e dizermos essa expressão: "vale a pena".

Existe também uma contradição de antônimos, pois, se vale a pena, isso quer dizer que o estamos ponderando com um peso relativamente importante. Ou seja, estamos dando uma significação como elemento importante para a valiosa direção para a qual estamos encaminhando os esforços, e obviamente seu ponto de equilíbrio e retorno em utilidades deveria ser constatado em médio e longo prazos.

Lembremos que fidelizar o cliente é pensar em:

- Ativos valiosos.
- Geradores de valor intrínseco.
- Criadores de vínculos permanentes que vão ser parte do processo organizacional.

Gerar vinculos é:

- Gerar diálogos.
- Construir significados através de conversas com nossos clientes.

- Conversar com:
  - Nossos fornecedores.
  - Nossos competidores.
  - Com o setor.
  - Com nossos clientes internos.

O Valor de um Cliente

A história conta que, faz alguns anos, esse diálogo aconteceu entre um cliente insatisfeito e o dono de um armazém:

Cliente: Minha esposa está descontente com a carne que você nos mandou recentemente, e ela se queixou e você não deu resposta. Me parece que nos trata adequadamente, somos clientes há mais de dez anos e você nos fornece todos os alimentos que consumimos em minha casa, além dos produtos de limpeza. Se considerarmos que gasto mensalmente R$ 500,00 em seu negócio e que a rentabilidade média para você é da ordem de 20%, então, fazendo as contas, nestes dez anos compramos R$ 60.000,00 e represento para você um ativo de R$ 12.000,00. Dito de outra forma, esse carro que está na rua, ou seja, o seu carro, fui eu que paguei.

Vendedor: Para mim os clientes são todos iguais.

Cliente: Bem, para que você reconsidere o valor de cada cliente, vou lhe dizer que a partir de agora e pelos próximos dez anos vou dar de presente um carro a outro vendedor. Tchau e até nunca mais! (o cliente foi comprar em outro lugar)

Gerenciamento de Relações com os Clientes ou *Customer Relationship Management*

A ideia principal consiste em conhecer detalhadamente a resposta a cada uma das perguntas que se nos apresentam e colocar o foco em algo que chamamos especialização por cliente para, com isso, maximizar a busca contínua de benefícios diferenciais.

A proposta então é nos convertermos em uma ponte que unifique os diferentes componentes do sistema, de modo tal a construir uma rede de contenção estratégica chamada "rede de relações", em virtude da qual "o cliente está indissoluvelmente ligado à prestação do serviço".

A chave então se localiza nas relações e na construção da rede. Elas são a base da escolha do consumidor e da adaptação da empresa.

Não podemos esquecer de que a fidelização como instrumento do marketing de relacionamento pretende satisfazer os clientes, o que nos faz voltar às origens das relações empresa-cliente quando as relações pessoais eram a base do sucesso empresarial.

O marketing de relacionamento é o processo social e executivo de estabelecer e cultivar as relações com os clientes, criando vínculos com benefícios para cada uma das partes, incluindo vendedores, promotores, distribuidores, fornecedores e cada um dos interlocutores fundamentais para a manutenção e exploração da relação.

Como disse Peter Drucker:

> *"Existe apenas um modo de definir o propósito da empresa: criar um cliente; o que a empresa acredita produzir não tem importância, sobretudo para o futuro da empresa e seu sucesso. O que o cliente acredita comprar e o que ele considera valioso são decisivos para determinar: o que é uma empresa, o que produz e como irá prosperar?"*

Theodore Levitt seguiu a mesma linha e complementou a afirmação de Drucker dizendo: "a missão de um negócio é criar e manter um cliente".

> *O marketing de relacionamento é uma estrutura emergente destinada a criar, desenvolver e sustentar intercâmbios de valor entre as partes implicadas de maneira que as relações de troca evoluam para conseguir vínculos estáveis.*

O marketing de relacionamento é a criação de um ativo diferenciador da empresa e forma o paradigma das organizações em rede.

O marketing de rede é formado pelas empresas e por todos os públicos com os quais ela se relaciona: clientes, empregados, fornecedores, distribuidores etc.

Lembramos aqui o conceito de "cooperância" que surge como possibilidade de encontrar um lugar que nos mantenha fora da linha de fogo e a partir do qual possamos nos integrar à gigantesca trama do mundo globalizado.

A rede de valores revela duas simetrias importantes no jogo dos negócios. No eixo vertical os clientes e fornecedores desempenham papéis simétricos. São sócios iguais na criação de valor.

Matriz de Relação com o Cliente

		Necessidades dos Usuários	
		Altas	Baixas
Valor do Cliente	Alto	Marketing de base de dados	Marketing de relacionamento
	Baixo	Marketing massivo	Marketing de nichos

Mas as pessoas nem sempre reconhecem essa simetria, pois apesar do conceito de escutar o cliente ter-se tornado um tema comum, não ocorre o mesmo quando se trata dos fornecedores.

No eixo horizontal existe outra simetria no nível conceitual. Os complementares não são mais do que o reflexo dos competidores.

É fácil concentrar-se em apenas uma parte do negócio e não atender às demais. Por isso, a rede de valores está destinada a contestar esta tendência.

Qual é o Jogo?

O jogo da fidelização consiste em desenvolver o marketing de relações sobre quatro pilares básicos.

Pilares do Marketing de Relacionamento

- Organização em rede
- Marketing direto
- Valor agregado
- Data Warehouse

- Organizações em rede.
- Ações de marketing direto.
- Geração permanente de valor agregado.
- Suporte de base de dados (*data warehouse*).

Como base da construção, necessitamos de um sistema de informação, ao qual chamaremos *data warehouse*, que basicamente nos permita categorizar a partir da inter-relação de diferentes variáveis. Além disso, nos gera padrões de comportamento, por exemplo:

- O que compra?
- Com que frequência?
- Se compra porque é comprador usuário ou compra para outro, como no caso da mãe que compra fraldas para o seu bebê. Neste caso, a mãe é a compradora mas não a usuária.
- O que é que está comprando de nós?
- Com que finalidade?

Fazer tudo isso de forma personalizada é muito custoso, mas se dispomos de um sistema informatizado que nos permita organizar essas informações, a única coisa que temos de fazer depois é carregar as variáveis e ele nos fornece a quantidade de clientes que atende a cada perfil.

Algumas empresas de cartão de crédito e cadeias de supermercados estão implementando esses sistemas com muito bons resultados, depois de quatro ou cinco anos de monitoramento e ajustes.

Além disso, se complementa com o marketing direto, plataforma na qual se assentam as bases da fidelização dos clientes:

- Com uma base de dados viva (atualizada, rica em informações, flexível e acessível).
- Com comunicação específica para cada alvo objetivo definido, personalizada e, por conseguinte, mais efetiva.
- Com recompensas significativas.

O negócio deve ser reinventado aproveitando a convergência dos recursos disponíveis. Estes pilares permitirão então definir uma inteligência comercial fundamentada em um novo paradigma onde a integração, a desintermediação e a personalização massiva têm um papel preponderante em três tempos/espaços diferentes e complementares entre si, em forma de espiral:

Inteligência Comercial	
Atração	Marketing
Interação	CRM
Transação	Convergência

Isso nos Facilitará

- **Identificar o cliente:** satisfazer, conhecendo as necessidades do cliente, medindo sua avaliação sobre nossos produtos.
- **Diferenciar o cliente:** melhorar, reorientando as atividades para os produtos requeridos.
- **Valorizar o cliente:** recompensar, mover a atitude do cliente para um maior consumo dos nossos produtos e colocar freio na ruptura da relação.

Algumas das atividades que nos permitem promover a fidelização:

Como? Buscando um segmento claramente definido que podemos atender, tanto do ponto de vista humano como do processo.

O segundo ponto é pensar quais são as atidudes que desejamos modificar em nosso grupo-alvo de clientes, para com nossa ação ajudar para que eles modifiquem seu comportamento, alcançar a modernização e nos fortalecermos com uma vantagem competitiva sustentada, difícil de ser copiada.

- Identificar o segmento.
- Mudar atitudes e comportamentos.
- Alcançar a modernização.
- Alcançar uma vantagem competitiva sustentada.

Para isso, é necessário trabalhar com programas táticos específicos que nos permitam elaborar estratégias que guiem nossa visão tanto a curto prazo como a médio prazo simultaneamente.

O que permitem fundamentalmente os programas de curto prazo, como as promoções que mostram algum benefício adicional, é renovar o interesse dos clientes para que não sejam tentados pelos nossos concorrentes.

Os objetivos de programas de curto prazo nos permitem basicamente recompensar, com alguma ação concreta, aqueles clientes que estão nos escolhendo, porque permitem ir ampliando paulatinamente esse mercado ou segmento-alvo que apontamos e renovar o interesse e com isso termos um fluxo de dinheiro fresco.

Programas de Longo e Curto Prazos

Objetivos	
Longo prazo	Curto prazo
• Criar relacionamento	• Renovar o interesse
• Recompensar a repetição de compras	• Recompensar de forma diferenciada
• Promover um meio de comunicação	• Prender o cliente dentro do programa por um período determinado
• Manter a lealdade a longo prazo	• Incrementar as vendas
	• Projetar o programa de longo prazo

As estratégias de longo prazo são todas aquelas que direcionam para o reforço do vínculo com o cliente, para cada vez mais identificar os modelos mentais e formas de diálogos mais eficientes, mais operativas.

Em síntese:

Os programas de fidelização de clientes cumprem com todas as características de ser:

- Permanentes: duração não menor do que 2 anos, com rentabilidade esperada para depois de 12 meses.
- Sistemáticos: respondem a uma mecânica específica.

Depois do atendimento ao cliente, os programas de curto prazo são considerados os mais efetivos para promover a fidelidade do cliente.

Os programas de longo prazo se focalizam na fidelização do grupo de clientes principais

> *"pouco importam os temas vinculados, antes de tudo precisamos aprender a ler os vínculos".*

Para Onde Devem se Orientar os Pilares?

- Para a identificação do cliente:

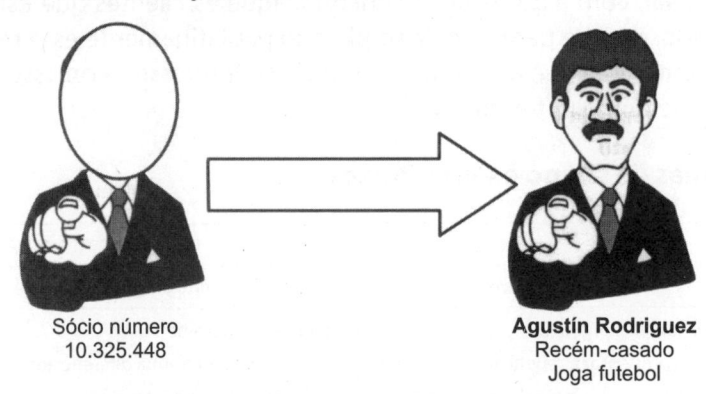

Sócio número
10.325.448

Agustín Rodriguez
Recém-casado
Joga futebol

- Para a diferenciação do cliente:

- Para a valorização do cliente:

Para um desenvolvimento correto do jogo da fidelização recomendamos não esquecer esses seis postulados fundamentais:

- O comportamento passado é mais bem prognosticado do que o comportamento futuro.
- Uma compra é simplesmente um evento a mais e o valor de um cliente é seu valor vitalício de compra total.
- Certos clientes são mais importantes do que outros.
- Em geral, os clientes tendem a ter características em comum.
- Em geral, os clientes potenciais irão se parecer com os clientes atuais.
- Se criarmos "relações" alcançaremos a continuidade dos clientes.

O que Agregamos à Nossa Gestão com Isso?

A estratégia de fidelização nos permitirá alcançar uma melhoria na rentabilidade por cliente sobre a rentabilidade habitual do mix de produtos.

O que agregamos à nossa gestão?	
• Vender os produtos ao maior número possível de clientes	• Vender um maior número de produtos a um cliente por vez
• Diferenciar os produtos	• Diferenciar os clientes
• Conseguir um fluxo constante de novos clientes	• Conseguir um fluxo constante de novas compras dos clientes
• Concentrar esforços em economias de escala	• Concentrar esforços em economias de alcance
• Ganhar participação no mercado	• Ganhar participação do cliente.

Se a clientela está satisfeita, será mais difícil que "passe para o lado da concorrência".

Desta forma, a lealdade criada constitui uma forte barreira de entrada para a concorrência e uma alta barreira para a saída da clientela.

Se desejamos satisfazer o cliente para fazer negócios, o cliente satisfeito é menos sensível ao preço. Isso diminui os gastos com publicidade e nos permite um maior planejamento de vendas.

A satisfação do cliente é a plataforma básica para a construção do valor de incremento. Isso também nos permite aprofundar o conceito de "participação na carteira" (*share of wallet*).

Para alcançar esse objetivo, devemos incrementar as vantagens simbólicas percebidas e apoiarmos em sinais extrínsecos, podendo se utilizar para isso a técnica de mapeamento percentual.

Os signos são percebidos pelo consumidor, provocando nele um pensamento que irá estimular uma resposta favorável.

A esse respeito Alberto Levy nos diz:

> "O mercado é a linguagem em que os demandantes e os ofertantes falam através de produtos ou serviços...,
>
> Nesta analogia, cada produto ou serviço é uma combinação de palavras dessa linguagem. É por isso que devemos distinguir a estrutura de signos que é construída na oferta da estrutura do significado que a demanda interpreta.
>
> A diferenciação é esse sentido de diferenciar significados".

Estratégias Vinculares

Vantagens tangíveis

Recursos ⇄ Produtos ⇄ Valores

Vantagens simbólicas

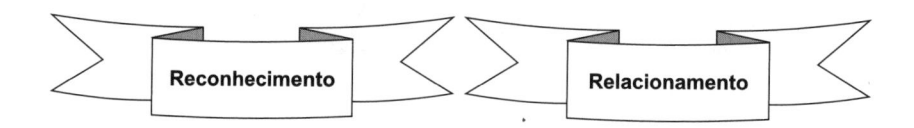

Reconhecimento — Relacionamento

A pessoa é objeto e sujeito da mudança: ela a assume e a administra ou padece como vítima. Mas lembremos que qualquer mudança deve

NEUROMARKETING

servir para que se projete a si mesma com uma autoimagem favorável e afirmação de seu poder pessoal.

Sob esse enfoque, o consumo e a consideração da conduta do cliente se estruturam em função da imagem que ele tem de si mesmo e daquela que desejaria ter. Este último pensamento se relaciona plenamente com as determinações de compra e as escolhas dos indivíduos.

Para entender a demanda e apontar a ancoragem e fidelização de nossos clientes é necessário entender o consumo como jogo permanente de aspectos racionais e irracionais. O ato do consumo é um ato simbólico enquanto a psique humana opera em duas dimensões. São elas:

- Denotativa: o que é funcional, objetivo, lógico, consciente.
- Conotativa: o ilusório, impulsivo, irracional, subjetivo.

Por isso, as imagens não são apenas imagens de produtos ou de marcas, mas também existem os componentes intrínsecos, já que os objetos não são apenas uma coisa concreta e tangível, mas também são receptores para além de nossas expectativas, desejos e motivações.

O cliente necessita consumir tanto os produtos tangíveis quanto as imagens que deles se desprendem indubitavelmente.

Nessa relação, o conjunto de transações comerciais surge da força que o desejo (motor simbólico) imprime à demanda. Daí vem a importância de nos aprofundarmos na compreensão das características simbólicas para gerarmos como consequência vantagens simbólicas.

Os consumidores se comportam de múltiplas formas com respeito às diferentes ofertas. Cada uma dessas formas implica que o mesmo produto seja diferente a cada instante e para cada cliente. Por isso, como empresários e estrategistas, não podemos deixar ao acaso essa ação que a demanda realiza.

Não é suficiente satisfazer, posto que isso significa um investimento muito alto e de difícil retorno financeiro. Então, metodologicamente falando, devemos estabelecer prioridades de atributos e nos orientarmos a cumprir.

A denominação "retenção de clientes" consiste em tratar de impedir que os clientes da empresa deixem de comprar dela. A retenção dependerá então da realização das ações que permitam melhorar sua fidelidade.

A lealdade é um conceito comportamental, ao medir a natureza das compras repetitivas ao longo do tempo.

O poder passou dos produtores aos consumidores e, com isso, mudou todo o processo transacional.

O processo de compra será, então, cada vez mais interativo e o consumidor poderá coprojetar o produto para produzir a autossatisfação de sua necessidade.

Serviço de Atendimento ao Consumidor e os Contextos de Trabalho

Já encontramos diversas razões internas e externas para realizar e melhorar o atendimento a clientes. Agora propomos levar em consideração as seguintes variáveis e seus lugares eventuais para a ação.

Metas Segmentadas e Hierarquizadas
- Pré-venda.
- Venda.
- Pós-venda.

Aquisição
- Necessidade do cliente-serviço, impulsionado pelo valor ou pela estratégia.

Retenção
- Relações ativadas pelo diálogo, valor vitalício de um cliente.

Aumento de Ingresso
- Medições de resultados concentrados nas metas.

Crescimento

- Eficácia em função de custos; não-estratégia de baixo custo.

O mundo dos negócios mudou e as velhas realidades de tempo, espaço e matéria foram substituídas pelas novas realidades de conectividade, velocidade e valor.

A conectividade tem a ver com a capacidade de relação das pessoas. Os clientes se movem em ambientes de tempo real e em qualquer direção. Devemos interpretar sua rede de conexão, identificar suas necessidades e fazer parte de soluções.

Os ciclos de vida dos produtos agora duram menos do que antes. Passamos do pensar em termos de anos de duração a variáveis mais acirradas. A velocidade do ciclo aumentou e, por conseguinte, a duração do ciclo de vida do produto diminuiu.

O valor está na marca. Ela cria na mente do cliente um conjunto especial de valores difíceis de decodificar. Compreendê-los será uma das chaves do futuro e também uma chave essencial da rede de fidelização.

Repassemos alguns slogans:
- "Identificação total com o cliente".
- "Orientação de mercado consequente".
- "O cliente como objetivo de nossa atividade de trabalho".
- "O cliente é o rei".

Slogans deste tipo perderam a atualidade. Em muitos casos, essas frases são uma piada brilhante para os clientes e atuam como um bumerangue negativo.

Se analisarmos as promessas que se faz aos clientes, observaremos que em 9 de cada 10 casos elas não são cumpridas e, em muitos outros, as compensações dependem de demasiadas cláusulas e negociações chatas, que nunca chegam a bom termo.

NEUROMARKETING

É a hora, então, de as empresas começarem a se esforçar por alinhar as tarefas de acordo com o marketing de relacionamento e pararem de enganar a si mesmas com os serviços de atendimento ao cliente.

Mesmo que não existam receitas para o marketing de relacionamento, permito-me lhes transmitir alguns segredos que melhoram a sua arte culinária:

- Mantenha um contato estreito com seus compradores, criando um conselho de clientes.
- Arme um sistema de sugestões dos clientes, para que eles possam contribuir sistemática e facilmente no aporte de ideias, sugestões e observações. Faça programas de intercâmbio de empregados com fornecedores e clientes. Isto contribuirá de forma a realizar um benchmarking empresarial.
- Implemente um programa de assistência gradual para os clientes no qual ser cliente há mais tempo garanta maiores vantagens.
- Crie seu departamento de clientes segundo o modelo aprovado pelos próprios usuários, ou seja, os clientes.
- Transmita seus conhecimentos aos clientes e solicite suas opiniões.
- Comunique as ações financeiras da empresa aos clientes de forma clara, para que considerem as vantagens antes de sua implementação.
- Incorpore todos os conhecimentos do neuromarketing, relacionando-os aos valores dos principais clientes.
- Visualize as mudanças tecnológicas e meça seus impactos na empresa e nos clientes.

Lembre-se de que até que se tivesse aperfeiçoado a tecnologia de frio nas geladeiras na década de 70, apenas os alimentos congelados duravam 7 dias nelas. Portanto, após esta mudança, as pessoas puderam comprar e armazenar alimentos perecíveis em seu freezer.

NEUROMARKETING

Conquista e Melhora da Lealdade

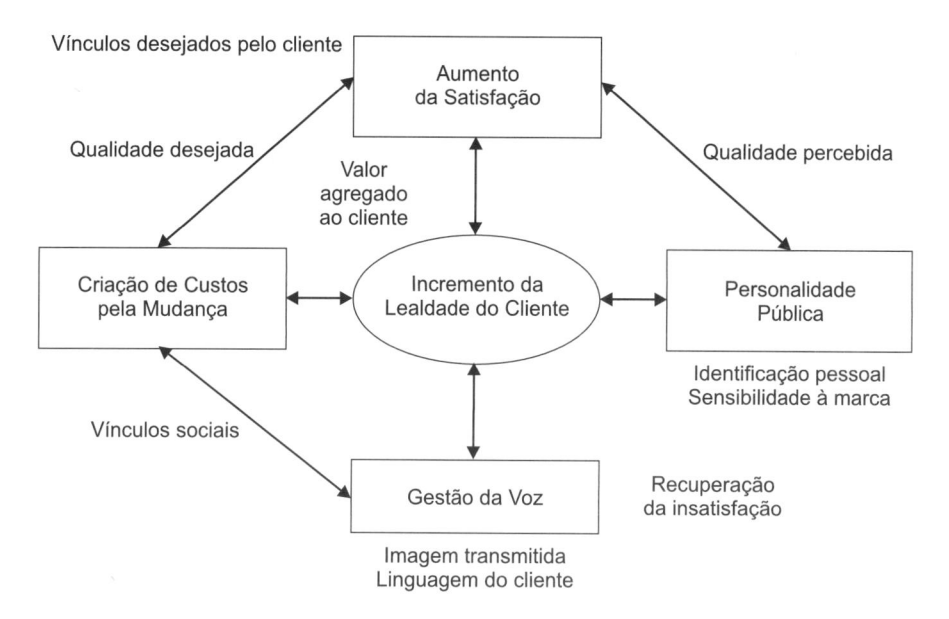

```
Vínculos desejados pelo cliente ──→ ┌──────────────┐
                                     │  Aumento     │
                                     │ da Satisfação│
          Qualidade desejada          └──────────────┘         Qualidade percebida
                          ↘             ↑           ↗
                              Valor
                              agregado
                              ao cliente
                                  ↓
  ┌──────────────┐          ╭──────────────╮        ┌──────────────┐
  │ Criação de   │ ←──────→ │ Incremento da│ ←────→ │ Personalidade│
  │ Custos pela  │          │Lealdade do   │        │   Pública    │
  │  Mudança     │          │   Cliente    │        └──────────────┘
  └──────────────┘          ╰──────────────╯
                                                  Identificação pessoal
                                                  Sensibilidade à marca
  Vínculos sociais              ↓
                         ┌──────────────┐       Recuperação
                         │ Gestão da Voz│       da insatisfação
                         └──────────────┘
                         Imagem transmitida
                         Linguagem do cliente
```

Fidelização no Século XXI

- Ser honestos.
- Ser transparentes.
- Ser seletivos.
- Ser diferentes.
- Ser flexíveis.
- Estar motivados.
- Construir uma rede de valores.
- Desenvolver atividades entre ambos.

O cliente está indissoluvelmente ligado à prestação do serviço. O desafio não é apenas satisfazer ao cliente, mas também integrá-lo à nossa rede.

Em um mundo de diálogos, conversas, vínculos e relações, a aplicação das técnicas de marketing não é suficiente para conseguir uma relação permanente e sustentável no tempo.

NEUROMARKETING

No momento do "encontro" com a outra "parte", os atores principais devem construir propósitos compartilhados, conseguindo com isso que a vida seja mais transcendente.

No caminho da vida pessoal ou comercial, não existe outra opção a não ser a linguagem da comunicação. Expressa em palavras, silêncios, movimentos corporais, tons de voz, movimentos visuais ou sentimentos.

Aprender a ler a linguagem corporal, distinguir os tons, ritmos e mudanças da voz, decodificar o impacto das cores, dos aromas e dos sabores ou distinguir a rigidez ou tensão do relaxamento muscular fazem parte da relação permanente entre os clientes.

Ainda há muito o que caminhar. O neuromarketing irá contribuir para melhorar esta relação entre as partes. Lembre-se de que apenas 7% da linguagem falada são retidos no cérebro durante o desenvolvimento da comunicação humana.

A humanidade continuará avançando na revolução do conhecimento. Certamente, algumas pessoas pensarão que com este material pretendemos manipular as relações pessoais. Nosso objetivo é muito mais modesto. Pretendemos, através do neuromarketing, melhorar a relação de confiança perdida entre aqueles que realizam a satisfação das suas necessidades. Nosso centro é o cliente. É com ele que devemos manter uma relação permanente e sustentável no tempo. E é conhecendo a sua forma de pensar que podemos satisfazer melhor essa relação de troca de valores.

A mente humana tem como único limite sua própria imaginação. A Biologia continua avançando, a manipulação genética põe em dúvida a ética da humanidade e certamente dentro de 15 anos nosso livro sobre "neuromarketing" será um material "infantil" frente aos avanços da neurociência.

A humanidade deve repensar até onde quer chegar e até onde deve chegar.

Em nosso próximo livro, desenvolveremos uma metodologia que nos permitirá integrar todos estes conhecimentos para melhorar o relacionamento pessoal nas organizações através dos vínculos de confiança entre aqueles que dirigem e aqueles que participam no processo de gestão organizacional.

NEUROMARKETING

Anexo 1

Metodologias, Modelos e Técnicas

A Visão da Aprendizagem Organizacional

No livro "Recreando Empresas 21", Oscar Malfitano Cayuella analisa os modelos de pensamento e perfis das estruturas das organizações frente às fases de um Planejamento Estratégico de Negócios ou Serviços – PENS, depois de integrá-lo ao Plano Tático de Marketing – PM – com o objetivo de mostrar uma forma ordenada de gerar uma aprendizagem contínua na cultura de uma organização.

Veremos a seguir um breve desenvolvimento do mesmo, realizado por seu autor:

Um PENS consta, entre outras, das seguintes fases:

Plano de Negócios ou Serviços

(Objetivos → Informação / Negócios ou Serviços) → (Meio Ambiente, Estrutura, Competência, Clientes, Tecnologia) → Diagnóstico

Índice de Conteúdos ou Fases do Plano de Marketing

- **Introdução preliminar:** descrição concreta dos objetivos e metas preliminares à realização do plano.
- **Análise preliminar:** descrição detalhada e explicação do posicionamento atual da organização e de cada UENS. Isso requer contar com o desenvolvimento prévio de:
  - Definir as Unidades Estratégicas de Negócios ou Serviços (UENS) da companhia.
  - Criar uma tabela estratégica de gestão – TEG – a tabela virtual de informação para monitorar a gestão dos negócios ou servi-

ços, através da elaboração e do acompanhamento de índices estratégicos, táticos e operativos. A descrição detalhada deverá ser feita para a organização como um todo e para cada UENS em particular.

- **Análise de situação**
  - *Análise do meio ambiente:* com uma visão prospectiva são determinados os impactos positivos e negativos que o meio ambiente produzirá sobre a organização e sobre cada UENS em particular.
  - *Análise da estrutura da organização:* nesta etapa são determinados os pontos fortes e as debilidades da estrutura da organização em geral e sobre cada UENS em particular.
  - *Análise da concorrência:* com uma visão prospectiva são determinadas as vantagens e desvantagens da organização em geral e sobre cada UENS em particular. Nesta etapa, analisamos a inter-relação entre o ambiente ou contexto da estrutura de nossa organização e a estrutura da concorrência, com o propósito de determinar prospectivamente as vantagens e as desvantagens comparativas da organização e de cada UENS. Na TEG devemos focalizar a informação relativa vinculada aos fatores externos de influência, os fatores internos geradores de pontos fortes e debilidades e devemos criar uma área correspondente a indicadores de análise da concorrência. É conveniente agrupá-los em conjuntos de características comuns como: estruturais, de produto, praça ou mercado, publicidade, promoção, logística ou distribuição, clientes, tecnologia ou posicionamento.
  - *Análise dos clientes:* com uma visão prospectiva determinam-se a importância e o nível de participação dos clientes da organização em geral e sobre cada UENS em particular. Nesta etapa, analisamos a inter-relação entre as estruturas de nossa organização e os clientes com o propósito de determinar de forma atual e de forma prospectiva:
    Quem é nosso cliente?
    O que deseja?
    Como consome?

Quais são seus desejos e como decide?

Quando e quanto compra?

Qual é o nível de fidelidade?

Em suma, quem são os clientes importantes para nós. Deve-se apresentar aqui uma síntese dos principais clientes e as UENS que consomem.

– *Análise da tecnologia:* em virtude da importância da tecnologia durante o início do terceiro milênio, nós nos propomos a começar a analisar a influência dela na organização em geral e nas UENS em particular.

O avanço da tecnologia não afeta apenas a estrutura mas também influencia os negócios. Por isso, nos propomos a determinar os impactos positivos e negativos que o desenvolvimento da tecnologia produzirá sobre a organização e sobre cada UENS em particular.

Em síntese, nos propomos a determinar os diferentes tipos de tecnologia e as necessidades de utilização na estrutura e o nível de impacto geral no mercado.

Fase de Diagnóstico Geral

Nesta fase se determinam os objetivos e as metas gerais da organização e das UENS em particular. O primeiro nível da organização é o que toma esta decisão e deve ser utilizado como suporte decisório para todas as fases anteriores.

Com a tomada desta decisão, marca-se o rumo ou a direção da organização em seu conjunto e se ela desenvolveu uma cultura organizacional por UENS. Pode-se até realizar a fixação de objetivos e metas concretas por UENS, incluindo nesta classificação as áreas de serviço ou suporte analisadas na cadeia de valor.

Ao concluir esta fase, está finalizado o Plano Estratégico de Negócios ou Serviços. Deixo claro que todo o conjunto de informações vinculadas a ele deve ser integrado como suporte da ação e da elaboração do Plano de Marketing.

A Pirâmide Estratégica

Diagrama da pirâmide estratégica com os níveis:
- Direção Estratégica — Objetivo — Penetrar Segmentar
- Estratégia de Marketing
- Táticas de Marketing
- Produto, mercado ou lugar, preço, publicidade, promoção, posicionamento

A direção estratégica é estabelecida pelo primeiro nível da organização e a estratégia de marketing indica o modo ou forma de alcançar os objetivos.

As táticas de marketing mostram o modo de executar a estratégia. São representadas pelos planos táticos de publicidade, promoção, preço, posicionamento e relações públicas que cumprem com este objetivo.

Os planos táticos de marketing (PTM) são dependentes do plano de marketing (PM) e este depende do plano estratégico de negócios ou serviços (PENS) que estabelece a direção estratégica da organização.

O que é e para que Serve o Plano de Marketing (PM)

O PM está integrado ao plano estratégico de negócios ou serviços (PENS) e deste emanam os objetivos e as metas que as unidades estratégicas de negócios ou serviços têm que alcançar.

O PM é indispensável para o funcionamento de qualquer organização já que é o guia comercial dos produtos ou serviços da companhia. Sua elaboração requer a integração de todas as áreas envolvidas no processo de comercialização. A elaboração do PM proporciona uma visão do objetivo final e de todos os passos que são requeridos para se conseguir chegar a bom termo no caminho em direção a este.

Utilidade de um Plano de Marketing

A elaboração correta de um PM gera muito em relação a uma quantidade concentrada mas relativamente pequena de esforço. Podemos destacar as seguintes utilidades:

- Serve como guia ou mapa do caminho a se seguir.
- É útil e necessário para a colocação em marcha e controle da gestão das atividades comerciais de uma organização.
- Gera informação sobre a conquista dos objetivos desejados.
- Realiza a designação de recursos para as UENS.
- Designa responsabilidades funcionais e operativas.
- Determina responsáveis por áreas de negócios ou serviços.
- Serve para analisar os problemas atuais e tomar conhecimento das ameaças e oportunidades futuras.
- Melhora as posições relativas das UENS, determinando as vantagens competitivas de cada uma delas.
- Ajuda a melhorar o posicionamento das UENS.
- Serve como veículo de ação para transformar as vantagens comparativas das UENS em vantagens competitivas.

Tipos de Planos de Marketing

- O plano de marketing anual.
- O plano de marketing para novos produtos ou serviços.
- Outros planos táticos de marketing geral e por clientes:
    o Vendas.
    o Promoção.
    o Publicidade.
    o Distribuição ou logística.
    o Serviços.

ALGUMAS TÉCNICAS E FERRAMENTAS

No mês de dezembro de 1994, um de meus filhos, Emiliano, terminava sua educação escolar de nível primário (7ª série) no Colégio San Antonio Maria Claret. Tinha nessa época 13 anos; neste dia, durante o desenvolvimento da Santa Missa Escolar, meu inconsciente começou a se aprofundar nas relações existentes entre a vida e o marketing da vida.

Ao finalizar a Santa Missa, o padre iniciou sua despedida, dirigindo-se aos formandos, dizendo: "Jovens... vocês finalizam hoje a sua preparação escolar primária e passam a ser considerados adolescentes, pois deixam a infância e ingressam em uma nova etapa ou crise chamada crise de crescimento ou adolescência.

Para chegar a este momento, já superaram outras mudanças ou crises, pois deixaram para trás a mamadeira, a chupeta, as fraldas e as camisinhas de pagão. Iniciaram também seu primeiro dia na escola e hoje abandonam este primeiro caminho ou ciclo de ensinamentos da vida: é o passo chamado da infância à adolescência ou etapa do crescimento.

Terão tempo de aprender a viver esta etapa de acúmulo de conhecimentos que os nutrirá e complementará tudo aquilo que não têm ou carecem.

Esta mudança os fortalecerá e os formará para voarem sozinhos nos ciclos seguintes. E continuarão o caminho, enfrentando novas mudanças ou crises, que os levarão inesperada e rapidamente à crise da juventude.

Mas lembrem-se que estas etapas ou crises são as mais bonitas e felizes da vida, pois é aí onde contam com tudo, contem também comigo para aqueles que necessitem no futuro."

A emoção nos envolveu a todos. Foi um abrir e fechar de olhos com lágrimas. Havíamos formalmente compreendido que nossos filhos haviam deixado de ser crianças ou infantes. Também em um abrir e fechar de olhos saltaram da juventude à maturidade e daí à vida adulta. E não se darão conta de que, sendo jovens, existirão outros que os olharão como se fossem velhos, não terão experiência mas se sentirão experimentados. A lealdade e a amizade serão um laço muito forte mas sem se dar conta sentirão que aprenderam a voar e irão querer voar sozinhos, e isso é natural.

Tomarão seu lugar, sendo muito jovens, virão seus filhos e, sem se dar conta, serão adultos, ainda que ainda se sintam jovens e com força. Mas só aí neste momento terão algo valioso em suas mentes, a sabedoria inicial de vida à qual chamaremos experiência.

Seus amigos também terão crescido e cada qual terá sua vida e sua amizade continuará em seu coração e em algum lugar da mente. Sua amiga natural será sua esposa, e assim será ainda que os outros manifestem o contrário.

Resistirão a acreditar, mas a vida é assim, irão querer então viver na Terra do Nunca, onde vive Peter Pan e as crianças não crescem, mas a realidade será outra. Sem se dar conta... serão adultos.

De filhos, passarão a pais e, sem se dar conta... serão avós. Alguns serão avós jovens e sentirão que chegaram mais rápido à maturidade, onde a experiência tem o valor das lembranças.

Os anos passam rápido e a vida continua. Em seu interior apenas uma voz os preparará para ingressar na útima etapa visível da vida: a velhice. Mas não façamos disso um problema tão grande, temos uma vida inteira pela frente. A velhice toda é como uma acne que um dia veio e um dia se foi.

Meus ouvidos e minha visão "marketeira" haviam escutado este relato com uma comoção especial. O neném já não era tão neném. Mas houve um impacto maior: através das relações humanas, havia compreendido que o ciclo de vida de um produto ou de um serviço na visão da administração era idêntico ao ciclo de vida do meu filho.

Comovido, meditava em silêncio, perguntando com temor à minha voz interior:

Estive cego e surdo durante tanto tempo?

A gargalhada de minha consciência foi a resposta afirmativa que meus reflexos necessitaram para compreender novamente que há perguntas óbvias e tontas, respostas curtas e óbvias que nos fazem cair no ridículo. O interior me respondeu: somente agora você percebeu que o ciclo da vida é idêntico ao ciclo de vida de um produto?

A realidade havia me golpeado, então desfrutei de outra realidade, a emoção natural de um pai ao ver o início de uma nova etapa na vida de seu filho. Pois ele começava a adolescência, iniciava uma nova rota, um novo caminho desconhecido. Ele ia se movimentar no caminho de sua luta pessoal, a busca por sua identidade. Era a viagem divina da adolescência onde tudo é novo e predomina a tempestade.

O que isso tem a ver com os modelos, as técnicas e as ferramentas do marketing?

Vejamos:

A mamadeira, a chupeta, as fraldas, o carinho, o conselho saudável são os recursos que todo produto novo precisa para se posicionar no mercado. Por isso, esta é uma etapa de investimento contínuo para o crescimento. As alegrias recebidas são muitas, mas os investimentos que fazemos são maiores do que as compensações que recebemos. Crescerá mais se fizermos o investimento correto e ainda mais se o mercado nos ajudar.

Da mesma maneira que a nossa mente desconhece como enfrentar o caminho da adolescência, e para isso nossos pais nos dão seus recursos, o cliente também floresce em sua mente o conhecimento das bondades do produto ou serviço que desejamos posicionar. Por isso, devemos traçar um caminho para não apenas chegar até a sua porta, mas passar sua mente e nos instalarmos em seu interior.

A juventude é o crescimento onde começa a se forjar a verdadeira personalidade dos filhos, onde se acentuam as diferenças com os pais e sua família. Quando isso passar, você estará posicionado para viver sozinho, mas, até que isso passe, receberá o apoio de outros até que alcance o equilíbrio necessário e as suas contribuições serão iguais às compensações. Para seus pais, você é a estrela da casa. Trabalha e além disso agora se mantém sozinho.

Em seguida, virá o que a gente não gosta nem de dizer e nem de escrever. Sua vida continuará, chegará a ser alguém e continuará em frente... mas isso vou contar quando analisarmos o ciclo de vida do produto ou serviço que corresponde ao marketing tradicional.

O padre finalizou sua mensagem.

"Lembrem-se de que um ser normal nunca está satisfeito com sua obra. O ser humano deve operar para satisfazer os demais. E o mais elementar disso é o agradecimento. Nossa obra máxima é saber agradecer.

A vida é uma cadeia de amizades, de amor, de alegria e de agradecimento. Mas lembrem-se do mais importante da vida: chegar à sabedoria."

Nesse momento, senti que o padre tinha falado dos clientes e compreendi que era importante saber mais acerca deles, mas minha sensação interior me fazia compreender que meus principais clientes da vida eram meus filhos e deles devia saber mais. Se você compreendeu esta história, entenderá o modelo seguinte:

O Modelo Boston Consulting Group ou BCG – Criado em 1966

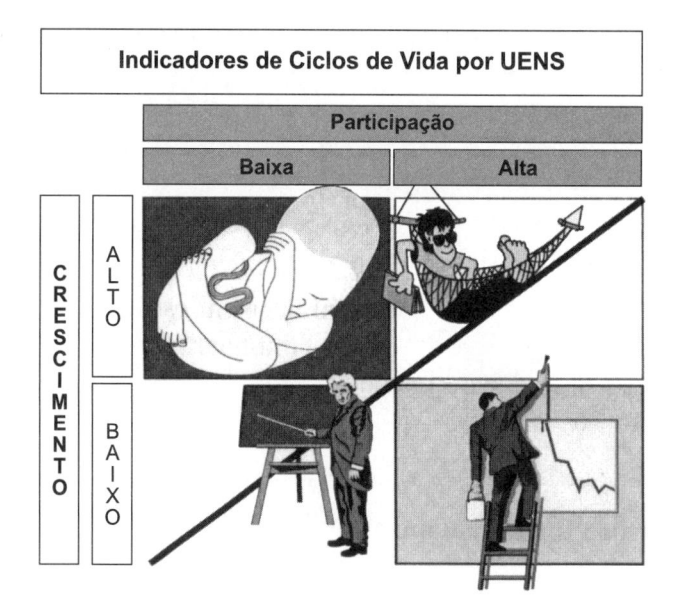

O modelo de Igor Ansoff analisa duas variáveis-chave:

- Crescimento do mercado.
- Participação relativa.

Nesse momento, o mundo crescia a uma taxa de 10% anualmente. Por isso, este ponto foi o indicador de corte. Determinou-se que os produtos ou UENS que superavam esta taxa de 10% tinham um crescimento alto que correspondia aos mercados novos. O resto que se localizava abaixo desta linha de corte matricial era considerado pertencendo a mercados maduros ou de baixo crescimento.

A participação relativa é a divisão entre o produto ou UENS controle e o da concorrência. O ponto de corte para este caso é 1; que indica que os dados comparativos entre ambos são iguais. No caso de o quociente resultar um número maior do que 1, isso nos indica a vantagem relativa para os indicadores que estejamos analisando. Se o quociente nos fornece como resultado um número menor do que 1, então os valores do controle são menores do que os da concorrência.

O modelo deve ser utilizado para as UENS da organização, sendo as unidades, as vendas, a retabilidade e a geração de fundos os fatores-chave da análise em relação ao mercado-alvo de cada UENS.

Mas onde obtemos a informação necessária para aplicar o modelo? Se não disponho dela no sistema de informação gerencial que conforma a tabela estratégica de gestão, então terei que incluir no mesmo ou, do contrário, não poderemos utilizar o modelo.

Cada quadrante do modelo nos determina a mudança estratégica da decisão lógica do administrador, estabelecendo uma estratégia genérica para cada UENS. Vejamos a seguir:

NEUROMARKETING

No quadrante **incógnita** (ponto de interrogação) se localizam os produtos ou UENS novos. Por quê? Porque sendo novos, a variação entre os períodos de análise é alta e nos dará como resultado um alto crescimento no mercado. Mas ao incluir a variável geração de fundos, nos damos conta de que estas UENS requerem fundos para continuar seu crescimento. O mercado não conhece as qualidades e possíveis usos desse novo negócio e é necessário interiorizar nos clientes dele através do desenvolvimento de investimentos em marketing.

Síntese: alto crescimento, baixa participação relativa, utiliza fundos, necessita de investimentos para continuar crescendo.

No quadrante **estrela** perceberemos que convivem duas classes de UENS, e ambas possuem crescimento rápido. Uma classe utiliza fundos e a outra gera fundos. Vejamos por que:

O mercado de produtos incógnitas continuou crescendo. Isto faz com que em um mundo onde os mercados estão estáveis ou decrescentes, atraia a atenção da concorrência, que começa a dirigir sua atenção nesse sentido e a lançar novos negócios.

O que acontece quando entra um novo competidor?

O mercado total cresce, pois outro entra. E também aumenta o nível de competição. Por isso, o crescimento de nossa UENS tende a desacelerar-se. Então, o que fazemos? Investimos para crescer, para que o cliente nos conheça melhor. Isso gera um incremento nas vendas e, como contrapartida, um incremento nos gastos. Em termos reais, geramos muito e utilizamos muito, mas em termos líquidos a geração de fundos e a rentabilidade, mesmo que pequena, continuam sendo negativas e se aproximam do ponto de equilíbrio. Mas ainda não podem se manter sozinhas.

Então, focalizamos o investimento para posicionar nosso negócio; ressaltamos nossas diferenças favoráveis em relação à concorrência para aumentar o volume de clientes para, a partir daqui, começar uma estratégia de desinvestimento planejado que nos permita manter a posição de vantagem frente à concorrência, mantendo o volume e diminuindo os gastos. Dessa maneira, as UENS começam a gerar fundos necessitando cada vez menos de investimento para manter a posição.

Em síntese, neste quadrante crescemos muito investindo muito, criando uma imagem positiva e um adequado posicionamento da UENS. Nossa etapa de crescimento começa a se estancar, passando então ao ciclo seguinte.

Na Argentina, ter "a **vaca** amarrada" significa que estamos na presença de um bom negócio. Porque a vaca se alimenta sozinha e com pouco, além de criar bezerros que servem para os outros comerem. Produz o alimento básico de qualquer família, não importando a condição econômica dela.

Para o modelo BCG, as UENS posicionadas nesse quadrante pertencem a mercados estáveis ou decrescentes, onde as ações anteriores geraram grande volume com a aplicação de economias de escala que permitem custos unitários eficientes com rentabildade unitária baixa, mas importante pelo poder relativo do volume. No caso de realizar algum investimento em publicidade, deveria ser para evitar a queda de volume no posicionamento da UENS.

Baixo crescimento, alta participação, economia de escala em custos e alta rentabilidade e alta geração de fundos são as características das UENS que encontramos nesse quadrante.

Mas o tempo passa, os costumes mudam e os produtos desaparecem ou se reciclam. Alguns segmentos ou partes do mercado decrescem, o posicionamenteo se torna obsoleto, a tecnologia muda. Tudo faz com que algo cheire mal e o mercado começa a ser menos importante. A UENS inicia sua perda de valor relativo, é como uma jubilada que milagrosamente perdura com o passar do tempo.

Encontramos aqui duas posições: a pequena geradora e a pequena utilizadora de fundos, mas com saldo positivo e aquela que como uma criança ficou indefesa frente às inclemências do mercado e precisa da ajuda dos demais.

A esse quadrante, que é núcleo destes dois tipos de UENS, o denominamos **cachorro**. Quero deixar claro que as UENS localizadas nesse quadrante merecem uma análise especial, que não farei neste material. Simplesmente os lembro que cada UENS deve cumprir uma função vinculada com a estratégia da organização. Nesse sentido, pode existir um cachorro de raça que com sua imagem impeça o acesso dos ladrões do meu mercado, ou seja, os concorrentes, mas se o cachorro é raivoso, ele gera perdas que não posso recuperar. Então, lamentavelmente, para o seu bem e para o nosso, o sacrificamos.

O modelo BCG e o ciclo de vida humana se parecem muito. Seria interessante realizar uma comparação entre ambos... claro que existem diferenças, afinal as UENS não são humanas. Mas cuidado, porque todos estamos à custa do mercado.

Deixo claro que todas as análises devem ser feitas com uma visão de passado, presente e prospecção do futuro para compreender melhor as mudanças de posição de cada UENS no modelo.

Modelo Matricial de Clientes

Para a aplicação deste modelo, partimos da premissa virtual de que dispomos da informação necessária e detalhada dos clientes, ou seja, aqueles fatores ou pontos-chave pelos quais consideramos que um cliente é importante. Por exemplo: rentabilidade, crescimento, geração de fundos, liquidez, solidez, frequência de compra, volume de compra, perfil de comportamento, o modelo mental, seu tipo de inteligência, seu modelo de representação.

		Importância do Cliente	
		Baixa	Alta
PARTICIPAÇÃO	ALTA	ANALISAR, ABANDONAR	DEFENDER
	BAIXA	ANALISAR	ATACAR

Com o uso da tabela de gestão estratégica, determino quais são os clientes importantes ou que cumprem com as variáveis-chave de gestão ou de relação.

Depois, através da utilização de nossa força de relacionamento (ou de vendas) ou de uma pesquisa de mercado, determino qual é a nossa participação relativa em cada cliente importante.

Voltamos a ter quatro quadrantes:

- *Alta importância – alta participação:* a estratégia genérica que subjaz a este modelo é defender a posição que temos em cada cliente. Para isso, é recomendável realizar uma campanha de fidelização. Por quê? Porque se o cliente é importante no mercado, o concorrente também colocará o olho sobre ele para seduzi-lo e roubá-lo. É como estar casado com um bom partido: todos ou todas querem roubá-lo. Ela sabe mais do que ele nesses assuntos. Consulte então o sexo feminino sobre esses temas.
- *Alta importância – baixa participação:* a recomendação estratégica e lógica é atacar. Por quê? Porque você definiu que o cliente era importante e se ele tem baixa participação terá que seduzi-lo para conquistá-lo e ter maior participação. É como estar frente ao príncipe encantado de sua vida, ou o sonhado *sex-symbol* e não fazer nada para atraí-lo. Se você é homem, não se preocupe. Ela fará tudo e nos fará crer que nós é que o fizemos.
- *Baixa importância – alta participação:* se você tem muitos clientes nesta posição, cabem duas hipóteses: a primeira é que o mercado mudou rapidamente junto com as preferências, e a segunda é que você estava assistindo a outro filme ou não conhecia esta ferramenta. Logicamente falando, você não deveria ter muitos clientes nesta posição. Se tiver, saiba que função cumpre cada um deles no mix de sua estrutura. Metaforicamente falando, não esquente o peru, não gaste energia (fogo) onde não há recompensa. Isso se você for humano igual a mim.
- *Baixa importância – baixa participação:* espero que você não tenha clientes aqui, pois se os tiver não encontro qualquer lógica. E pelo menos espero que você tenha investido poucos fundos.

Modelo de Geração e Utilização de Valores – Determinar Variáveis de Análise

Indicador de Valor de Fundos Líquidos por UENS

	Participação	
	Baixa	Alta
CRESCIMENTO ALTO	UTILIZA	
CRESCIMENTO BAIXO		GERA

Por exemplo, a geração e a utilização de fundos são componentes-chave da estratégia de uma organização. Se dispomos de um TEG adequado, teremos a possibilidade de agrupar as UENS segundo estes fatores-chave, deixando claro que o posicionamento das UENS sobre a bissetriz de corte denotaria que se localizam no ponto de equilíbrio. O mesmo conceito pode ser utilizado para denotação de rentabilidade ou qualquer outro indicador de perspectiva financeira.

Modelo Integrado de Clientes e Fundos

Acredito que o gráfico é bem eloquente. Vamos defender quem gera, deixando de lado quem utiliza fundos de forma inadequada. Tenhamos sempre algum cliente para atacar e abandonemos os que não são importantes.

Estou certo de que você utilizou a teoria analógica de sistemas e pensou em sua esposa, sogra e outras companhias.

Por um princípio de "prudência", não lhe peço que me diga quem é quem em cada quadrante.

Indicadores de Valor dos Clientes por UENS

		Importância	
		Baixa	Alta
PARTICIPAÇÃO	ALTA	UTILIZA	GERA DEFENDER
	BAIXA	ABANDONAR	ATACAR

Em síntese, os modelos matriciais representam as estratégias ou propostas metodológicas resultantes da análise lógica entre duas variáveis. A posição de cada UENS, representada por cada bolha, nos indica o posicionamento atual e nos mostraria seu futuro, se seguirmos os raciocínios lógicos ou propostas estratégicas.

A magnitude ou o tamanho das UENS representadas pelas bolhas nos indicam a importância relativa de cada uma delas na organização.

Indicador de Performance por UENS

NEUROMARKETING

Nos últimos 20 anos, a administração produziu avanços gigantescos no diagnóstico presente das UENS. Com os avanços das tecnologias da informação, podemos idealizar posições prospectivas das mesmas em um futuro desejado.

Espero, com esta síntese, ter demonstrado os avanços da administração e a necessidade da integração dela com a contabilidade para produzirem juntas uma melhor gestão organizacional.

MERCHANDISING

É um conjunto de técnicas de venda utilizadas para melhorar a relação de intercâmbio entre produtos e serviços, cujos principais focos de atenção são a apresentação e a rotatividade para incrementar a rentabilidade do ponto de venda.

Substitui a apresentação passiva do produto ou serviço, apelando a tudo aquilo que o faça mais atrativo:

- Localização.
- Embalagem.
- Funcionamento.
- Apresentação.
- Exibição.

As vendas desse tipo de produtos ou serviços são caracterizadas por:

- Apresentação à vista e acesso livre ao cliente.
- Livre escolha do comprador sem intervenção da figura do vendedor.
- Disposição da clientela de elementos para reunir ou transladar os produtos no interior do estabelecimento às caixas de pagamento centralizadas.
- Os produtos competem frente ao cliente autovendendo-se.

Em síntese, o processo de compra e venda começa com o projeto do produto ou serviço e culmina com todas as ações necessárias para melhorar as relações de troca entre o cliente e o produto no ponto de venda,

NEUROMARKETING

sem a intervenção de qualquer vendedor. Para o produto ou serviço que se "autovende", deve ser otimizado ao máximo possível cada metro quadrado de superfície utilizado para essa "autovenda".

A Influência dos Sentidos no Merchandising

A altura normal do lugar onde se expõem ou se exibem os produtos ou serviços, conhecido como gôndola, é de 1,80m, disposta em 5 níveis. Cada nível ou prateleira possui uma valoração diferente. As prateleiras altas e baixas são as que têm menor valor. Por quê? Porque os níveis do meio são os que melhor se veem e, além disso, são os mais acessíveis às mãos.

A disposição dos produtos e serviços em uma gôndola não é uma casualidade. E também não deve ser deixada ao acaso. Vamos lembrar algumas regras básicas de merchandising:

- *Tudo o que se vê, se vende; tudo o que se pega com as mãos quase sempre se compra:* nem todos os lugares do estabelecimento têm o mesmo foco de atenção dos clientes. As extremidades situadas nas pontas e nos cruzamentos de gôndolas são as que melhor se veem e, por isso, você sempre deveria encontrar os artigos promocionais ali.
- *O facing dos produtos ou o lugar de exposição dos mesmos* dependerá dos princípios de coincidência que o fornecedor e o lugar de venda tenham. Em matéria de rentabilidade de volumes de venda, terá mais *facing* o produto que mais vender, ou mais renda traga, ou um mix de ambos.
- *A apresentação dos produtos em massa ajuda a venda* porque desperta um sentimento de abundância e potencializa a emoção da compra.
- A exposição por *grupos de afinidade* faz com que a venda de alguns produtos ajude a venda de outros.
  − Produtos complementares: molho de tomates em lata perto das pizzas pré-prontas, ou acompanhando o setor de massas.

Por critério de rentabilidade individual: os produtos de maior margem ou venda se alternam com os produtos de menor margem ou venda.

O merchandising, além de atuar no interior do local, para alcançar o objetivo de rentabilidade, deve além de tudo levar em consideração os seguintes elementos:

- A frequência de visita do cliente ao estabelecimento.
- A capacidade média de compra dos clientes.
- Os motivos ou necessidades de compra.
- A composição da clientela segmentada por idade, sexo etc.
- O nível de rentabilidade por cliente.
- O calendário de promoções.
- Os hábitos de consumo predominantes na região.
- O nível de rentabilidade por Unidade Estratégica de Negócios ou Serviços.
- O nível de rotação por Unidade Estratégica de Negócios ou Serviços (UENS).
- O nível de rentabilidade por metro quadrado de gôndola.

Em síntese:

Enquanto a venda tradicional tem como objetivo vender ao intermediário, o conjunto de técnicas que compõem o merchandising, sem que exista a figura do vendedor, valoriza as UENS e estimula as compras do cliente.

O merchandising é o marketing em ponto de venda, sem contar com vendedores. As UENS ou produtos realizam a autovenda em competição direta com seus concorrentes, buscando o máximo de rentabilidade por metro quadrado da superfície utilizada para a venda.

A integração destes conhecimentos do marketing tradicional e não-tradicional com a nova visão do neuromarketing aguçará o engenho e a criatividade humanos em busca de uma relação equilibrada de intercâmbio de comunicação personalizada permanente, sustentável entre as partes que satisfazem suas necessidades.

NEUROMARKETING

Outra forma de mostrar o ciclo de vida é através do seguinte gráfico:

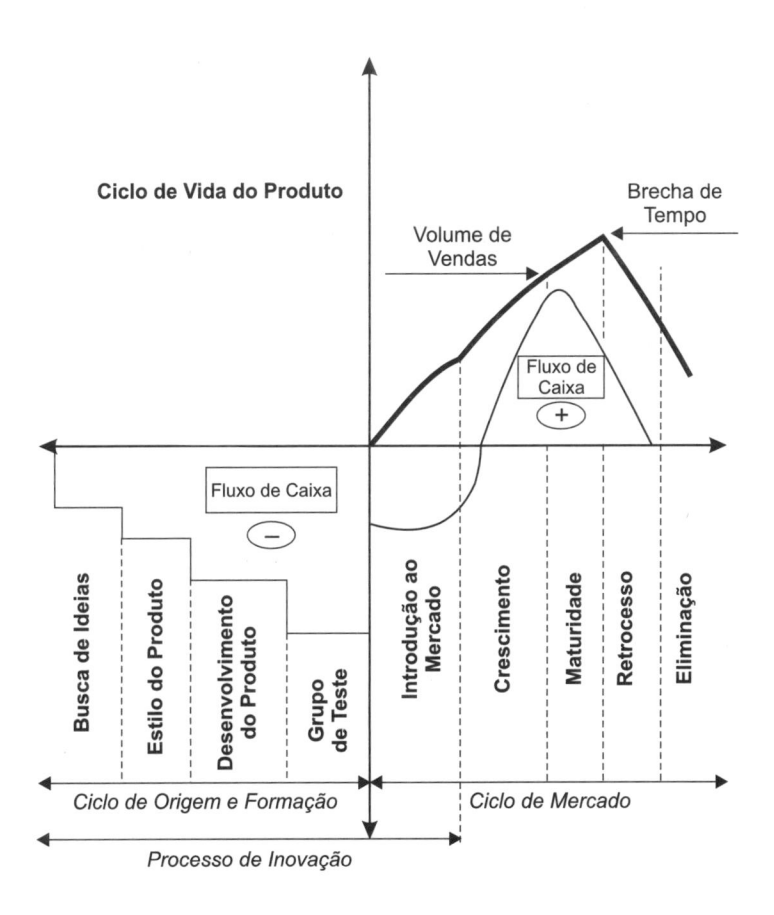

Ciclo de Vida do Produto

- Busca de Ideias
- Estilo do Produto
- Desenvolvimento do Produto
- Grupo de Teste
- Introdução ao Mercado
- Crescimento
- Maturidade
- Retrocesso
- Eliminação

Volume de Vendas

Brecha de Tempo

Fluxo de Caixa (+)

Fluxo de Caixa (−)

Ciclo de Origem e Formação | *Ciclo de Mercado*

Processo de Inovação

Planos Táticos Genéricos de Comunicação para Cada Degrau ou Etapa do Ciclo de Vida

Fator-chave de UENS	Introdução	Crescimento	Maturidade	Retrocesso
Produto ou serviço	Embalagem	Diferenciar Criar benefícios adicionais	Relançar Foco em benefícios adicionais	Redução da gama de produtos
Distribuição	Decidir canal de distribuição Estabelecer sistema de distribuição	Ampliar canal Buscar novos canais	Desenvolvimento de promoções intensivas de venda	Adequação do canal à realidade
Preço	Buscar o nível inicial	Diferenciar segundo tipos de cliente	Condições diferenciadas	Estabelecer política integrada a outros produtos
Comunicação	Formar o grau de conhecimento Determinar os conteúdos-chave da comunicação Definir meios de comunicação para o público-alvo	Posicionar a marca Dirigir a comunicação especificamente aos segmentos dos grupos-alvo	Manter alto grau de popularidade Lembrança para manter posição Ações para sustentar as promoções	Apenas como integradora do portfólio de UENS
Clientes	Estabelecer potenciais e prospecções Captar	Segmentar Manter	Fidelizar	Recriar

Um bom exercício que propomos: desenvolver o quadro de comunicação tática para cada um dos clientes que consideramos importantes em nossa vida pessoal e profissional.

Por que fazê-lo?

Inconscientemente você já o faz, estamos apenas propondo que o faça de forma metódica e consciente, aplicando tudo o que foi lido neste livro e seguramente isso melhorará seu relacionamenteo pessoal.

Anexo 2
A Magia da Criatividade e da Inovação

O Cérebro e a Criatividade

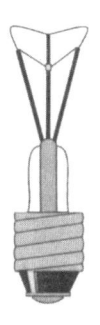

Processo da Informação no Cérebro

	Esquerdo	Direito
Perspectiva histórica	Yang Ego Consciente Mente	Yin Ideias Insconsciente Corpo
Reunir informação	Pensamento Percepção	Sentimento Intuição
Memória	Palavras Números Partes Nomes	Imagens Modelos Conjuntos Rostos
Expressão	Verbal Conversação Contar Escrever	Não-verbal Sonhos, gestos Coragem Desenhar, cantar Garatujar
Pensamento	Analítico Linear Lógico Racional Sequencial Vertical Convergente Dedutivo	Visionário Espacial Analógico Associação Livre Simultâneo Lateral Divergente Indutivo
Escolha	Branco e preto	Tons de cinza
Desempenho	Tentar Executar	Reflexo Visualização
Gestão empresarial	Normas Procedimentos	Visualização Compartilhada
Organização	Capital Pessoal Matérias-primas Tecnologia	Valores Compromisso Ideias Inovação

OS CÉREBROS E A CRIATIVIDADE

O hemisfério direito do cérebro contém a intuição e a inovação. Por esta rota passa a criatividade da humanidade.

A criatividade é a disposição do ser humano que o impulsiona a descobrir, inventar e criar alguma coisa.

Podemos distinguir duas classes, ou orientações:

a) *Orientada pelas regras:* explica fenômenos novos em função da recorrência, ou seja, de fenômenos do passado.

b) *Orientada à mudança das regras:* justifica a criatividade como elemento modificador dos sistemas existentes.

Criatividade é imaginação, gozo, gratificação, expressão de ideias novas e também recriação de imagens através da transformação ou deformação das anteriores, dando origem a novas formas.

Todos nós temos a capacidade de sermos criativos, alguns de nós a possuem de forma inata enquanto outros podem acessá-la através da estimulação do cérebro, com o uso de técnicas desenvolvidas para tal fim.

A criatividade aumenta a capacidade de jogar, nos permite pensar em termos de imagens e também existem técnicas que deram origem a muitos dos produtos que utilizamos atualmente.

Façamos silêncio, parece que o cérebro pode ser estimulado pelo exterior e ele não se deu conta disso. Aproveitemos sua distração já que o mundo em que vivemos nos pede que sejamos mais criativos. O problema é como fazê-lo.

A criatividade não tem nada a ver com necessidades insatisfeitas. Se isso fosse verdade, os maiores inventos seriam provenientes das civilizações que têm mais necessidades, como a África, a Índia e, por que não, a América do Sul.

A chave da criatividade se apoia no descontentamento do ser humano. Quando alguém está descontente, põe sua mente em funcionamento para encontrar uma solução e não descansa até fazê-lo.

Se você está feliz e contente não se preocupe, mas se está acontecendo o contrário, lhe contarei a seguir alguns dos aspectos fundamentais vinculados à criatividade e suas técnicas para lhe ajudar.

A criatividade é algo assim como a capacidade de olhar a mesma coisa que os demais, mas fazê-lo vendo algo diferente ou vendo com outros olhos ou olhando com olhos maiores...

Uma fonte importante para o desenvolvimento da criatividade é a associação livre de ideias. Nela, a memória tem um papel importante nas etapas iniciais da vida das pessoas.

Reconhece-se que os gênios têm uma memória muito boa. No Japão, por exemplo, considera-se que se uma criança não aprende a memorizar efetivamente, não alcançará um potencial criativo pleno.

A liberdade é o mais importante no processo criativo. O gênio criativo de cada um de nós se fundamenta no complexo e perfeito desenvolvimento da liberdade do ser humano.

Um ser livre pode propor as melhores ideias, mas apenas isso às vezes não é suficiente. Também faz falta a constância, porque se inicialmente não temos êxito, devemos tentar vez após outra até alcançarmos aquilo que desejamos ou necessitamos.

Nascemos criativos e visionários?

Em 1899, o diretor do Escritório de Patentes dos EUA afirmou: "tudo o que podia ser inventado já foi inventado..." Então, pediu que fosse transferido e que o escritório de patentes fosse fechado.

As ideias crescem em ambientes apropriados, em organizações com visões e disposições mentais dedicadas à inovação e ao aperfeiçoamento contínuo.

A liberdade financeira solta a imaginação, produzindo um estado de gozo e gratificação que culmina com o desenvolvimento de novas ideias.

A criatividade tem como termômetro o medo. É ele que põe os limites à audácia e ao risco. Esses obstáculos naturais da conformação humana agem como barricadas para a visualização de novos horizontes, influem em nossas visões e em nossos sonhos.

Para quebrar com esses lastros ou amarras, necessitamos de ajuda. A melhor ajuda para superar estes obstáculos é encontrada em nosso espelho e se chama "confiança".

A criatividade é um modelo mental. Não é um traço monopolizado por uns poucos. Todas as pessoas são criativas. A criatividade é uma característica dos humanos. É uma inteligência a mais.

NEUROMARKETING

Ser criativo é ser inteligente, porque requer a capacidade de perceber e reconhecer o mundo que nos rodeia, compreendê-lo e mudar aquilo que nos parece inadequado.

Ser criativo é descobrir formas, maneiras, pensamentos ou expressões humanas não percebidas pelos outros e transformadas em realidade por eles.

Alguns pensamentos e definições sobre a criatividade:

- É um processo completo pelo qual as ideias são geradas, desenvolvidas e transformadas em valor.
- É a capacidade de obter resultados diferentes.
- É ver novas possibilidades e fazer algo a respeito.
- É pegar algo existente e modificá-lo ou melhorá-lo.
- É a capacidade de se adaptar à mudança.

Algo está muito claro: a criatividade está latente em todas as pessoas, em um grau maior do que geralmente se acredita.

Levemos em consideração que quando se trata de criatividade e inventividade, o emocional e o não-racional são tão importantes quanto o intelectual e o racional.

Muitas das melhores ideias nascem quando não se está pensando conscientemente no problema que se tem nas mãos.

Como promover a criatividade? Estimulando a formulação de perguntas reais e sonhadoras, expulsando o temor, interagindo com outros e promovendo a competição saudável.

Como ser mais criativo no dia a dia?

- Recriando o dia a dia, tentando que cada dia traga alguma surpresa.
- Descobrindo o que gostamos e o que não gostamos.
- Fazendo o que mais gostamos com mais frequência.
- Analisando os problemas de diferentes pontos de vista.

Regras empíricas criativas:

- Criar ideias que estejam a 15 minutos de distância e não a anos-luz.

- Se teve sucesso, descanse.
- Busque escrever as ideias antes de esquecê-las.
- Se todos dizem que você está errado, está um passo adiantado. Se todos riem de você, então está ainda mais adiantado.

A chave da criatividade está nas perguntas que se faz. Lembre-se do que Aristóteles disse:

> "... quando alguém faz uma pergunta boba, obtém uma resposta inteligente."

O Processo de Criatividade como Fonte de Vantagem Comparativa

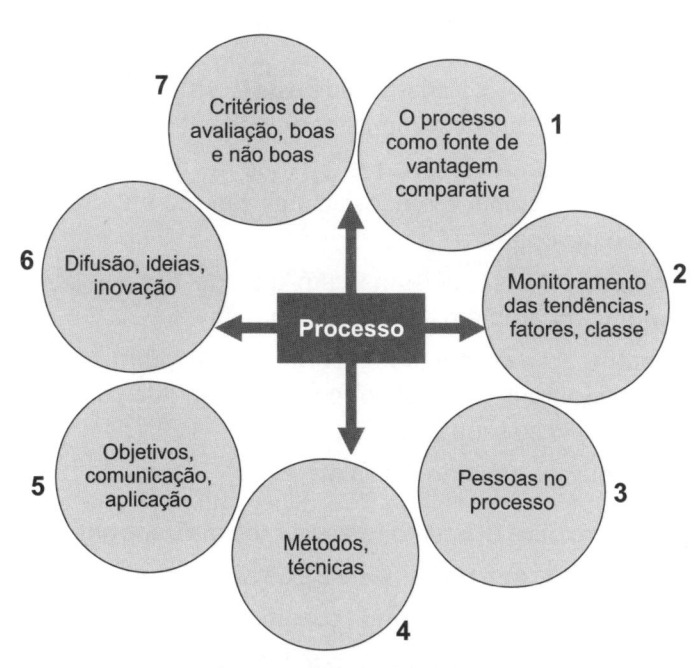

Diagrama circular com Processo no centro e os seguintes elementos numerados:
1. O processo como fonte de vantagem comparativa
2. Monitoramento das tendências, fatores, classe
3. Pessoas no processo
4. Métodos, técnicas
5. Objetivos, comunicação, aplicação
6. Difusão, ideias, inovação
7. Critérios de avaliação, boas e não boas

O Processo de Criatividade

O processo de criatividade como fonte de vantagem comparativa requer as seguintes atividades relacionadas com o obstáculo ou problema:

- *Definir o problema:* com a maior clareza possível estabeleça diferentes pontos de vista sobre o problema.
- *Buscar informação:* relacionada com o problema e seus pontos de vista.
- *Preparar-se para resolver o problema:* abrindo a mente sem emitir julgamentos.
- *Incubação de ideias:* escreva, realize um esquema de ideias básicas, escreva as ideias que lhe ocorrem.
- *Fontes de inspiração:* concentre-se e lembre daquelas coisas, lugares ou momentos onde você se sente bem.
- *Verificar atividades:* revise as soluções ou ideias desenvolvidas.
- *Externalizar o processo:* escute outras ideias, veja pontos de vista de terceiros.
- *Influências:* aceite as influências anteriores.
- *Reciclar o processo:* comece novamente o processo até encontrar a solução do problema. Depois disso, pergunte-se:

Por que funcionará?

A chave de um processo criativo em grupo é a seguinte:

1. Reconhecer que todos os integrantes da equipe são necessários para se levar adiante uma ideia.
2. Ver a você mesmo tal e qual os outros o veem.
3. Mudar os estilos criativos e não se amarrar a um deles.

> "Uma vez aberta a novas ideias, a mente humana jamais volta ao seu tamanho original."
> Oliver Wendell Holmes

Qual o local adequado para se gerar ideias?

Cada um tem o seu, identifique-o e marque. Em geral, acontecem no banheiro, por que será?

1. Enquanto estou sentado na privada.
2. Enquanto tomo banho ou faço a barba.

3. Enquanto viajo... a trabalho... ou ...
4. No momento em que vou dormir ou acordo.
5. Durante uma reunião chata.
6. Durante a leitura de algo de forma despreocupada.
7. Enquanto faço exercícios físicos.
8. Ao acordar no meio da noite.
9. Enquanto estou em ....
10. Enquanto faço ....
11. ....
12. ....
13. ....
14. ....
15. ....

Criação de um banco de ideias

Detecte seus momentos propícios para o desenvolvimento de ideias e disponha de algum armazenador delas, como um bloco de papel, gravador etc.

Desenvolva um lugar propício para o desenvolvimento das ideias

Com elementos familiares que o motivem à criação, faça com que este lugar convide ao processo criativo, lembrando temas de sua infância, como fotos suas quando era bebê, ou em alguma atividade esportiva de sucesso.

Outras ideias a se considerar

Visualize o problema e resolva-o na mente antes dos fatos. Desafiar uma suposição pode transformar os obstáculos em oportunidades. A solução em geral é a mais simples. Pegue o melhor e em seguida adapte-o. Torne-se amigo de sua intuição e de seu coração.

Avisamos que o processo de criatividade de forma completa será desenvolvido por nós no nosso próximo livro "Pensamento Neurovincular".

Algumas metodologias para resolver problemas que podem acompanhar o processo de criatividade

J. Wallace, em 1926, analisou o processo criativo e estabeleceu quatro etapas para ele:

1. Preparação

Disposição para elaborar soluções para problemas existentes.

2. Incubação

Das ideias no interior do ser humano.

3. Iluminação

Acendimento do motor ou da luz para as possíveis soluções.

4. Verificação

Avaliação das ideias.

Como funciona de modo geral a nossa mente frente a um problema?

1. Percebemos o problema.
2. Formulamos soluções para ele.
3. Geramos ideias para resolvê-lo.
4. Avaliamos as ideias.
5. Selecionamos a que acreditamos correta.
6. Implementamos a ideia ou solução.
7. Verificamos e controlamos a solução.

Tudo o que foi visto é racionalmente lógico e coerente, mas a chave está no processo de geração de ideias. Aí o ser adulto, antes de expressá-las, as submete a um processo de avaliação prévia, que faz com que ele não a expresse por medo de passar por ridículo. Nas crianças, por exemplo, este fenômeno não acontece, porque elas têm a prerrogativa de serem felizes e darem asas à imaginação.

A chave é, então, não matar as ideias antes de elas nascerem. O segredo está em limitar o processo de geração de ideias para solucionar problemas.

Talvez uma ideia tal e qual foi concebida não solucione o problema, mas só por tê-la expressado o mapa de soluções foi ampliado e talvez com alguma modificação dessa ideia primária se encontre a solução para o problema.

Se você não tivesse dito, a solução jamais apareceria, porque uma ideia não expressa fica guardada no seu próprio interior e nele a solução não será encontrada.

ENUMERAÇÃO SINTÉTICA DE MÉTODOS E TÉCNICAS DE CRIATIVIDADE

a) **Método de Brainstorming ou tempestade de ideias.**

Prerrogativa: Gerar a maior quantidade possível de ideias sem avaliá-las.

Chave: Proibido avaliar as ideias antes de sua expressão.

Avaliação: Intuição e analítica.

Transformar ideias: Utilizando todas as técnicas de criatividade disponíveis.

b) **Técnicas:**

- Relação forçada entre elementos:

Chave	Definir o objeto a analisar
Prerrogativa	Registrar qualidades do objeto-chave
Transformar	Escolher palavras ou objetos que tenham relação com a chave
Nova prerrogativa	Registrar todas as qualidades que surgem na transformação
Análise avaliativa	Confrontar e relacionar ambas as prerrogativas e registrar os resultados
Resultado	Produto ou serviço com novas qualidades

- Biônicas – Jack Steel – 1960:

Chave	Observação de animais e plantas
Prerrogativa	Registrar seus atributos utilizando a mimese ou a imitação
Transformar	Escolher palavras ou objetos que tenham relação com a chave
Nova prerrogativa	Registrar todas as qualidades que surgem na transformação
Análise avaliativa	Confrontar e relacionar ambas as prerrogativas e registrar os resultados
Resultado	Novos produtos com as características dos animais ou plantas

Exemplos:

O homem nuclear (com olhos de águia), que corre veloz como o guepardo.

Submarinos com capas protetoras imitando a pele dos golfinhos para permitir rápidas entrada e saída da água sem complicações.

- Sinética:

Chave	O problema pode ser ou não conhecido pelos participantes. Existe um condutor líder ou guia da situação. Um grupo de pessoas participa
Prerrogativa	Geração de ideias por viagens
Transformar	Escolher palavras ou objetos que tenham relação com a chave
Geração de ideias ou nova prerrogativa	Analogias: pessoais, simbólicas ou fantásticas
Análise avaliativa	Confrontar e relacionar ambas as prerrogativas e registrar os resultados
Resultado	Registro de novas ideias para solucionar problemas ou para vincular com outros problemas ou soluções

- Morfologia – Fred Zwicky – 1960:

Chave	Análise das formas do objeto
Prerrogativa	Funcionais: como funciona o objeto? Tecnológicas: de que é feito? Para que serve esse objeto? Outras: emotividade ou afeto (o que me produz no interior), aportes sociais que o objeto produz
Resultado	Registro de qualidades do objeto para ser vinculado a outros

- Verbos manipulativos:

Chave	Conjunto de verbos aplicados a transformar o objeto
Prerrogativa	Aplicar os verbos aos objetos e registrar variações
Verbos	Aumentar, adaptar, modificar, diminuir, substituir, reorganizar, investir, combinar, empregar de outro modo, ou qualquer outro verbo
Resultado	Produto ou serviço totalmente modificado pela aplicação dos verbos que manipulam o objeto de estudo

- Sonhos lúcidos.

Quantas vezes um problema nos atormenta e a solução aparece enquanto estávamos dormindo? Nós a vemos passar em nosso subconsciente, mas ao acordarmos a solução já não está na luz da mente.

Mas o que aconteceu? Foi embora?

Não, está bem dentro. O nosso problema é que volte a aparecer.

O que aconteceu tem sua origem na pressão que estamos fazendo em busca da solução. Confesso que por ter conhecido esta técnica em novembro de 1985, pude desenvolver integralmente uma metodologia de trabalho que hoje está vigente, e é uma versão completa da inter-relação de variáveis vinculadas a um plano de negócios com a utilização de todas as técnicas de administração e marketing.

Chave	Estar preparado com papel e lápis, ao lado da cama, ou enquanto assiste à TV ou descansa
Prerrogativa	Preparar-se, mentalizar horas antes de se deitar. Deitar-se com a ideia de resolver o problema. Quando a solução aparecer, não a deixe passar, escreva-a nesse momento, não seja preguiçoso!
Resultado	Nem você imagina a solução que sua mente desenvolveu. Por favor escreva-a, não durma.

- Outras técnicas:

a) Combinação de sílabas.
b) Pescaria.
c) Think thank (globo giratório com palavras e letras).
d) Transformação de imagens.

Algumas formas de matar as ideias

Lista de frases assassinas, ou formas de matar as ideias

Sim, mas...
Já tentamos isso antes...
Não é o momento...
Não temos orçamento...
Obviamente não interpretou o que queria...
O chefe lhe mata...
Não perca tempo pensando nisso...
É uma boa ideia, mas não para nós...
Não vai funcionar... nunca...
É muito inovador...
Ponha por escrito...
Não poderemos fazê-lo...
Não corresponde à minha função...
Não nos afastemos da realidade que funciona...
Até agora fomos bem, por que mudar?
O chefe não vai gostar...
O chefe dirá que não...
É algo adiantado demais para nós...
... e se rirem de mim?
Vão fazer cara de nojo...
Me olham torto...
Como digo...?
A burocracia lhe impedirá...
Você pensou bem?
Será que você está brincando?...
.... Silêncio...
Escreva a sua ....
Escreva outra sua ....

Escreva mais outra ....
Vamos lá, é a última ....

Variedades de frases assassinas
- *De desconfiança de você mesmo*
    - Não tenho idade.
    - Não tenho experiência.

- *De desculpa*
    - Não tenho espaço suficiente no disco para fazer agora...

- *De adiamento*
    - Primeiro vou fazer... , depois... e se me sobrar tempo, então...

- *De medo*
    - Não quero ofendê-los.
    - É melhor esperar e ver se amanhã eu me animo.

A melhor maneira de se sobrepor às frases assassinas é pensar no jogo dos opostos, transformando cada fraqueza em uma fortaleza. Vejamos algumas:

Como diluir as frases assassinas?

1. Identifique-as.
2. Determine sua fonte.
3. Elabore uma estratégia de resposta.
4. Perceba se está fazendo uma pergunta ou se é uma afirmação.
    a) se for uma pergunta, responda.
5. Observe se quem pronuncia a frase tem mais ou menos poder do que você.
    a) se tiver mais, aumente sua base de resposta ou,
    b) desafie a resposta;
    c) se tiver menos poder do que você, a decisão é sua.

Pode-se utilizar verbos manipulativos para transformar as frases assassinas de ideias em algo positivo. A filosofia chinesa nos lembra que:

"Todo comportamento se desenvolve em opostos, aprenda a ver as coisas para trás, de dentro para fora e ao revés."

Lao-Tsé, Tao-Te-Ching

O pensamento em opostos ajudou a transformar:

Sistema de tubos sem uso	Redes de cabo de fibra ótica
Bicos de mamadeira	Preservativos

A Fisiologia do Cérebro e a Criatividade

Lembre-se de que suas mãos são controladas pelo hemisfério oposto. Por isso, se é destro, ou seja, utiliza muito o hemisfério esquerdo, lhe recomendo que:

- Trate de usar a outra mão, fará o hemisfério contrário trabalhar.

Em matéria de visão:

- Você vê mais com um olho do que com o outro. Você sabe qual?
- Se não sabe, ponha o seu polegar na sua frente, segure uma caneta e ponha-a na sua frente. Focalize o dedo ou a caneta.
- Agora tape um dos olhos. Destape-o e tape o outro olho. Agora destape-o.
- Você notou que a caneta ou o dedo se moveram?
- O olho que fez a caneta ou o dedo se moverem é o olho com o qual você faz foco ou centro.
- Lembre-se de que os olhos são controlados pelos hemisférios opostos, por isso se o olho que faz foco é o direito, então você utiliza o hemisfério esquerdo.
- Exercite sua vista. Tape o olho que mais utiliza e com isso fará funcionar mais o seu outro hemisfério.
- Pestaneje.

O que acontece com o corpo?

O mesmo, por isso: cruze os braços, cruze as pernas, chute a bola.

Marque os domínios cerebrais e exercite o contrário. Você se sentirá diferente.

Se o lado esquerdo predomina, então:	Se o lado direito predomina, então:
Aprenda a dançar, navegar, cantar, falar em público, contar contos, desenhar, pintar, anotar com lápis coloridos...	Faça modelos em miniatura, colecione selos ou moedas, mantenha o saldo correto no talão de cheques, participe de atividades que requerem a consciência do tempo, aprenda xadrez, pinte paredes, aprenda idiomas, visite museus, escreva, taquigrafe e arquive suas ideias.

Podemos aprender todas as técnicas do mundo, mas nossa mente pode cair na rotina. Ajude-a a mudar de hemisfério.

A criatividade é algo mais do que gerar ideias, porque a melhor ideia não tem valor se não for tornada prática. Ela não é apenas um traço de personalidade ou talento. É, no sentido mais amplo, um processo contínuo onde cada qual cumpre um papel ou uma força motriz.

Fomentemos a criatividade, deixemos que as ideias cresçam. Não as eliminemos antes que nasçam. Nós precisamos muito delas para que nossos líderes desenvolvam modelos de sucesso, para que nossas empresas desenvolvam novos produtos e serviços, para criar novas fontes de trabalho, para recriar novas formas de trabalho, mas, acima de tudo, para equilibrar a desigualdade social.

Anexo 3
A Magia do Cérebro

Síntese de Neuroanatomia

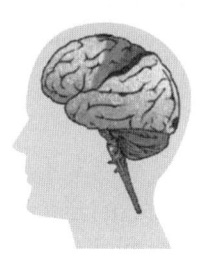

Sistema Nervoso

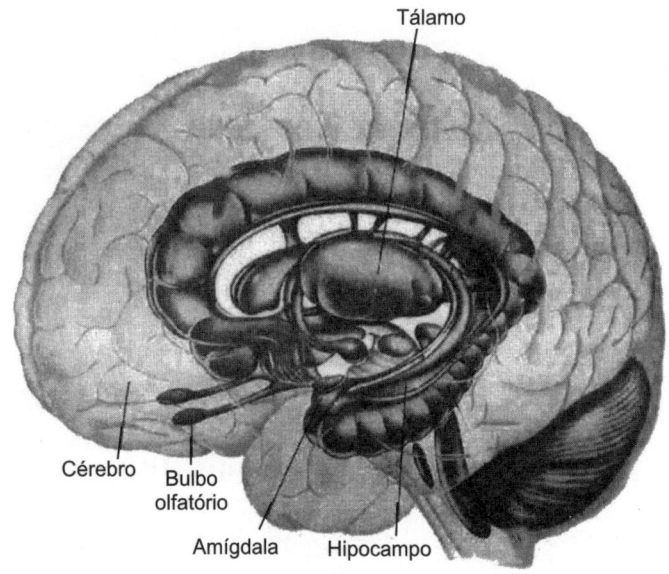

Tálamo
Cérebro
Bulbo olfatório
Amígdala
Hipocampo

Fonte: Suplemento Diário Clarín.

É o sistema regulador das funções do corpo humano, que integra e controla as numerosas funções que garantem a vida e que se relaciona com o mundo externo (falar, comer, caminhar, cheirar, olhar, escutar) e autorregula o meio interno (regulação da temperatura, micção, defecação etc.).

Divisões ou Partes do Sistema Nervoso

O sistema nervoso está composto por uma série de substâncias ou partes. A saber:

1. Sistema Nervoso Central – SNC, que é composto por:

SNC				
Cérebro	Cerebelo	Tronco encefálico	Medula espinhal	Diencéfalo

2. Sistema Nervoso Periférico – SNP, que é composto por:

SNP	
Nervos raquidianos	Nervos cranianos

3. Sistema Nervoso Autônomo – SNA, que é composto por:

SNA	
Sistema nervoso simpático	Sistema nervoso parassimpático

O Cérebro e os Neurônios

O sistema nervoso é formado por:

a) neurônios	b) células da glia ou neuroglia

Os Neurônios

O neurônio é a unidade anatômica e funcional do sistema nervoso (SN).

Anatômica: porque o SN é uma rede formada por neurônios.

Funcional: porque o neurônio é uma célula altamente especializada para desempenhar a função de geração, condução e transmissão da informação no SN.

O neurônio é constituido por:

1. Corpo neuronal ou soma	2. Prolongamentos • Dendritos • Axônios

Corpo Neuronal

O corpo neuronal ou soma é o centro metabólico do neurônio. De tamanho variável, ele é formado por um núcleo circundado por citoplasma, o qual contém diversas organelas como lisossomas, mitocôndrias, complexo de Golgi e também grupos de retículo endoplasmático rugoso (RER) chamados corpúsculos de Nissl, que sintetizam proteínas que são utilizadas para o crescimento dos neurônios e para a regeneração dos axônios danificados.

Prolongamentos

Os dendritos são ramificações do corpo celular do neurônio; são elas que recebem os impulsos nervosos. São curtos, achatadas e muito ramificados. Geralmente não são mielinizados. São as principais fontes de recepção do neurônio.

O axônio transmite o impulso nervoso para os outros neurônios, fibras musculares ou células glandulares. É um prolongamento cilíndrico fino e comprido.

O axônio se origina em uma região do corpo neuronal chamado cone axônico. Antes de seu final, ele se ramifica e termina nos chamados botões sinápticos ou sinapses. São eles que constituem a zona de transmissões da informação de um neurônio a outro.

> Os dendritos são as unidades receptoras e os axônios são as unidades transmissoras. O conjunto de axônios constitui os nervos.

No SNC, fibras se agrupam formando feixes nervosos e o SNP forma os nervos periféricos

Os neurônios podem ser:

- *Multipolares:* Geralmente possuem vários dendritos e um axônio, em sua maioria localizados no encéfalo e na medula espinhal.
- *Bipolares:* Possuem um dendrito e um axônio, localizam-se na retina, ouvido interno, e área olfatória do cérebro.
- *Unipolares:* São sensoriais, originam-se no embrião como os bipolares, mas em seu desenvolvimento o axônio e o dendrito se fundem em um único prolongamento que, por sua vez, se divide em dois ramos próximos ao corpo neuronal.

Células da Glia

Também chamadas de neuroglia, são as células mais abundantes no SNC e não geram sinais nervosos.

Possuem a função de suporte, remoção de produtos de excreção e neurotransmissores e produção da bainha de mielina.

Dividem-se em:

Macroglia	Microglia	Células ependimais
Astrócitos	Fagócitos	Ependimócitos
Oligodendrócitos		Células do epitélio coroídeo
Células de Schwann		

Mielinização

A maioria dos axônios está rodeada por uma coberta de lipídeos e proteínas. Isso é conhecido como bainha de mielina ou bainha de Schwann, cuja produção é tarefa das células gliais.

Chamam-se mielinizados os axônios envoltos por essa bainha, enquanto os que não a possuem são chamados de amielínicos (mas inclusive esses últimos possuem uma fina camada de mielina).

As células de Schwann começam a formar a bainha de mielina ao redor do axônio durante o desenvolvimento fetal. Cada uma dessas células rodeia o axônio, enrolando-se de maneira espiral.

Por toda a longitude do axônio, em intervalos regulares, existem interrupções da bainha de mielina chamadas nodos de Ranvier.

Quando o axônio é lesionado, a bainha de Schwann participa da regeneração deste, formando um tubo que guia e estimula o crescimento do axônio.

A quantidade de mielina aumenta desde o nascimento da pessoa até a maturidade e sua presença acelera a velocidade de condução do impulso nervoso. É por isso que as respostas a estímulos durante o período de aleitamento não são tão rápidas como acontece com uma criança ou um adulto.

Substâncias: Cinzenta e Branca

Os órgãos do SN são constituídos por neurônios e neles podemos diferenciar claramente dois tipos de substâncias:

a) *Substância cinzenta:* formada pelos corpos celulares dos neurônios, dendritos e uma pequena quantidade de axônios amielínicos e células da glia. Sua cor acinzentada se deve à escassez ou à ausência de mielina.

A substância cinza aparece na composição:

- dos núcleos cinzentos, como, por exemplo: os núcleos do tálamo, gânglios da base, núcleos do cerebelo;
- dos gânglios, como, por exemplo:
  o gânglios raquidianos;
  o gânglio ótico;
  o gânglio pedroso;
- do córtex cerebral;
- do córtex cerebelar.

b) *Substância branca:* formada por axônios mielinizados e algumas células da glia; sua cor branca se deve à presença da mielina.

As fibras nervosas que formam a substância branca conectam diferentes regiões do sistema nervoso e se agrupam formando:

- Feixes.
- Tratos ou fascículos.
- Fuso muscular.
- Pedúnculos.
- Comissuras.
- Fibras nervosas.

Elas recebem estes nomes por sua localização, tamanho e/ou trajeto.

Nos hemisférios cerebrais (direito e esquerdo) e no cerebelo, a substância cinza se localiza na superfície, formando o córtex cerebral e o córtex do cerebelo.

A parte central dos hemisférios cerebrais e do cerebelo é formada pela substância branca.

Na medula espinhal, a superfície cinza é central, ainda que a substância branca a rodeie.

No tronco encefálico e no diencéfalo, a disposição da substância cinza é irregular.

Em síntese:

	Substância Cinza	Substância Branca
Hemisférios cerebrais	Localizada na superfície, formando o córtex cerebral	
Cerebelo	Localizada na superfície, formando o córtex cerebelar	
Parte central dos hemisférios cerebrais		Formada por substância mielinizada
Parte central do cerebelo		A substância branca rodeia a substância cinza
Medula espinhal	A substância cinza é central	
Tronco encefálico	Disposição irregular	
Diencéfalo	Disposição irregular	

Sinapse

É o espaço de comunicação entre dois neurônios ou entre um neurônio e uma célula-alvo.

A sinapse é composta por:

1. Neurônio pré-sináptico.

2. Neurônio pós-sináptico.

As sinapses podem ser:

I – *Elétricas:* mais frequentes em invertebrados e vertebrados inferiores.

II – *Químicas:* em vertebrados superiores.

Sinapse química

Os botões terminais dos axônios contêm bolsas membranosas conhecidas pelo nome de vesículas sinápticas, que armazenam neurotransmissores – NT – que são elaborados no corpo neuronal (cada neurônio contém dois ou três tipos de neurotransmissores).

Deve-se levar em conta que os neurônios pré e pós-sinápticos estão em proximidade muita estreita mas não se põem em contato entre si; estão separados por um espaço chamado espaço ou fenda sináptica.

Diante da chegada de um estímulo, o neurônio pré-sináptico libera um NT no espaço sináptico e interage com receptores específicos situados na membrana plasmática do neurônio pós-sináptico.

A retirada dos NT do espaço sináptico se realiza através da:

- Difusão, no líquido intersticial.
- Degradação enzimática, como ocorre, por exemplo, com a acetilcolina, que é degradada por uma enzima chamada acetilcolinesterase.
- Recaptação neuronal, por parte do neurônio pré-sináptico.

MEDULA ESPINHAL – ME

A medula espinhal se aloja no conduto raquidiano ou vertebral, tem a forma de um tubo cilíndrico de 45 a 48 cm de comprimento e 2,5 cm de diâmetro.

Sua porção rostral (superior) continua com o bulbo raquidiano.

Sua porção caudal (inferior) termina no nível das primeiras vértebras lombares, no chamado cone medular, e deste cone surge um filum terminal (que é um prolongamento da pia-mater, que se alonga até embaixo e fixa a medula ao cóccix).

A ME apresenta dois alargamentos:

1. *Cervical:* entre C4 e D1 (cervical 4 e dorsal 1).
2. *Lombar:* entre D10 e L2 (dorsal 10 e lombar 2).

Nela se consideram:

a) Face anterior:
- Na linha média se observa um sulco, chamado sulco médio anterior: em cada lado deste sulco nascem as raízes anteriores dos nervos raquidianos.
- *Cordão anterior:* entre o sulco médio anterior e as raízes anteriores dos nervos raquidianos; este cordão às vezes está dividido por um sulco intermediário ou paramediano anterior, que só se vê no nível cervical nas crianças.

b) Face posterior, com a presença de:
- *Sulco médio posterior:* é um sulco longitudinal menos profundo do que o anterior. A cada lado deste sulco terminam as raízes posteriores dos nervos raquidianos, que se alinham sobre o sulco lateral posterior.

  Também apresentam um sulco paramediano posterior que se perde no nível dorsal.
- *Cordão posterior:* localizado entre o sulco mediano posterior e as raízes posteriores dos nervos raquidianos.

Em cada segmento ao largo da medula espinhal se originam 34 pares de nervos raquidianos; devido ao fato de a medula ser uns 25 cm mais curta do que a coluna vertebral, as raízes nervosas que emergem dos segmentos lombares e sacrais se estendem até os forames vertebrais correspondentes, formando a chamada cauda equina.

Configuração Interna da ME

Se cortarmos transversalmente a medula, poderemos observar que ela é formada por duas substâncias, a cinza e a branca. Vejamos a seguir cada uma delas:

1. **Substância cinza:** se dispõe centralmente, formando um H ou borboleta, e nela se pode observar:

- *Cornos da substância cinza:* são as asas da borboleta ou as barras verticais do H, e estas se dividem em:
  - *Cornos anteriores:* possuem os corpos dos neurônios motores, que geram impulsos nervosos para a contração dos músculos esqueléticos. Dão origem às raízes anteriores dos nervos raquidianos.
  - *Cornos posteriores:* formados pelos núcleos sensoriais, somáticos e do sistema nervoso autônomo. Terminam muito perto da superfície externa da medula, que está separada por uma lâmina de substância branca chamada zona de Lissauer. As colunas posteriores contêm em sua porção central uma substância transparente chamada substância gelatinosa de Rolando (que recebe sensações de dor e temperatura). Nas hastes posteriores chegam as raízes posteriores dos nervos raquidianos.
  - *Cornos laterais:* localizados entre os dois anteriores, mas apenas nos segmentos torácico, lombar e sacral. Contêm os corpos neuronais do SNA e regulam a atividade dos músculos lisos, cardíacos e das glândulas.
- *Comissura cinza:* é a barra central do H e une as colunas anteriores e posteriores.
- *Canal ependimário central:* localizado no centro da comissura cinza. Estende-se ao longo de toda a medula e no nível superior se comunica com o IV ventrículo.

2. **Substância branca:** também está organizada em regiões. As colunas anteriores e posteriores da substância cinza a dividem em:

Coluna Anterior	Coluna Lateral	Coluna Posterior
• Pelas quais correm diferentes tipos de fibras nervosas, longitudinais ascendentes (aferentes) e descendentes (deferentes).		
Os feixes de fibras nervosas que possuem a mesma origem, curso e terminação são chamados *tractos* ou *fascículos*. Frequentemente seu nome indica a posição na substância branca, sua extensão e o sentido no qual se propaga o impulso nervoso.		

Exemplos		
Coluna anterior	Coluna lateral	Coluna posterior
– Ascendente: tracto espino-talâmico anterior (nasce na medula e termina no tálamo) – Descendente: tracto córtico-espinhal anterior (nasce no encéfalo e termina na medula)	– Ascendente: tracto espino-talâmico lateral – Descendente: trato córtico-espinhal lateral	– Ascendente: fascículos de Goll e de Burdach desde a medula até o bulbo raquidiano

Meios de fixação da medula

A medula se mantém na posição por:		
1. Extremo superior ou rostral: por sua continuidade com o bulbo	2. Extremo inferior ou caudal: pelo ligamento coccígeo que envolve o filum terminal	3. Em todo o seu comprimento, desde o atlas até L1, pelos ligamentos dentados, direito e esquerdo, que são prolongamentos da pia-mater

Irrigação

A medula espinhal é irrigada pelas artérias espinhais anteriores, médias e posteriores.

Tronco encefálico

A medula espinhal continua para cima com o tronco encefálico, que é formado por:

- Bulbo Raquidiano.
- Protuberância Anular.
- Mesencéfalo.

BULBO RAQUIDIANO

Situado imediatamente acima da medula, constituindo a parte inferior do tronco encefálico.

Inicia-se no forame occipital e se estende até a protuberância anular, estando separado dela pelo sulco pontino inferior. Neste sulco emerge o VI par craniano ou motor ocular externo, MOE, tendo a forma de cone achatado e nele distinguimos:

1. Face anterior

a) *Sulco mediano anterior:* sulco longitudinal, que é a continuação do homônimo da medula, termina na protuberância, numa fenda chamada forame cego.

b) *Pirâmides do bulbo:* localizadas em ambos os lados do sulco médio anterior, são dois cordões brancos e arredondados.

As pirâmides se formam com fascículos motores grossos que passam do cérebro à medula.

Na união do bulbo com a medula, os axônios da pirâmide esquerda se cruzam para o lado direito e os axônios da pirâmide direita fazem o mesmo para o lado esquerdo, num lugar que se chama cruzamento ou decussação. Isto explica como os neurônios do córtex cerebral esquerdo regulam os músculos da metade direita do corpo, e vice-versa.

c) *Sulco protuberancial inferior:* sulco transversal que separa o bulbo da protuberância e por onde emergem o nervo MOE.

2. Faces laterais

Separadas da face anterior por:

a) Sulco colateral anterior ou sulco pré-olivar ou sulco do Hipoglosso, por onde emergem os filetes nervosos do nervo Hipoglosso maior (XII par craniano); separado da face anterior por:

b) Sulco colateral posterior, ou retro-olivar, onde emergem as raízes dos nervos espinhal (XI par craniano), vago ou pneumogástrico (X par craniano), glossofaríngeo (IX par craniano).

As faces laterais estão formadas por um cordão de substância branca, que é a continuação do cordão lateral da medula.

c) Oliva bulbar: localizada na porção superior da face lateral, é uma eminência alargada de cor esbranquiçada, lisa e uniforme.

d) Fosseta supraolivar: separa a oliva da protuberância e é o lugar de onde emerge o nervo facial (VII par craniano) e por trás dele se situa o intermediário de Wrisberg.

e) Fosseta lateral do bulbo: localizada por trás da oliva, aqui emerge o nervo acústico (VIII par craniano).

3. Face posterior

Separada das faces laterais pelos sulcos colaterais posteriores ou retro-olivares; é diferente quando se examina sua metade inferior ou superior.

a) Em sua metade inferior encontramos:

3.1 *Sulco médio posterior:* sulco longitudinal, que é a continuação do homônimo da medula.

3.2 *Cordões posteriores do bulbo:* localizados entre os sulcos colaterais posteriores e o sulco médio posterior, estes cordões por sua vez estão divididos pelo sulco intermediário em dois fascículos:

- *Feixe de Goll:* é o interno, que contacta com o sulco médio posterior.

- *Feixe de Burdach:* é o externo, que contacta com o sulco lateral posterior.

b) Metade superior:

Aqui encontramos o IV ventrículo.

4. Ventrículo

É uma cavidade em forma de furo localizada na face posterior do bulbo e da protuberância e à frente do cerebelo. O IV ventrículo não é mais do que o conduto do epêndimo alargado, estendendo-se desde o conduto do epêndimo até o aqueduto de Silvio (no mesencéfalo) que o comunica com os ventrículos cerebrais.

Nele se considera:

a) somente o assoalho do IV ventrículo: também chamado de parede anterior (aquela virada para o bulbo raquidiano). Nele vemos três forames que o comunicam com os espaços subaracnoides que são:

- *Forame de Magendie:* orifício localizado no centro do assoalho do IV ventrículo.
- *Forame de Luschka:* são dois orifícios localizados lateralmente.

b) Teto ou parede posterior: formada pelos pedúnculos cerebelares e o cerebelo.

O bulbo raquidiano inclui núcleos que regulam diferentes funções autônomas, dentre elas:

- centro cardiovascular: que rege a força e a frequência dos batimentos cardíacos;
- centro respiratório;
- centro do vômito, tosse e espirros.

Protuberância Anular

Também chamada de Ponte de Varolio, situa-se por cima do bulbo raquidiano e por baixo dos pedúnculos cerebrais, dos quais está separada pelo sulco pontino superior, um sulco transversal por onde emerge o nervo Motor Ocular Comum – MOC, III par craniano.

Apresenta:

1. *Face anterior:* formada por um feixe de fibras grossas, orientadas transversalmente. Nela se observam:
   - Sulco basilar: sulco longitudinal, localizado na linha média, onde se apoia o tronco da artéria basilar.
   - Pirâmides: localizadas de ambos os lados do sulco basilar, constituindo duas elevações arredondadas.
   - Saída do nervo trigêmeo, V par craniano: emerge por fora da pirâmide.
2. *Face lateral:* as fibras transversais da face anterior se agrupam em duas hastes chamadas pedúnculos cerebelares médios, que unem a protuberância com o cerebelo.
3. *Face posterior:* constitui junto com o bulbo raquidiano o assoalho do IV ventrículo e apresenta finas estrias chamadas estrias acústicas.

Pedúnculos Cerebelares

Unem o cerebelo com o tronco encefálico. São eles:

a) *Pedúnculos cerebelares inferiores:* comunicam o bulbo com o cerebelo.

b) *Pedúnculos cerebelares médios:* unem o cerebelo com a protuberância.

c) *Pedúnculos cerebelares superiores:* unem o cerebelo com o mesencéfalo.

MESENCÉFALO

Também chamado cérebro médio, estende-se desde a protuberância até o diencéfalo, compreendendo:

- Pedúnculos cerebelares.
- Tubérculos quadrigêmeos.
- Aqueduto de Silvio.

Pedúnculos Cerebrais

São dois cordões brancos, largos e curtos que unem a protuberância anular com o cérebro, saindo da face superior da protuberância e dirigindo-se obliquamente para cima e para fora, separando-se progressivamente uns dos outros.

Seu limite inferior ou posterior está dado pelo sulco pontino superior e seu limite superior ou anterior está representado pelo trajeto das radiações ópticas, por baixo das quais penetra cada pedúnculo (no nível dos corpos geniculados, que recebem estímulos visuais e auditivos).

Os pedúnculos, ao se separarem, delimitam um espaço: o espaço interpeduncular ou lâmina perfurada posterior.

Os tubérculos mamilares, que separam do diencéfalo, são estações de relevância para os reflexos relacionados com o olfato.

Tubérculos Quadrigêmeos

Recebem este nome por serem quatro proeminências arredondadas que formam a face posterior do mesencéfalo e que estão situados entre a protuberância e os pedúnculos, por cima do aqueduto de Silvio. Dividem-se em:

1) tubérculos quadrigêmeos superiores;
2) tubérculos quadrigêmeos inferiores.

Os tubérculos quadrigêmeos superiores são centros reflexos que regulam os movimentos dos olhos, cabeça e pescoço em resposta aos estímulos visuais.

Os tubérculos quadrigêmeos inferiores também são centros reflexos para os movimentos da cabeça e do tronco em resposta aos estímulos auditivos.

Por baixo dos tubérculos quadrigêmeos inferiores emerge o nervo trocelar ou patético, IV par craniano.

O mesencéfalo compreende vários núcleos, entre eles a substância negra que regula a atividade muscular subconsciente e os núcleos rubros, cuja função é coordenar os movimentos musculares, em interação com os gânglios da base e o cerebelo.

Aqueduto de Silvio

É um duto longitudinal que comunica do IV ventrículo com o III ventrículo, sendo sua porção inferior formada pelos pedúnculos cerebrais.

Cerebelo

Órgão ímpar, localizado na fossa cerebral posterior, à frente do bulbo e da protuberância e abaixo do cérebro, do qual está separado pela tenda do cérebro (dobra transversal da dura-mater). Une-se ao tronco encefálico através dos pedúnculos cerebelares.

Participa da função motora, mantendo o equilíbrio e o tônus muscular.

Apresenta duas massas laterais: os hemisférios cerebelares, separados por uma protuberância central: o Vérmis.

Nele se distinguem duas faces, uma superior e outra inferior, separadas pela fissura circunferencial de Vick D'Azyr.

1. Face superior, apresenta dois sulcos:
   a) Sulco primário, que a divide em dois lóbulos – anterior e posterior – este último se estendendo até o sulco posterolateral da face posterior.
   b) Sulco póstero-superior.

   Tanto a face anterior como a posterior apresentam numerosas pregas denominadas folias, que dividem cada lóbulo em numerosos lóbulos.

2. Face inferior, apresenta dois sulcos:
   a) Sulco posterolateral: que o divide em dois lóbulos – anterior e posterior – que é a continuação do lóbulo posterior da face superior.
   b) Sulco prepiramidal.

Vascularização do Cerebelo

Está dada pelas artérias cerebelares:

- *Póstero-superior:* ramificação da artéria vertebral (irriga a face inferior do cerebelo).
- *Mediana:* ramificação do tronco da basilar, irrigando o lóbulo anterior da face posterior (lóbulo floculonodular).
- *Superior:* ramificação do tronco da basilar, irrigando a parte superior do cerebelo.

Ângulo Portocerebeloso

Localizado entre o penhasco, o bulbo e os pedúnculos cerebelares e a tenda do cerebelo:

- *À frente:* penhasco.
- *Por trás:* bulbo e pedúnculos cerebelares.
- *Por cima:* tenda do cerebelo.

Possui importância clínica, já que é o apoio dos tumores dos pares cranianos; o mais frequente é o **neurinoma** ou **schwanoma do acústico**, tumor de tratamento cirúrgico, que se manifesta primeiramente com alterações da audição, e se não for tratado acaba afetando o nervo facial (paralisia da face) e logo o glossofaríngeo, com paralisia da laringe, faringe e do véu do paladar.

Encéfalo

1. Cérebro e hemisférios cerebrais.
2. Diencéfalo.

Cérebro

Ocupa quase em sua totalidade a cavidade craniana, possui uma forma oval, apresenta em sua linha média uma cisão longitudinal profunda: a fissura inter-hemisférica, que o divide em duas metades: os hemisférios cerebrais, unidos em sua parte mediana por uma lâmina horizontal de substância branca, o corpo caloso.

Hemisférios Cerebrais

Em número de dois, denominados hemisférios direito e esquerdo, em cada um deles se distinguem:

1. **Extremos:**
   a) Anterior ou frontal.
   b) Posterior ou occipital.
2. **Bordas:**
   a) Superior, que margeia a fissura inter-hemisférica.
   b) Inferior, separa a face externa da inferior.
3. **Faces:**
   a) Interna: quase plana, se conecta com o hemisfério do outro lado.
   b) Externa: é convexa, é a que se molda à borda craniana.
   c) Inferior: é a que se conecta com a base do crânio.

A face externa do cérebro apresenta:

1. Fissura de Silvio, ou lateral. Começa na parte inferior da fossa de Silvio e se dirige para trás, até o lóbulo occipital.
2. Fissura de Rolando, ou central: estende-se desde a borda superior até embaixo, em direção à fissura de Silvio.
3. Fissura perpendicular externa: situada no lóbulo occipital.

Estas fissuras dividem os hemisférios em lóbulos, que, de acordo com a relação externa que tenham com os ossos da cavidade óssea, são:

- Frontal.
- Parietal.
- Temporal.
- Occipital.

Se separarmos ambos os lábios da fissura de Silvio, encontraremos outro lóbulo, chamado lóbulo da ínsula (de Reil), ou lóbulo oculto.

Cada lóbulo está dividido por sua vez em circunvoluções pelos seguintes sulcos:

Lóbulo Frontal

- Sulco frontal superior.
- Sulco frontal inferior.

Estes sulcos possuem ramificações ascendentes e descendentes que dividem o lóbulo em quatro circunvoluções:

Frontal superior	Frontal média	Frontal inferior (no hemisfério esquerdo quando este é o lóbulo dominante, constitui o centro da fala)	Frontal ascendente ou pré-rolândica: localizada adiante da fissura de Rolando, corresponde à zona motora primária

Lóbulo Temporal

Apresenta:

- Sulco temporal superior.
- Sulco temporal inferior.

Ambos os sulcos dividem o lóbulo em três circunvoluções:

Temporal superior: Constitui o centro auditivo	Temporal média	Temporal inferior

Lóbulo Occipital

Apresenta:

- sulco occipital superior;
- sulco occipital inferior.

que dividem o lóbulo em três circunvoluções:

Occipital superior	Occipital média	Occipital inferior
Entre a fissura perpendicular externa e o sulco occipital superior	Nestas duas últimas circunvoluções se encontra o centro visual, que é a zona que recebe as impressões visuais.	

Os tumores ou traumatismos nessa zona podem trazer transtornos visuais e falta de reconhecimento dos objetos: vê-se um objeto mas não se reconhece, processo conhecido como agnose visual.

Lóbulo Parietal

Apresenta somente um sulco, o sulco interparietal, que começa no ângulo de separação da fissura de Silvio e Rolando, dirigindo-se para cima em paralelo à fissura de Rolando, fazendo logo uma curva para trás até a fissura perpendicular externa, onde termina. Quando se curva e emite um prolongamento ascendente, que se dirige à borda externa, este sulco divide o lóbulo em três circunvoluções:

Parietal superior	Parietal inferior: zona de associação auditivo-visual	Parietal ascendente ou pós-rolândica: localizada por trás da fissura de Rolando, é a zona sensível. Aqui chegam todas as impressões das sensações (tato, temperatura, dor). As lesões a esta zona podem produzir quadros de anestesia, analgesia e incapacidade de sentir calor ou frio.

Cada hemisfério cerebral está relacionado de acordo com suas funções com o semicorpo contralateral (o que quer dizer que o hemisfério direito rege o controle sobre a metade esquerda do corpo e que o hemisfério esquerdo rege o controle sobre a metade direita do corpo).

As lesões cerebrais por hemorragia no nível da circunvolução frontal ascendente direita, que é a zona motora, produzirão paralisia da metade esquerda do corpo (excluindo-se o membro inferior, que é regido pela face interna do cérebro).

Face Interna do Cérebro

Divide-se em:

1. Corpo caloso.
2. Fissuras, sulcos e circunvoluções.
3. Estruturas por baixo do corpo caloso: ventrículos, laterais, comissura branca anterior, trígono cerebral, septum lucidum, tálamo, comissura branca posterior, glândula pineal.

Corpo caloso

É uma faixa de substância branca que comunica ambos os hemisférios cerebrais, apresentando:

- esplênio;
- joelho;
- tronco;
- rostro.

O corpo caloso é maior na mulher do que no homem. É por isso que elas se recuperam mais rápido das lesões cerebrais.

O corpo caloso possui fibras transversais e fibras longitudinais unidas por uma capa delgada de substância cinza, que vão de um hemisfério a outro e que estão relacionadas com o circuito da memória. Sua lesão produz amnésia.

Fissuras, sulcos e circunvoluções

Na face interna há três fissuras:

a) Calosa marginal	b) Calcárea: em ambos os lados dela termina a via óptica	c) Perpendicular interna

Além delas, há mais dois sulcos:

I – sulco pericaloso;
II – sulco paracentral.

As fissuras e os sulcos delimitam seis circunvoluções:

- *Circunvolução do corpo caloso:* relacionada com a memória recente e com as emoções.
- *Circunvolução frontal interna*, que, junto ao setor frontal, pela frente da área motora da face externa do cérebro, constitui o lóbulo pré-frontal, relacionado com a formação das palavras, ideias, emotividade e vontade.
- *Circunvolução paracentral*, onde se localiza a zona motora e sensível para o membro inferior do outro lado: lembre-se de que o resto daquele lado do corpo está regido pela face externa do cérebro.
- *Circunvolução quadrilátera:* situada entre a fissura calosa marginal e a perpendicular interna.
- *Cunha:* situada entre a perpendicular interna e a calcárea.
- *Lingual:* por debaixo da fissura calcárea.

Estas duas últimas estão relacionadas com a visão.
Em síntese:

	Circunvolução do corpo caloso	Circunvolução frontal interna	Circunvolução paracentral	Cunha	Lingual
Relação com	Memória recente e com as emoções	Formação de palavras, ideias, emotividade e vontade	Zona motora e sensível para o membro inferior do outro lado do corpo	A visão	A visão

NEUROMARKETING

Face Inferior do Cérebro

Encontra-se apoiada sobre a base do crânio. Nela encontramos o nascimento da fissura de Silvio, que divide a face inferior em duas partes:

a) anterior;
b) posterior.

a) *Anterior:* corresponde à face inferior do lóbulo frontal, constituindo o lóbulo orbitário, e apresenta três sulcos:

i) sulco orbitário interno ou sulco olfativo: nele se alojam o bulbo olfativo e a radiação olfativa	ii) sulco cruciforme ou em H	iii) sulco orbitário externo

Estes três sulcos delimitam as seguintes circunvoluções:

a) Orbital interna	b) Orbital média	c) Orbital externa

Os tumores do lóbulo orbital mais frequentes são os meninginomas, que se manifestam com alucinações olfativas, percepção de odores desagradáveis e alterações ópticas; são benignos, de bom prognóstico e tratamento cirúrgico.

b) *Posterior:* por trás da fissura de Silvio, encontramos o lóbulo temporo-occipital, que apresenta dois sulcos:

Temporal externo		Temporoccipital interno
Que delimitam três circunvoluções		
Temporal inferior	Temporoccipital externa	Temporoccipital interna chamada circunvolução do hipocampo

Diencéfalo

Situa-se entre o tronco encefálico e o cérebro, compreendendo:

1. Tálamo.
2. Hipotálamo.
3. Epitálamo.
4. Subtálamo.
5. Terceiro ventrículo.

Tálamo

São duas massas ovais de substância cinza organizadas em núcleos; é a principal estação para os impulsos sensoriais que chegam ao córtex cerebral.

Os núcleos de cada metade do tálamo transmitem impulsos auditivos, visuais, táteis, sensações de pressão, calor e vibrações e também estão relacionados com a memória recente.

Desempenha uma função importante na aquisição de conhecimentos, processo conhecido como cognição.

Hipotálamo

Localizado por baixo do tálamo, é composto por uma dúzia de núcleos, dentre eles:

- Tubérculos ou corpos mamilares; adjacentes ao mesencéfalo, estão relacionados ao olfato.
- Infundíbulo: une a hipófise ao hipotálamo.
- Região pré-óptica: controla funções autônomas.

O hipotálamo controla, entre outras coisas:

Regulação			
Do Sistema Nervoso Autônomo – SNA	Da hipófise	Das emoções e do comportamento	Do estado de consciência

Em temas tais como a fome, o sexo, a sede, o prazer e o desprazer, o hipotálamo sabe muito... e tem muito para contar.

Epitálamo

Formado por:

1. **Glândula pineal:** localizada entre os tubérculos quadrigêmeos superiores, suas funções estão relacionadas com:
    - A regulação do crescimento.

- Desenvolvimento da altura, peso, pele e aparato piloso.
- Secreção da melatonina, hormônio derivado da serotonina que contribui para o ajuste do relógio biológico do organismo.

2. **Núcleos da habênula**, que participam no olfato, principalmente nas respostas emocionais aos aromas.

Subtálamo

Separa o tálamo óptico dos pedúnculos cerebrais. Colabora com o cérebro e o cerebelo na regulação dos movimentos corporais.

Terceiro Ventrículo

Localizado entre os tálamos ópticos, comunica-se com os ventrículos laterais através do forame de Monro, e com o IV ventrículo por meio do aqueduto de Silvio.

Gânglios da Base

São um conjunto de pares de núcleos localizados no cérebro, compreendendo o corpo estriado e formado por:

- Núcleo caudado.
- Núcleo lenticular, que, por sua vez, é formado pelo globo pálido e o putâmen.
- Cápsula interna.
- Complexo amigdalino e antemuro.

Regulam os movimentos automáticos dos músculos, tais como: o vaivém dos braços ao caminhar, ou o riso em resposta a uma piada.

VASCULARIZAÇÃO CEREBRAL

Composta por:

1. Sistema da carótida interna, ramificações da carótida primitiva; sua ramificação é cerebral média; suas ramificações colaterais são:
   - Hipofisiária.

- Oftálmica.
- Cerebral anterior.
- Coroidea anterior.
- Comunicante anterior, irriga a face interna do cérebro.
- Comunicante posterior.

2. Sistema basilar; formado pela união das artérias vertebrais, ao passar pelo forame occipital; sua ramificação final é a cerebral posterior.

Estas artérias constituem o polígono de Willis, formado especificamente por:

Cerebral anterior	Cerebral média	Cerebral posterior	Comunicante anterior	Comunicante posterior

O polígono de Willis é uma região que se rompe com facilidade quando existe uma grande hipertensão arterial.

Meninges

O encéfalo e a medula estão envoltos em três membranas: as meninges, que de fora para dentro são:

Dura-mater ou paquimeninge	Aracnoide	Pia-mater
	Formam a chamada leptomeninge	

A pia-mater é aquela que se encontra em íntimo contato com o SNC.

Entre a pia-mater e a aracnoide fica formado um espaço: o espaço subaracnoideo, por onde circula o líquido cefalorraquidiano – LCR.

A dura-mater é a mais externa, formando-se por cima da aracnoides. Entre elas também existe um espaço virtual: o espaço subdural.

O espaço subdural encontra-se no nível da medula espinhal e é formado entre a dura-mater e as paredes vertebrais.

As meninges separam a cavidade craniana em compartimentos, por meio das seguintes estruturas:

Foice do cérebro: separa ambos os hemisférios cerebrais. Insere-se na apófise crista galli e na protuberância occipital interna	Tenda do cérebro: situada por baixo do lóbulo occipital	Foice do cerebelo: se desprende da face inferior da tenda do cerebelo, separando os hemisférios cerebelares	Tenda da hipófise: forma o trecho da *silla turca*

Líquido Cefalorraquidiano – LCR

Este líquido que enche as cavidades ventriculares é um filtrado de plasma. Existem cerca de 140 a 150 ml de LCR, que é secretado pelos capilares dos plexos coroideos, que revestem as cavidades ventriculares.

Seu percurso é o seguinte:

- Ventrículos laterais.
- Forame de Monro.
- III Ventrículo.
- Aqueduto de Silvio.
- IV ventrículo.
- Epêndimo.

Do IV ventrículo sai pelos forames de Luschka e Magendie até o espaço subaracnoideo e dali para o sangue.

Sistema Nervoso Autônomo – SNA

É o responsável pela regulação do meio interno; sua função é regular a atividade de:

- Músculos lisos – ML – de todos os órgãos.
- Coração.
- Glândulas endócrinas e exócrinas.

O SNA se divide em:

1. Simpático	2. Parassimpático
Estes dois sistemas são formados por:	
a) Neurônios pré-ganglionares: cujo corpo neuronal se encontra dentro do SNC, seja na medula espinhal (coluna intermediária) ou no tronco encefálico (em núcleos do MOC, facial, vago e glossofaríngeo). Seus axônios se dirigem aos gânglios autônomos (onde se localizam os neurônios pós-ganglionares).	
b) Gânglios autônomos, divididos em três grupos: • Gânglios paravertebrais: localizados ao largo da coluna vertebral, formando os troncos simpáticos. • Gânglios pré-vertebrais: à frente da coluna vertebral, formam um tronco simpático que rodeia a aorta (Gânglio Celíaco, Gânglios Mesentéricos superior e inferior). • Gânglios terminais – parassimpáticos, localizados perto das vísceras.	
c) Neurônios pós-ganglionares: localizados dentro dos gânglios autônomos.	

SISTEMA NERVOSO SIMPÁTICO

Os neurônios pré-ganglionares do simpático se localizam na coluna cinza intermediária da medula espinhal, entre D1 e L2, sendo por isso mesmo chamado também de divisão tronco-lombar do SNA.

Seus axônios deixam a medula espinhal junto às raízes anteriores dos nervos raquidianos, mas se separam deles e formam ramos comunicantes brancos, que entram na cadeia ganglionar nos troncos simpáticos para unirem-se aos neurônios pós-ganglionares.

Os axônios dos neurônios pós-ganglionares formam os ramos comunicantes cinzentos que se unem a cada nervo espinhal para serem distribuídos pelo organismo.

No SN Simpático se distinguem:

1. *Porção cervical:* localizada no pescoço. É formada por fibras pré-ganglionares ascendentes dos primeiros 4 ou 5 segmentos dorsais da medula espinhal. Estão presentes 3 gânglios:

    • Gânglio cervical superior: situado à frente da apófise transversal de C2.

    • Gânglio cervical médio: situado próximo à C6.

    • Gânglio cervical inferior: situado próximo da 1ª costela à frente da apófise transversa de C7.

Estes três gânglios formam os nervos para:

Cabeça e face	Glândulas salivares e lacrimais	ML dos olhos

2. *Porção torácica:* formada pelos gânglios que se localizam à frente de cada costela, forma o plexo cardíaco e pulmonar e os nervos para:

Coração	Pulmão	Glândulas sudoríparas, vasos sanguíneos e músculos de ereção dos pelos

3. *Porção abdominal e pélvica:* as fibras pré-ganglionares de D5 a D12 da medula espinhal cruzam o tronco simpático sem terminar nele e formam os nervos esplênicos maior, menor e inferior e chegam à cadeia pré-vertebral, onde terminam, chegando a:

Gânglio celíaco: chegam fibras do esplênico enervando: estômago, baço, fígado, intestino delgado	Gânglio mesentérico superior: chegam fibras do esplênico menor enervando: intestino delgado e cólon	Gânglio mesentérico inferior: chegam fibras do esplênico inferior enervando: rins, bexiga e órgãos genitais

Sistema Nervoso Parassimpático

As fibras pré-ganglionares do parassimpático se estendem em direção aos gânglios terminais, localizados nas proximidades dos órgãos que vão enervar.

Dividem-se em:

1. **Divisão craniana** – se origina nos nervos cranianos III, VII, IX e X e consta de quatro gânglios:

Gânglios ciliares (III): situados ao lado do nervo óptico, próximos à parte posterior da órbita e enerva o ML do globo ocular	Gânglios pterigopalatinos (VII): localizados entre os esfenoides e o palato, enervam: mucosa nasal, palato, faringe, glândulas lacrimais.	Gânglios submaxilares (IX): localizados próximos do duto das glândulas salivares, enervando as mesmas	Gânglios óticos (X): seus axônios pós-ganglionares enervam a parótida

NEUROMARKETING

Os axônios que saem do vago compreendem 80% das fibras pré-ganglionares cranianas e chegam a numerosos gânglios localizados no tórax e abdômen. Suas fibras pós-ganglionares enervam: coração, vias aéreas inferiores, fígado, vesícula biliar, estômago, pâncreas, intestino delgado e grosso.

2. **Divisão sacral** – nasce nos neurônios pré-ganglionares localizados nos segmentos espinhais S2 a S4. Os axônios destas células formam os nervos esplênicos pélvicos, que vão enervar: cólon, ureter, bexiga e órgãos genitais.

Muitos órgãos recebem dupla enervação, simpática e parassimpática, e cujos efeitos são antagônicos.

Em síntese:

A estimulação *simpática* produz	A estimulação *parassimpática* produz:
• Aumento da força de concentração e da frequência cardíaca e da tensão arterial	• Diminuição da força de concentração, da frequência cardíaca e da tensão arterial
• Diminuição da mobilidade, contração de esfíncteres	• Aumento da mobilidade e relaxamento de esfíncteres
• Aumento da reabsorção de líquidos através do trato gastrointestinal	• Diminuição da reabsorção de líquidos pelo trato gastrointestinal
• Relaxamento da vesícula biliar	• Contração da vesícula biliar
• Relaxamento de brônquios	• Contração de brônquios
• Midríase	• Miose
• Vasoconstrição	• Vasodilatação

A maioria das respostas autônomas não pode ser alterada ou suprimidas de maneira consciente, por isso servem de base para os testes realizados com o detector de mentiras, ou polígrafos.

Sinapses autonômicas

As sinapses autonômicas são classificadas em:

1. *Colinérgicas:* liberam acetilcolina.
2. *Adrenérgicas:* liberam adrenalina ou noradrenalina.

São neurônios colinérgicos:

Todas as fibras pré-ganglionares simpáticas e parassimpáticas	Todas as fibras pós-ganglionares parassimpáticas	Os neurônios simpáticos que enervam as glândulas sudoríparas e o sistema vasodilatador

Os neurônios colinérgicos liberam o neurotransmissor acetilcolina, que é armazenado nas vesículas simpáticas e liberada por exocitose, difundindo-se mais tarde no espaço simpático e se unindo com receptores colinérgicos específicos.

Os receptores colinérgicos são proteínas da membrana localizadas na membrana pós-sináptica, e são de dois tipos:

a) Nicotínicos	b) Muscarínicos
Os receptores nicotínicos estão presentes: • Nos neurônios pós-ganglionares simpáticos e parassimpáticos • Na placa motora da união neuromuscular	Os receptores muscarínicos se localizam: • Na membrana plasmática de todos os efetores (glândulas, ML e cardíaco) que enervam os axônios pós-ganglionares parassimpáticos
Recebem este nome porque a nicotina simula a ação da acetilcolina ao unir-se com os receptores (a nicotina, substância natural das folhas de tabaco).	São chamados assim porque um veneno de cogumelos, a muscarina, se assemelha às ações da acetilcolina quando se une aos receptores muscarínicos.

A acetilcolina é ativada rapidamente pela acetilcolinesterase, e por isso seus efeitos são breves.

São neurônios adrenérgicos:

As fibras pós-ganglionares simpáticas, com exceção das que enervam as glândulas sudoríparas e o sistema vasodilatador.

Os neurônios adrenérgicos liberam adrenalina e noradrenalina, que são armazenadas nas vesículas simpáticas e liberadas por exocitose no espaço sináptico onde se unem a receptores específicos.

Os receptores adrenérgicos são de dois tipos:

a) ALFA: que por sua vez se divide em:	b) BETA: que se divide em:
i) ALFA 1 ii) ALFA 2	i) BETA 1 ii) BETA 2

De acordo com a resposta específica que produzem e com a união seletiva de medicamentos que os ativam ou bloqueiam.

Sistema Nervoso Periférico – SNP

Formado por:

- 12 pares de nervos cranianos, que emergem de forma bilateral do encéfalo e
- 31 pares de nervos raquidianos, que emergem de forma bilateral da medula espinhal.

Estrutura dos nervos

Os nervos são formados por feixes paralelos de fibras nervosas. Em outras palavras, um nervo:

"É um conjunto de axônios (mielínicos e amielínicos) agrupados em forma de cordão, cuja função é conduzir impulsos nervosos do Sistema Nervoso Central em direção à periferia, e vice-versa".

Cada axônio (mielínico ou amielínico) está rodeado de uma capa de tecido conectivo chamado endoneuro.

Cada axônio rodeado de seus endoneuros se agrupa com outros axônios formando feixes. Cada feixe está rodeado por outra capa de tecido conectivo chamado perineuro. Por último, todos os feixes são encerrados por outra capa de tecido conectivo chamado epineuro, ficando assim configurada a fibra nervosa, ou nervo.

Os nervos se classificam em:

1. Sensitivos:	2. Motores:	3. Mistos:
Formados por axônios que conduzem impulsos nervosos em direção ao SNC	Formados por axônios que conduzem impulsos nervosos do SNC para a periferia	Formados por axônios sensitivos e motores
Fibras aferentes	Fibras deferentes	

Topograficamente, os nervos se classificam segundo o setor do SNC de onde emergem:

a) *Cranianos:* se originam no encéfalo e logo atravessam por forames do crânio. São numerados com algarismos romanos de I a XII e por sua vez possuem nomes próprios:

    I. Olfatório.
    II. Óptico.
    III. MOC (Motor Ocular Comum).
    IV. Patético ou Troclear.
    V. Trigêmeo.
    VI. MOE (Motor Ocular Externo).
    VII. Facial.
    VIII. Auditivo, Acústico ou Vestíbulo-coclear.
    IX. Glosso faríngeo.
    X. Vago ou Pneumogástrico.
    XI. Espinhal.
    XII. Hipoglosso.

b) *Nervos raquidianos ou espinhais:* os 31 pares de nervos raquidianos nascem das raízes anteriores ou ventrais e dorsais ou posteriores da medula espinhal:

- A raiz anterior ou ventral: é formada por fibras deferentes motoras, cuja soma se encontra na haste anterior da medula.
- A raiz posterior ou dorsal: é formada por fibras aferentes sensíveis, cuja soma se encontra no gânglio raquidiano anexo a ela.

Ambas as raízes se fundem para formar o tronco do nervo raquidiano, que emerge pelo forame de conjunção das vértebras respectivas; os nervos raquidianos são mistos.

Gânglio raquidiano

É um agrupamento de corpos neuronais, rodeados por células satélites.

Uma vez que emergem pelo forame de conjunção, os nervos raquidianos se dividem em quatro ramos:

Dorsal ou posterior	Dorsal posterior, anterior ou ventral	Comunicantes	Seno vertebral
Enerva músculos e pele das costas (escápula)	Enerva a porção ventral do tronco e extremidades, segundo o lugar de onde emergem, formam os plexos (reunião de troncos nervosos em forma de rede) exceto no nível torácico, onde formam os nervos intercostais	Brancos e cinzentos, que os conectam com a cadeia simpática látero-vertebral	Recorrente meníngeo: que reingressa pelo forame de conjunção e enerva as meninges
	Cervical: ramos ventrais de C1 a C4 Braquial: ramos ventrais de C4 a D1 Lombossacral: ramos ventrais de L1 a S3		

Os nervos raquidianos, segundo o segmento da medula em que se originam, se classificam em:

1. Cervicais: de C1 a C8.
2. Torácicos ou Dorsais: D1 a D12.
3. Lombares: L1 a L5.
4. Sacrais: S1 a S5.
5. Coccígeos: Co1.

Nos segmentos cervicais da medula espinhal, o nervo raquidiano sai por cima da vértebra do mesmo nome. Pelo contrário, o último nervo cervical C8 sai por baixo da vértebra torácica (há 8 nervos cervicais e 7 vértebras).

A partir de D1, os nervos saem por baixo da vértebra correspondente.

De cada segmento medular nasce um nervo raquidiano, que vai enervar uma determinada região do corpo, sendo isso o que se conhece como enervação segmentária.

Chama-se dermatoma a região da pele do corpo enervada pela raiz dorsal que emerge de um determinado segmento da medula espinhal.

Quando se conhece de qual segmento medular provém a enervação de determinado dermatoma, é possível localizar regiões lesionadas da medula espinhal.

Nervos Intercostais

Formados pelas ramificações dos nervos D2 a D12.

Plexo Cervical

Forma-se com as ramificações anteriores de C1 a C4. Há um plexo de cada lado do pescoço, junto ao C4; este plexo enerva pele e músculos da cabeça, pescoço, porções superiores de ombros e tórax.

Os nervos frênicos nascem deste plexo e se distribuem na direção do diafragma no nível de C3 a C5.

A lesão total da medula espinhal acima dos frênicos ocasiona parada respiratória (por paralisia do diafragma).

Plexo Braquial

Formado pelas ramificações anteriores de C5 a D1, correm paralelos às 4 últimas vértebras cervicais. Passam pela 1ª costela, por detrás da clavícula e chegam à axila. Enerva ombros e membros superiores.

Os nervos mais importantes deste plexo são:

- **Circunflexo:** nasce em C5-C6 e se distribui pelos deltoides e o redondo menor.
- **Musculocutâneo:** C5-C7, se estende pelos flexores dos braços.
- **Radial:** C5-C8 e D1, se distribui pela face posterior do braço e antebraço.
- **Mediano:** C5-D1, se distribui na maioria dos músculos anteriores do antebraço e alguns da mão.
- **Cubital:** C8-D1, enerva os músculos anteromedianos do antebraço e a maior parte da mão.

A lesão do nervo radial produz o que se conhece como mão de garçom (incapacidade para estender a mão).

NEUROMARKETING

As causas possíveis de lesão radial podem ser: uma injeção intramuscular nos deltoides mal aplicada ou uma imobilização muito apertada no nível do úmero.

A lesão do mediano se manifesta com adormecimento, formigamento e dor na palma e nos dedos da mão.

A lesão cubital ocasiona a mão em garra, que se manifesta por incapacidade para realizar movimentos digitais de adução e abdução.

Plexo Lombar

Formado pelas ramificações anteriores de L1-L4, enerva a parede abdominal anterolateral e parte do membro inferior.

Os principais músculos são:

- Abdominogenital maior (L1) enerva abdômen, nádegas.
- Abdominogenital menor (L1) enerva coxa, pênis, escroto, grandes e pequenos lábios.
- Genitocrural (L1-L2) enerva o cremáster, coxa.
- Femural (L2-L3) enerva coxa.
- Femural cutâneo (L2-L4) enerva coxa, perna e pé.
- Obturador (L2-L4) enerva perna e coxa.

O nervo crural é o maior de todos os que saem deste plexo e pode sofrer lesões por ferimento perfuro-cortante ou de bala e se manifesta com a incapacidade para estender a perna e a perda da sensibilidade cutânea.

A lesão do nervo obturador constitui uma lesão frequente do parto e ocasiona paralisia dos músculos adutores da perna.

Plexo Sacral

Origina-se nas ramificações anteriores dos nervos espinhais L4-L5 e S1-S4. Enerva glúteos, períneo, membros inferiores. Dele nasce o nervo ciático, que é o mais longo de todo o corpo humano.

A lesão do ciático provoca a condição conhecida como dor ciática, que se manifesta como uma dor que se estende desde os glúteos até a face lateral do pé.

As causas da lesão podem ser:

- Hérnia de disco.
- Deslocamento da bacia.
- Osteoartrite.
- Pressão do útero durante a gravidez.
- Injeção intramuscular administrada no glúteo.

Transecção da Medula Espinhal

Quando ocorre a secção completa de um segmento da medula espinhal, a pessoa afetada sofrerá perda permanente da sensibilidade dos dermatomas que se estendem por debaixo da lesão, como, por exemplo:

Lesão em:

- C1-C3: não se conserva função alguma do pescoço até embaixo, há que se dar assistência ventilatória para que a pessoa respire.
- C4-C5: há função diafragmática, o que torna possível a respiração.
- C6-C7: permite algumas funções dos braços e tórax, o que possibilita a pessoa se alimentar e vestir.
- D1-D3: funções dos braços intactas.
- D4-D9: controle do tronco acima do umbigo.
- D10-L1: permite caminhar com muletas.
- L1-L2: permite caminhar com muletas.

Nervos Cranianos

Nervo olfatório (I)

É um nervo sensorial, de função olfativa, nasce na mucosa olfativa, atravessa os forames da lâmina cribosa e termina no bulbo olfativo.

Os transtornos do olfato são:

- **Anosmia:** ausência de olfato.
- **Hiposmia:** diminuição do olfato.

- **Parosmia:** identificação olfativa errônea.
- **Cacosmia:** percepção de odores desagradáveis.

Nervo Óptico (II)

É um nervo sensorial, cuja função é a visão. Nasce nas células ganglionares da retina, forma o quiasma óptico e termina nos núcleos geniculados do tálamo.

Motor Ocular Comum – MOC (III)

É um nervo misto:

1. *Componente sensorial:* formado por fibras proprioceptivas (sensações musculares dos músculos dos olhos).
2. *Componente motor:* se origina no mesencéfalo e enerva os músculos elevadores da pálpebra superior e os músculos extrínsecos do olho (reto superior, interno e inferior e oblíquo do olho).

Possui além disso fibras parassimpáticas que se distribuem no músculo ciliar e no músculo da pupila.

Função:

a) Sensorial: propriocepção.

b) Motora: movimentos das pálpebras e do globo ocular, acomodação do cristalino e contração da pupila.

Sua lesão provoca:

- Estrabismo.
- Ptose: pálpebra caída.
- Visão dupla: diplopia.
- Midríase: dilatação pupilar.

Patético ou Troclear (IV)

Nervo misto, principalmente motor.

1. Componente sensorial: fibras proprioceptivas do músculo oblíquo maior do olho.
2. Componente motor: enerva o músculo maior do olho.

Função: sensações musculares e movimento do globo ocular.
Sua lesão provoca diplopia e estrabismo.

Trigêmeo (V)

Nervo misto:

1. Componente sensorial: possui três ramificações:
   - *Oftálmica:* enerva a pálpebra inferior, globo ocular, glândulas lacrimais, fossas nasais, faces laterais do nariz, frente e metade anterior do couro cabeludo.
   - *Nervo maxilar superior:* enerva a mucosa nasal, palato, faringe, dentes superiores, lábio superior e pálpebra inferior.
   - *Nervo maxilar inferior ou mandibular:* enerva a língua, dentes inferiores, pele do rosto, parte lateral da cabeça.

2. Componente motor: enerva os músculos da mastigação (macéter, temporal, periogoides interno e externo, digástrico e milohioídeo).

Função:

a) *Sensorial:* transmite sensações de tato, dor, temperatura e propriocepção.
b) *Motora:* mastigação.

Sua lesão produz: paralisia dos músculos da mastigação e diminuição das sensações de tato, temperatura, propriocepção.

A dor em uma ou mais ramificações do trigêmeo se chama nevralgia do trigêmeo.

Motor Ocular Externo – MOE (VI)

Nervo misto principalmente motor.

1. Componente sensorial: enerva o músculo reto externo do olho.
2. Componente motor: enerva o músculo reto do olho.

Função:
a. Sensorial: propriocepção.
b. Motora: movimentos do globo ocular.

Sua lesão impede o movimento lateral dos olhos.

Nervo Facial (VII)

Nervo misto que enerva os 2/3 anteriores da língua, a face, couro cabeludo e por fibras parassimpáticas às glândulas lacrimais, sublinguais, submaxilares, nasais e palatinais.

Função: sensações musculares e gustativas, expressão facial e secreção de saliva e lágrimas.

Sua lesão produz:
– paralisia facial;
– diminuição do paladar e da salivação;
– perda da capacidade de fechar os olhos, inclusive durante o sono.

Auditivo, Acústico ou Vestíbulo-coclear (VIII)

Se divide em duas porções:

- *Nervo vestibular:* nasce no ouvido interno e é um nervo misto. Sua função sensorial é a de regular impulsos relacionados com o equilíbrio e a motora é a de ajustar a sensibilidade das células do ouvido interno.

  Sua lesão provoca vertigem, ataxia (descoordenação motora e nistagma – movimentos involuntários rápidos dos olhos).

- *Nervo coclear:* nasce no órgão de Corti, também é misto; sua função sensorial se prende aos impulsos auditivos e a motora é modificar a função das células do ouvido interno e com ela a transmissão do som.

  Sua lesão provoca Tinnitus (zumbido no ouvido) ou surdez.

Glossofaríngeo (IX)

Nervo misto que enerva 1/3 posterior da língua, músculos da deglutição, músculos estilofaríngeos, parótida, ao seio carótido e à membrana do tímpano.

Função: sensações gustativas e movimentos dos músculos de deglutição.

Vago ou Pneumogástrico (X)

Nervo misto que enerva a epiglote, faringe, músculos do pescoço e garganta, seio e corpo carótido, esôfago, estômago, intestino grosso, vesícula biliar, miocárdio.

Tem várias ramificações:

- Faríngea.
- Laríngea superior.
- Laríngea recorrente esquerda e direita.
- Cardíacas.
- Pericardíacas.
- Bronquial.
- Esofágica.

Participa no paladar, sensações somáticas (tato, dor, temperatura) da epiglote e da faringe, vigilância da tensão arterial, regulação da frequência e profundidade respiratória, sensações das vísceras abdominais e torácicas, deglutição, tônus, formação.

Sua lesão interrompe as sensações em muitos órgãos torácicos e abdominais, além de interferir na deglutição, paralisar as cordas vocais e causar aceleração da frequência cardíaca.

Espinhal (XI)

Nervo misto que enerva faringe, laringe e paladar brando, músculos ECM e trapézio.

Intervém nos movimentos de deglutição e nos movimentos da cabeça e do pescoço.

Sua lesão produz paralisia do esternocleidomastoideo (ECM) e do trapézio.

Hipoglosso (XII)

Enerva músculos da língua, regula os movimentos da mesma durante a fala e a deglutição. Sua lesão causa dificuldade para falar, deglutir e mastigar.

Bibliografia

"Alta Gerencia". Coleção completa da revista até o número 61 inclusive.

Alvarez, Ramiro J. "Encontrarse a todo trance". Gaia. Madri, Espanha. Outubro. 1994.

Anales Fama 85. "El marketing del mañana". Publicidade e empresas. 1935.

Ansoff, Igor. "La dirección estratégica en la práctica empresarial".

Arthur Andersen Co. Escola de Administração estratégica. A.A. & Co. 1985.

Atkinson, William. "Las claves de la personalidad". Edicomunicación.

Bagley, Dan S., Reese, Edward J. "Más Allá de las ventas". Granica. Barcelona, Espanha. 1992.

Barcia, Pedro Luis. "Cuentan los mapuches". Ediciones César Fernández.

Bello, J. F. "Estrategia de marketing em la Ind. Farmacéutica". Ibérico Europea. 1970.

Beliéres, Maurice. "La magia de la luz y el color". Ediciones Señal.

Bennis, W. *et alli*. "Líderes. Las cuatro classes de liderazgo eficaz". Norma. 1985.

Bidot, Nelly. Morat, Bernadr. Estrategias mentales. Robinbook. Barcelona, Espanha. 1995.

Bloch, Arthur. "Ley de Murphy I". Diana. 1979.

"Ley de Murphy II". Diana. 1980.

"Ley de Murphy III". Diana. 1983.

Cafiero, Mercedes e outros. "@tración mediática. FUDEPA.

Carpenter, M. B. e Sutin, J. "Neuroanatomía Humana". Williams and Wilkins Baltimore. 1983.

Carter, Rita. "El nuevo mapa del cerebro". Editora Integral.

Carrión, Lopez Salvador. Inteligencia emocional com PNL. Madri, Espanha. 2001.

Castillo Arredondo, Santiago *et al*. Pearson. Prentice Hall. Espanha. 2004.

Caudet Yarza, Francisco. "Antologías de leyendas universales". M. E. Ed.

Cayrol, Alain. DE SAINT PAUL, Josiane. Mente sin limites. La programación Neurolinguistic. Robinbook. Barcelona, Espanha. 1994.

Cinman, Israel. Papers de trabajo – Instituto Cinman.

Coen, William. "El plan de marketing". Duesto.

Corel, Gallery. 10.000 Clipart images.

Cudicio, Catherine. Cómo vender mejor com la PNL. Granica. Barcelona, Espanha, 1991.

Chopra Deepak. "Sincro Destino". Alamah.

David, Fred. "Strategic Management". Prentice Hall.

De Bono, Edward. "Seis sombreros para pensar". Granica. 1988.

De Bono, Edward. "El pensamiento práctico". Paidós SAICF. Buenos Aires, Argentina. 1993.

Dilts, Robert. Liderazgo creativo PNL. Urano. Barcelona, Espanha. 1998.

Dolina, Alejandro. "Lo que me costo Laura". Editorial Querencia.

Dolina, Alejandro. "El Angel gris".

Drucker, Peter F. "Administración y futuro". Sudamericana. 1992.

Drucker, Peter F. "Direción de Instituiciones sin fines de lucro". El Ateneo. 1992.

Drucker, Peter F. "Dirección Dinámica". International Business Institute.

Drucker, Peter F. e Nakauchi, Isao. "Tiempos de desafíos, tiempos de reinvenciones". Editorial Sudamericana.

Duzer, E. e Garriga, R. "Elaboración y control del presupuesto". El Coloquio, 1975.

Eco, Umberto. "La nueva edad media".

Espeche, Bárbara. "Flores de Bach". Ediciones Continente. Argentina. 1992.

Etkin, Jorge. "Política, Gobierno y Gerencia". Prentice Hall.

Echeverría, Rafael. Ontología del Lenguaje.

Fast, Julios. El Lenguaje del cuerpo. Kairos. Barcelona, Espanha. Outubro. 1999.

Fresco, Juan Carlos. "E-fectividad gerencial". Prentice Hall.

Flores, F. e Winograd, T. "Hacia la comprensión de la inf. y la cognición.

Gaj, Luis. "Estrategia". Makron Books.

Garay Linares, Raúl. Papers de trabajo – CEC International Limpergraf. Barcelona. Espanha. Setembro. 2002.

Gardner, Howard. "The mind's new science: A history of the cogintive revolution". Basic book. 1987. New York.

Gilman, S. e Newman. "Neuroanatomía y neurofisiología clínicas de Manter y Gazz". Manual Moderno. Segunda Edição.

Golema, Daniel. La inteligencia emocional. Javier Vergara. Buenos Aires, Argentina. 1997.

Golema, Daniel. La práctica de la inteligencia emocional. Kairos. Barcelona, Espanha. 1998.

Golema, Daniel e Boyatzis, Richard. Mc Kee, Annie. "El líder resonante crea mas". Hispano Europea. 1989.

Hermida, Jorge. "Teoría de la estructura organizacional". El Coloquio. 1974.

Herrscher, Enrique. "Introducción a la Administración de Empresas". Ed. Gránica.

Hodge B. e Johnson, H. "Administración y Organización". El Ateneo. 1975.

Ingenieros, José. "El hombre mediocre". Cauce. 1957.

Ingenieros, José. "El linguaje musical". Elmer, 1958.
Ingenieros, José. "La psicopatología en el arte". Elmer Editor.
Internet, informações variadas.
Jong, Erica. "Qué queremos las mujeres". Editorial Aguilar.
Kami, M. J. "Puntos Estratégicos". A.A. & Co. 1993.
Kandel, Eric; Jessel Thomas e Schwartz, James. "Neurociencia y conducta". Prentice Hall. Pearson Education, Espanha. 1997.
Kirst, Werner e Diekmeyer, Ulrich. "Desarrolle su creatividad". Círculo de lectores.
Klein, Juan. "El método de casos". Editorial Osmar Buyatti.
Kliksberg, Bernardo. "El pensamiento Organizativo". Tesis. 1990.
Kliksberg, Bernardo et al. "Ética y Desarrollo". El Ateneo. 2002.
Knight, Sue. Soluciones PNL. Paidós. Barcelona. Espanha. 2001.
Korenfield, Jack e Feldman, Christina. "Néctar para el alma". Editora Oceáno Ambar.
Kotler, Philip. "Mercadotecnica". Prentice Hall. 1989.
Kotler, Philip. "Dirección de marketing". Prentice Hall.
Kotler, Philip. "Marketing Social". Editora Diaz Santos.
Kramer Costa, Benny et al. "Estrategia, perspectivas y aplicaciones". Atlas Ediciones.
Krieguer, Mario. "Sociología de la organización". Prentice Hall.
Krusche, Helut. "Libre como el águila". Ediciones Sirio.
Lardent, Alberto. "Sistema de información para la gestión empresaria". Prentice Hall.
Lazzatti, Santiago e Sanguineti, Edgardo. "Gerencia y liderazgo". Ediciones Macchi.
LeDoux, Joseph. "The emocional brain; a divided mind". Annalog Neurology.
LeDoux, Joseph. "El cerebro emocional". Ed. Planeta. Argentina. 1996.
Levy, Alberto. "Estrategia competitiva". Macchi. 1983.
Linden, Anné. Perutz, Kathrin. Ejercitar la mente PNL para una vida mejor. Paidós, Barcelona, Espanha. 1999.
Loden, Marylin. "Liderazgo Femenino". Editora Planeta.
Login, Pierre. Como llegar a ser líder com la PNL. Granica. Barcelona, Espanha. 1997.
Lombriser, Roman. "Grandes intraempresarios". Editora Folio.
MacLean, P.D. "The Neurosciences; second study program". New York. 1970.
MacLean, P.D. "The triune brain in evolution Role in paleocerebral functions. Planium. New York. 1990.
Malfitano Cayuela, Oscar. "Recreando Empresas". Interocéanicas. 1992.
Malfitano Cayuela, Oscar. "Recreando la Administración". Eudecor. 1997.

Marcum, Dave *et al*. "Business Think". Grupo Norma Editorial.
Marelli, Edgardo. "Cerebrando con engramas". Ediciones Héctor Macchi.
Maristany, Jame. "El management de la realidad". Ediciones Macchi.
Maturana, Humberto e Varela, Francisco. "El árbol del conocimiento".
Mayntz, Renate. "Sociología de la organización". Alianza. 1972.
Mejías, Cristina. "Los gerentes del 2000". Planeta Ediciones.
Naisbitt, John. Megatendencias. "Dez nuevas direcciones de cambio". Cerien. 1984.
Naisbitt, John e Aburdene, Patricia. "Megatendencias de la mujer". Ed. Norma.
Nemeth Baumgartner, Antonia. "Macrometanoia". Editorial Sudamericana.
O'Connor, Joseph. Seymour, John. Introducción a la PNL. Urano. Barcelona, Espanha. 1995.
Osho. "Creatividad, Liberando las ideas". Editorial debate.
Payeras, Joan e Ronco, Emilio. "El directivo del cambio". Prentice Hall.
Paz, Octavio. "La llama doble". Biblioteca Breve.
Pense, Allan. El lenguaje del cuerpo. Planeta S.A.I.C. Buenos Aires. Argentina. 1994.
Peters, Tom. "Reinventando el management". Editorial Atlántida.
Peters, T. e Austin. N. "A passion for excellence". Random House. 1985.
Piorum, Daniel. "Liderando proyectos". Ediciones Macchi.
Porter, Michael E. "Competitive advantage". Free Press. 1985.
Porter, Michael E. "Estrategia Competitiva". Cecsa. 1982.
Porter, Michael E. "Las ventajas competitivas de las naciones". Javier Vergara. 1991.
Ramon e Cajal, Santiago. 1993. Histología 10 ma. Edicción.
Rebel, Günther. "El lenguaje corporal". Ed. Improbé. Julho. 2002. Espanha.
Redfield, James. "La novena revelacíon". HCBS.
Revista Bimestral de la Sociedad Económica Amigos del País, Cuba.
Rico, Rúben. "Total Quality Management". Macchi. 1991.
Reis, Al e Trout, Jack. "La guerra de la mercadotecnica". McGraw-Hill. 1988.
Ribeiro, Lair. "Inteligencia Aplicada". Editorial Planeta.
Rodriguez, Agustín. "Casos reales de marketing". Ibérico Europea. 1972.
Romano, Sofia. "Seminario de Comercialización". IES.
Romano, Sofia. "Psicología de la venta". IES.
Rowan, Roy. "El directivo intuitivo". Editora Folio.
Saroka, R. e Ferrari C. "Los organigramas". Macchi. 1971.
Sayer, Ralph. "Sun Tzú y los grandes clássicos de la estrategia china". Distal.

Schoell, Guitinian. "Mercadotecnia". Prentice Hall.
Schorb D. e Prodan, R. "Los círculos de calidad". Fraterna. 1984.
Schvarzer, Jorge. "Convertibilidad y deuda externa". Eudeba.
Segal, Jeanne. "Su inteligencia emocional". Grijalbo.
Shah, Idries. "Cuentos de derviches". Editorial Piados.
Sharma, Robin. "El monje que vendió su Ferrari". Plaza y Jane. 1999.
Siri, S. "PNL y los Chakras". Oceáno. Barcelona, Espanha. 2000.
Solana, Ricardo. "Administración de las Organizaciones". Editorial Interoceánicas. 1993.
Stern, Jorge. "Administración de la comercialización". El Coloquio. 1970.
Stone, Bob. "Manual de mercadeo directo". Legis. 1971.
"Strategic planning for wholesaler". A.A. & Co. 1985.
Suárez, Andrés. "Diccionario de Economía y Administracción". McGraw-Hill. 1992.
Taylor, James. "Competitive marketing Strategies". Modern Business. 1985.
Testut, L. e Latarjet. A. "Anatomía Humana". Salvat Editores. 1971.
"The difference starts here". A.A. & Co. 1985.
"The worldwide organization for our people". 1985.
Toffler, Alvin. "Avances y premissas". Plaza & Janes. 1983.
Toffler, Alvin. "El shock del futuro". Plaza & Janes. 1971.
Toffler, Alvin. "La empresa flexible". Plaza & Janes. 1985.
Toffler, Alvin. "La tercera ola". Plaza & Janes. 1980.
Towe, D. B. "The nervous System. Raven Press. New York. 1975.
Ulrich, Hans. "Principios de estrategia empresarial". El Ateneo. 1981.
Walsh, Ciaran. "Ratios fundamentales para la gestión empresarial". Prentice Hall.
Warren, Gorham e Lamont. "The Journal of Business Strategy Professional's". Publisher. 1985.
Wilhelm. "Cuentos chinos I". Editorial Piados.
Williams, Miles. "La última Transparencia". Editorial Planeta.

Outros Títulos Sugeridos

Terapias Quânticas
1ª Reimpressão

O livro une os aspectos do conhecimento da física quântica, que une o pensamento oriental e ocidental, integrando-se e criando uma prática abrangente. Um livro que conta, ensina, formula, propõe terapias práticas e simples. Resultado é a cura. O resultado é quântico. Harbans é quântico na ação de cura e também na articulação do pensamento.

Ele nos ensina o domínio da nossa mente sobre o corpo, a tranquilidade do ser, à procura de uma saúde integral. Ninguém melhor do que ele, como físico, doutor que é, consegue em toda sua plenitude promover a nossa cura quântica e encontrar o nosso ser holístico, fazendo as pazes com o universo.

A abordagem das terapias quânticas é muito abrangente e inclusiva.

Ela busca complementaridade entre todos os tipos de terapias e tecnologias da saúde, desde às mais antigas às mais modernas, objetivando a saúde integral do ser e sua qualidade de vida. Entre as diversas terapias procuram-se aquelas que possam atuar sinergicamente em resgate da saúde e promoção da longa vida com qualidade.

Trata-se de uma feliz eoportuna obra, expressão mesma deste novo paradigma, de aliança e alquimia de consciência. Apresentando os fundamentos científicos da abordagem clsásica, cartesiano-newtoniana, de forma pontual e lúcida, amplia-se com o modelo de Einstein até a concepção quântica do Universo, estabelecendo suas conexões com uma abrangente leitura evolutiva dos processos terapêuticos integrativos.

Este livro traz uma valiosa contribuição para o campo, premente e imprescindível, de uma teoria e prática, visando à saúde integral. Uma obra que conta, ensina, formula, propõe terapias de forma prática simples.

Autor: Harbans Lal Arora
Número de páginas: 288
Formato: 16 x 23cm

Outros Títulos Sugeridos

Competências Emocionais
O Novo Diferencial Competitivo no Trabalho

A alegria, a raiva, o medo e a tristeza são emoções comuns a todas as pessoas. Porém as emoções negativas provocam um efeito devastador no desempenho profissional. Hoje a calma e a tranquilidade diante de situações tensas e desafiadoras passaram a ser um capital pessoal indispensável para aqueles que querem fazer carreira nas organizações. O livro é rico em casos, testes e exercícios para autodiagnóstico e crescimento pessoal com técnicas que nos dão maior autocontrole e consciência dos processos psicológicos e fisiológicos que acontecem em nosso organismo nos momentos de frustração, raiva e estresse. O livro é dividido em cinco partes e permite diversas leituras a respeito da forma como as pessoas lidam com as emoções, atribuindo destaque especial à raiva que expressa a reação dos indivíduos diante das frustrações do cotidiano. Trata-se de uma excelente oportunidade para os leitores analisarem sua história no campo emocional, refletirem o impacto dela na sua carreira e fazerem um plano de ação para usar a gestão das emoções para melhorar as suas relações com chefes, colegas, clientes e subordinados, além, é claro, da vida pessoal. Competências Emocionais: O Novo Diferencial Competitivo no Trabalho é mais que um livro. É um estímulo para uma vida mais feliz e uma alavanca para o sucesso.

Autores: Monica Semionato e
          George Anderson
Número de páginas: 260
Formato: 16 x 23cm
2ª Reimpressão: 2010

Outros Títulos Sugeridos

Pensamentos Determinam Vidas
Seu Cérebro ao Alcance de suas Mãos

O livro é baseado em técnicas que já ajudaram milhões de pessoas em todo o mundo e revela como nossos pensamentos criam emoções que alimentam nosso sangue, determinando assim o nível de saúde que temos.

O leitor aprenderá a se livrar de pensamentos repetitivos que surgem sem nossa permissão e influenciam diretamente nossos estados emocionais. Trata-se de um novo método de condicionamento, para que seu cérebro possa aprender a pensar coisas que façam bem a você.

Este livro nos brinda com o ensinamento de que há uma grande diferença entre saber e fazer, como a única e verdadeira reeducação. Sua leitura levará à revisão de alguns conceitos escondidos ou adormecidos, que deixamos às vezes comandar as ações pelo simples fato de não conhecermos o nosso potencial e a transformação possível de acontecer se acreditarmos nele.

A autora nos auxilia a romper os obstáculos, que nós mesmos nos impomos, e confiante nos orienta para encontrar nossa liberdade de viver de forma consciente no presente.

Como só o pensamento positivo não é suficiente para transformar sua vida, esta obra ensinará, passo a passo, estratégias e planos de ações para mudar como sente e o que faz em cada dia de sua vida. Todo conteúdo deste livro é, na verdade, um manual de como funcionamos e de como podemos fazer nosso cérebro trabalhar a nosso favor. Praticar tudo o que aprendeu no aqui fará toda a diferença. O que começar a fazer agora é o que moldará seu destino.

Autora: Izabel Monteverde
Número de páginas: 112
Formato: 16 x 23cm

Outros Títulos Sugeridos

Pensamentos Determinam Vidas
Seu Cérebro ao Alcance de suas Mãos

A obra integra informações de neurociência, neurolinguística, psicologia transpessoal e outros campos do conhecimento e apresenta, de maneira didstica e prática, um rico caleidoscópio do funcionamento do ser humano. Com o livro o leitor aprenderá a fortalecer a concentração, acabar com o estresse, quebrar hsbitos antigos e indesejsveis ao compreender como seu cérebro e sua mente funcionam, praticando simples técnicas apresentadas aqui. O livro ests dividido em três partes. A primeira apresenta o modo como funciona nosso hardware cerebral e nosso software mental e como podemos usá-los de maneira efetiva para viver mais harmoniosamente e conquistar os resultados que queremos na vida. A segunda mostra o passo a passo para compreendermos e utilizarmos os sonhos para o autoconhecimento, para aumentar a intuição e a criatividade. A terceira foca a intenção, a consciência e a espiritualidade. Quem estiver interessado em se conhecer melhor e crescer como pessoa certamente vai gostar do livro e vai expandir a capacidade de pensar, criando novos caminhos neurais para melhorar a saúde, a prosperidade e a sabedoria. Vai abrir mais a janela da mente e ver o mundo através de uma nova inteligência e poder criativo. Ler este livro e fazer os exercícios lhe proporcionarão uma maneira de desenvolver e expandir seu músculo-cérebro. Aprenda a limpar as ervas daninhas de seu pensamento e a livrar-se de crenças e atos que o limitam. Reserve um momento e ponha no papel quais são suas intenções ao ler este livro. O que você espera alcançar pelo fato de conhecer e compreender a você mesmo? Guarde essa lista e a consulte quando tiver terminado para verificar os resultados alcançados. Ao fazer isso, você descobrirá que sua mente o apóia do princípio ao fim na busca daquilo que deseja alcaçar.

Autora: Laureli Blyth
Número de páginas: 184
Formato: 16 x 23cm

QUALITYMARK EDITORA

Entre em sintonia com o mundo

QUALITYPHONE:

0800-0263311

Ligação gratuita

Qualitymark Editora
Rua Teixeira Júnior, 441 – São Cristóvão
20921-405 – Rio de Janeiro – RJ
Tels.: (21) 3094-8400/3295-9800
Fax: (21) 3295-9824
www.qualitymark.com.br
e-mail: quality@qualitymark.com.br

Dados Técnicos:

• Formato:	16 x 23 cm
• Mancha:	12 x 19 cm
• Fonte:	Myriad Pro
• Corpo:	10,5
• Entrelinha:	13,2
• Total de Páginas:	320
• 1ª Edição:	Julho 2011
• Gráfica:	Sermograf